物资储备管理与技术
成品油篇

中国粮食研究培训中心　组织编写

中国轻工业出版社

图书在版编目（CIP）数据

物资储备管理与技术. 成品油篇 / 中国粮食研究培训中心组织编写. -- 北京：中国轻工业出版社, 2025.
7. -- ISBN 978-7-5184-5599-7

Ⅰ. F253

中国国家版本馆CIP数据核字第20259YE993号

责任编辑：贾　磊　　责任终审：李亦兵　　　　整体设计：锋尚设计
策划编辑：贾　磊　　责任校对：朱　慧　朱燕春　责任监印：张　可

出版发行：中国轻工业出版社（北京鲁谷东街5号，邮编：100040）

印　　刷：北京中科印刷有限公司

经　　销：各地新华书店

版　　次：2025年7月第1版第1次印刷

开　　本：787×1092　1/16　印张：21.5

字　　数：350千字

书　　号：ISBN 978-7-5184-5599-7　定价：80.00元

邮购电话：010-85119873

发行电话：010-85119832　010-85119912

网　　址：http://www.chlip.com.cn

Email：club@chlip.com.cn

版权所有　侵权必究

如发现图书残缺请与我社邮购联系调换

241061J4X101ZBW

本书编委会　　主　任　李福君
　　　　　　　　　副主任　唐　成　赵广美　刘珊珊　程继伟　姜明伦
　　　　　　　　　委　员　杨　涛　周竹君　唐安娜　李子烨

本书编写人员　　主　编　杨　涛
　　　　　　　　　编　者　张泽群　袁　成　唐安娜　孟宪峰（第一章）
　　　　　　　　　　　　　杨　涛　张泽群（第二章）
　　　　　　　　　　　　　袁　成（第三章）
　　　　　　　　　　　　　史修臻　袁　成（第四章）
　　　　　　　　　　　　　史修臻　张泽群（第五章）
　　　　　　　　　　　　　袁　成（第六章）
　　　　　　　　　　　　　郭学军　张　涛　李爱国（第七章）

本书审稿人员　　何　琨　田　曦（第一章）
　　　　　　　　　韩　钧　郭守香　冯　卫　陈　冰（第二章）
　　　　　　　　　杨若愚（第三章）
　　　　　　　　　杨若愚（第四章）
　　　　　　　　　杨若愚（第五章）
　　　　　　　　　韩　钧　郭守香（第六章）
　　　　　　　　　徐　克（第七章）

前言

备豫不虞，为国常道。国家储备是国家治理的重要物质基础。党的十八大以来，以习近平同志为核心的党中央高度重视物资储备工作，强调要加快健全统一的战略和应急物资储备体系，提升储备效能，增强防范抵御重大风险的能力。国家粮食和物资储备局党组立足"人才是第一资源"战略基点，在全局全系统部署开展"大学习、大培训、大落实"活动，由中国粮食研究培训中心牵头组织编写《物资储备管理与技术　成品油篇》，旨在通过提升本系统干部职工的管理和技术技能水平，落实"人才兴储"战略，以高质量人才队伍有力保障国家储备安全。

本书遵循"物资储备是什么、为什么储、储什么、怎么储、怎么管"的逻辑主线，深入浅出地介绍了物资储备的全流程知识。本书主要针对成品油库计量员、化验员、司泵工等重要工种，分为成品油储备概论、成品油库设施设备、成品油出入库作业管理、成品油数量管理、成品油质量管理、成品油库油泵管理、成品油储备安全管理等共七章。

本书编写过程中，编者整理了与本书内容相关的100余项标准文件，可扫描下方二维码进行查阅。

本书为成品油行业职业技能培训指导书，以图文并茂的形式全面系统地介绍物资储备日常管理和技术知识，能够为物资储备干部职工提供较好的理论和实际操作指导。本书适宜作为培训教材，也可作为技术人员的日常实用工具书，同时还可作为国内职业院校物资储备管理相关专业教学辅导读本。

由于编写经验有限，编写时间仓促，书中不足之处在所难免，敬请读者提出宝贵意见和建议，以便在修订时进一步完善。

中国粮食研究培训中心
2025年7月

目录

第一章
成品油储备概论 … 1

第一节　国内外成品油储备概况 … 2
第二节　成品油基础知识 … 10

第二章
成品油库设施设备 … 23

第一节　油库类型、分级和功能分区 … 24
第二节　储油设施设备 … 30
第三节　油品输送和装卸设施设备 … 47
第四节　消防设施设备 … 62
第五节　漏油及事故污水收集设施 … 75
第六节　自动控制系统 … 79
第七节　安全防范系统 … 100
第八节　常用设施设备维护保养 … 115

第三章
成品油出入库作业管理 … 125

第一节　铁路出入库作业流程 … 126
第二节　公路出入库作业流程 … 129
第三节　管道出入库作业流程 … 132
第四节　水路出入库作业流程 … 135
第五节　出入库作业安全措施 … 138

第四章
成品油数量管理 … 143

第一节　油品计量基础知识 … 144

第二节	油品计量计算方法	157
第三节	油品计量差量分析	186
第四节	油品数量损耗管理	190

第五章
成品油质量管理　　205

第一节	成品油库化验室	206
第二节	成品油质量技术要求和试验方法	214
第三节	油品储存质量管理	235
第四节	油品运输质量管理	241

第六章
成品油库油泵管理　　247

第一节	泵的基础知识	248
第二节	离心泵	251
第三节	齿轮泵	262
第四节	螺杆泵	266
第五节	往复泵	272
第六节	潜油泵	277
第七节	摆动转子泵	284

第七章
成品油储备安全管理　　289

第一节	成品油库安全建设	290
第二节	安全管理双重预防体系	299
第三节	生产安全事故报告及处置	315

附录　成品油库安全管理资料选编名录　　328

参考文献　　334

后　记　　336

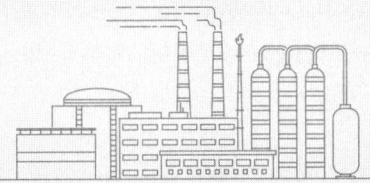

第一章
成品油储备概论

　　国家物资储备包括关键性矿产品、原材料、能源和应急抢险救灾物资等多个门类。石油储备是国家能源储备的重要组成部分,包括原油储备和成品油储备。原油储备通过建立原油储备基地,委托大型中央石油企业代为管理;成品油储备由国家粮食和物资储备局垂直管理系统直接管理。

第一节　国内外成品油储备概况

石油是世界各国的主要能源之一，世界各主要国家均建立了战略石油储备制度，并且成立了多个石油国际组织来维护全球石油市场秩序。本节主要介绍我国成品油储备的基础知识，以及国际石油储备的基本情况。

一、成品油储备相关概念

（一）成品油

广义的成品油是指原油经过生产加工而成的工业产品，主要有石油燃料、石油沥青、石油溶剂与化工原料、石蜡、润滑剂、石油焦六大类。其中，石油燃料产量最大。狭义的成品油是指汽油、煤油、柴油及其他符合国家产品质量标准、具有相同用途的乙醇汽油和生物柴油等替代燃料。

（二）成品油储备

成品油储备是指政府、企业或相关机构，为应对成品油市场价格波动以及保障紧急突发情况下成品油供给安全而存储的石油资源。本书介绍的成品油储备，是指中央政府为了调节成品油市场供需平衡、应对突发事件、保障国家能源安全以及维护社会稳定而储备的成品油，主要包括车用汽油、车用柴油和3号喷气燃料（也可称航空煤油，简称航煤）等。

二、成品油储备的功能定位

（一）功能定位的演变

在不同的历史时期，根据国家经济制度和国家战略的调整，国家物资储备的功能定位各有侧重。中华人民共和国成立初期，为应对常态化的物资供应短缺局面，国家物资储备以战略保障功能为主，主要储备国内不能生产或不能满足需要的战略物资，其任务主要是"防备战争、防备灾荒、防备国民经济脱节"，也就是我们常说的"物资储备三防方针"。改革开放以后，党和国家的工作重心转移到经济建设上来，储备的工作重点也从"备战备荒为人民"转移到为经济建设服务，这一时期确立了"以储为主、多种经营"的方针。进入21世纪后，2000年，全国物资储备系统工作会议将国家储备功能概括为"应对突发事件，保障国家安全，服务经济建设，促进经济发展"；2007年，国家相关发展规划明确国家物资储备功能定位为"服务国防建设，应对突发事件，参与宏观调控，维护国家安全"。

（二）新时代的功能定位

进入新时代，国际国内形势发生深刻变化，面对百年未有之大变局，党中央、国务院对国家储备的功能定位提出新的要求。2021年，习近平总书记主持召开的中央全面深化改革委员会第二十一次会议审议通过了《关于改革完善体制机制加强战略和应急物资储备安全管理的若干意见》，强调要强化国家储备的战略保障、宏观调控和应对急需功能。

1. 战略保障功能

国家储备的战略保障功能主要是针对长远性、系统性、全局性风险，为维护国家安全、赢得战略主动、推动实现经济社会发展重大战略目标提供物质保障。我国石油资源贫乏，石油消费对外依存度超过70%，极易受国际石油市场和国际政治形势的影响。面对国际石油市场制裁封锁、成品油禁运等情况，成品油储备能够有效增强国家抵御外部风险的能力，对冲缓解国内石油供应受国际市场供应异常的影响，优先保障国防安全、交通运输、工业制造等重点行业和领域的用能需求，满足国家重大战略和经济社会稳定发展需要，这是成品油储备最基本也是最重要的功能定位。

2. 宏观调控功能

国家储备的宏观调控功能，主要是针对经济运行中出现的供需失衡、市场异常波动和产业链供应链受冲击破坏等风险，在平衡供需、稳定预期、引导市场等方面发挥积极作用。成品油是现代经济社会运转的"血液"，成品油储备作为政府宏观调控的工具之一，在成品油市场供需失衡、价格异常波动的情况下，通过及时收储、动用或轮换成品油来调节市场供需关系，平抑市场价格波动，积极保护生产者和消费者的利益，有助于维护市场的稳定和促进经济健康增长。如2021年国内成品油供需紧张，国家粮食和物资储备局针对部分区域保供稳价需要，开展国家储备成品油轮换出库工作，用于增加市场资源、缓解供应紧张，充分发挥了成品油储备的市场调节作用。

3. 应对急需功能

国家储备的应对急需功能，主要是针对重大自然灾害、公共卫生事件等突发的、局部的风险，提供救助物资等即时供应。成品油储备是国家应急管理体系中应对突发事件的重要手段之一，在应对重大自然灾害或重大疫情等紧急情况时，能够保障成品油快速有效供应，协助应急救援和保障民生所需，维护社会稳定。如2008年汶川地震、2020年新冠疫情，国家储备成品油库迅速响应、紧急出库，应对突发事件带来的区域性成品油供应中断风险，弥补成品油供给不足，为应急救援保障和恢复重建工作提供必要的能源供应支持，有效发挥应急保供作用。

三、我国成品油储备管理主要任务

中央政府成品油储备实行"国家粮食和物资储备局—垂直管理局—储备仓库（国家储备成品油库）"三级垂直管理体制。具体运行模式为国家发展和改革委员会会同财政部拟定国家石油战略储备规划以及收储、轮换和动用建议并报国务院审批，对石油储备管理进行指导和协调。财政部负责石油储备的财政预算管理，安排和管理财政补贴资金，并对政府储备有关财务执行情况实施监督检查。国家粮食和物资储备局负责组织收储、动用和轮换，按照国务院或国家发展和改革委员会、财政部的指令，按程序组织实施，国家储备成品油库具体执行。

（一）成品油收储

根据《国家物资储备管理规定》（国家发展和改革委员会、财政部令2015年第24号），国家成品油储备实行目录管理，明确品种和规模，定期评估，动态调整。成品油收储是物资储备管理的起始环节，也是物资储备管理工作的基础，主要包括油品的采购、验收、入库等流程。成品油采购一般执行政府定价，与供应商签订订货合同。承担油品储备任务的单位（简称承储单位）应依据成品油收储指令，制定实施方案，做好油品接收入库准备工作，严格执行订货合同和相关操作规程，组织做好油品数量质量的验收、输转和账务处理等工作，在规定的时间内完成油品接收入库。

（二）成品油储存

成品油储存管理是保证油品质量和实现其原有使用价值的重要手

段,是指承储单位根据成品油理化性质安排适当的储存场所,采用科学有效的储存保管方式和维护保养措施,确保数量准确、质量合格和储存安全。油品易挥发、易氧化,如果管理措施不当可能导致油品数量减少、品质下降,影响油品使用效果,降低其使用价值;油品易燃易爆,一旦发生泄漏或者火灾,将造成环境污染,给生命财产带来严重的危害。

1. 油品储存场所

成品油主要由国家成品油储备库储存,也可以选定符合国家物资储备储存条件的企业代储。承储单位的设备设施应符合现行国家标准GB 50074—2014《石油库设计规范》的有关规定,并做到按规定及时检定,定期检查维护,保持良好的技术状态。

2. 油品管理要求

承储单位应实行定人管理、专账记载,不得虚报、瞒报油品数量,不得擅自串换储存品种,保证油品账账相符、账实相符;实行定罐储存,不同品名、牌号不得混存,确保油品质量合格;定期对库存油品进行检验,存新发旧,实现油品常储常新。承储单位要对油品的储存情况进行经常性检查,及时发现和处理油品数量质量和储存安全等方面的问题;不能处理的,应当及时逐级上报主管部门。承储单位不得将储存的油品用于质押、担保或对外清偿债务。

3. 油品损溢处理

建立完善成品油储备损失、损耗、溢余处理制度,承储单位应定期向主管部门上报油品损耗、溢余情况。油品储存环节发生的损耗应符合现行国家标准GB/T 11085—1989《散装液态石油产品损耗》的有关规定。成品油储备定额内损耗,由主管部门按管理权限审批,在规定标准内直接核减库存(或入库)数量;发生超标准损耗时,承储单位应查明原因、明确责任,及时上报。事故损失不得与自然损耗相混淆。

(三)成品油动用和轮换

1. 成品油动用

动用成品油储备是政府应对突发事件和紧急情况的必要手段,也是有针对性地调节社会库存的行为,用于应对风险、稳定经济运行。一般发生下列情形,可动用成品油储备:

(1)应对特别重大、重大突发事件确需的;

(2)宏观调控确需的;

(3)法律法规规定或者国务院决定动用的其他情形。

动用的规定程序：由国家发展和改革委员会会同财政部、国家粮食和物资储备局提出动用方案，报经国务院审批后实施。动用方案原则上包括动用品种、数量、定价原则、使用安排、运输保障、回补考虑等内容。

2. 成品油轮换

成品油定期轮换是保证油品质量良好的重要手段。为提升成品油储备效能，应避免长时间储存影响油品质量，结合成品油储存时间和品质状况，动态调整储备品种和数量，对成品油储备进行轮换，实现常储常新。

3. 动用和轮换执行

成品油的动用和轮换，一般通过市场化方式进行，国家规定或经批准必须实行定向收储、定向动用、定向轮换的除外。承储单位应严格执行动用、轮换指令，制订实施方案，与供货单位或接收单位共同做好油品出入库运输等工作，不得拖延。任何单位和个人不得拒绝或者擅自改变成品油储备动用、轮换指令。

（四）成品油安全管理

成品油属于危险化学品，稍有疏忽或失误，就可能造成重大事故。国家储备成品油库的安全管理应坚持"安全第一、预防为主、综合治理"的方针，以无职业危害、无事故、无污染为目标，按照"以人为本、全员参与、持续改进"的要求组织实施。油库应当建立健全全员安全生产责任制，优化安全管理组织机构，加强生产作业、设备设施维保、特殊作业等安全管理基础工作；定期对干部职工进行法律法规、安全形势、事故案例、安全知识教育和岗位技能培训；建立健全油库安全检查制度，定期检查油库安全状况，及时消除安全隐患。

1. 全员安全生产责任制

油库在安全管理中严格执行《中华人民共和国安全生产法》《中华人民共和国消防法》《危险化学品安全管理条例》等相关法律法规和油库相关技术标准；建立全员安全生产责任制，明确油库主要负责人、其他负责人、职能部门负责人、班组和作业人员的安全生产责任，做到分工明确、责权统一、机构精干。

2. 油库安全检查制度

（1）日常检查　是为保证油库各项业务正常开展，保证设施设备和生产的安全，按规定进行的常规检查。

（2）专项检查　对特定领域、特定问题或特定风险，集中精力进行的针对性检查。

（3）全面检查　对油库安全制度、操作规程的执行情况和管理组织机构、设备设施等进行的全面检查，并对油库安全进行评估。

四、国际石油机构及主要国家储备模式

（一）石油输出国组织

石油输出国组织（Organization of the Petroleum Exporting Countries, OPEC），简称欧佩克，是亚洲、非洲、拉丁美洲石油生产国为协调成员国石油政策、反对西方石油垄断资本的剥削和控制而建立的国际组织，于1960年9月由伊朗、伊拉克、科威特、沙特阿拉伯和委内瑞拉五国签署协议，在伊拉克巴格达成立，总部设在奥地利维也纳（非成员国）。随后加入国家如下：卡塔尔（1961年，已退出）、印度尼西亚（1962年，已暂停成员国资格）、利比亚（1962年）、阿拉伯联合酋长国（1967年）、阿尔及利亚（1969年）、尼日利亚（1971年）、厄瓜多尔（1973年，已退出）、加蓬（1975年，已终止成员国资格）、安哥拉（2007年，已退出）、赤道几内亚（2017年）和刚果（布）（2018年），截至2025年5月，石油输出国组织（OPEC）共有12个成员国。

石油输出国组织（OPEC）的主要宗旨是协调和统一成员国石油政策，维持国际石油市场价格稳定，确保石油生产国获得稳定收入。石油输出国组织（OPEC）成员国控制世界78%以上的石油储量，并提供40%以上的石油消费量，占出口量的一半。石油输出国组织（OPEC）通过控制成员国的石油产量来影响全球石油供应，从而维持国际石油市场价格稳定，其决定对国际油价影响很大。该组织自成立以来，与西方石油垄断资本博弈，在提高石油价格和实行石油工业国有化方面取得重大进展。

（二）国际能源机构

国际能源机构（International Energy Agency, IEA），也称"国际能源署"，是经济合作与发展组织（Organization for Economic Co-operation and Development, OECD）的辅助机构之一，总部设在法国巴黎。1973年10月，第四次中东战争爆发，阿拉伯国家决定利用石油武器对抗西方大国。石油输出国组织（OPEC）的阿拉伯成员国当年12月宣布收回石油标价权，并将其原油价格从每桶3美元提高到10美元左右，从而触发了

第二次世界大战之后最严重的全球经济危机。持续3年的石油危机对发达国家的经济造成了严重冲击。在这场危机中，所有工业化国家的经济增长都明显放慢，而发动石油战争的阿拉伯国家却因此增强了经济实力。为了应对可能出现的新的石油危机，1974年2月召开的石油消费国会议，决定成立能源协调小组以指导和协调与会国的能源工作。同年11月15日，经济合作与发展组织各国在巴黎通过了建立国际能源机构的决定；11月18日，16国举行首次工作会议，签署了《国际能源机构协议》，并开始临时工作。1976年1月19日该协议正式生效。

1974年国际能源署的创始成员国有16个，分别为爱尔兰、奥地利、比利时、丹麦、德国、荷兰、加拿大、卢森堡、美国、日本、瑞典、瑞士、土耳其、西班牙、意大利、英国；之后又先后加入15个成员国，后加入的成员国分别为挪威（1974年）、希腊（1977年）、新西兰（1977年）、澳大利亚（1979年）、葡萄牙（1981年）、法国（1992年）、芬兰（1992年）、匈牙利（1997年）、捷克（2001年）、韩国（2002年）、斯洛伐克（2007年）、波兰（2008年）、爱沙尼亚（2014年）、墨西哥（2018年）、立陶宛（2022年）、拉脱维亚（2024年）。目前共有32个成员国。

国际能源署成立的目的是促进全球制定合理的能源政策，建立一个稳定的国际石油市场信息系统，改进全球的能源供需结构和协调成员国的环境和能源政策。国际能源署秘书处已经成为全球能源统计的权威，秘书处每月发行一期石油市场报告，每年发行两期全球能源展望，这两种能源报告在世界上都颇具影响力。石油储备方面，国际能源署要求成员国持有一定数量的石油储备，即不低于其上年度90天的石油净进口量的石油存量，当出现石油短缺时，机构成员间实行"紧急石油分享计划"，即某个或某些成员国的石油供应短缺7%或以上时，国际能源署成员国限制石油需求，增加储备，并共享有效的石油供应资源。

（三）世界主要国家石油储备

为保障石油稳定供应，避免因石油供应中断给国家能源安全和经济安全造成较大负面影响，美国、日本、韩国、德国、法国、英国等国家均建立了战略石油储备。以上各国的石油储备制度因国家体制、石油资源禀赋、国际政治地位、周边环境、历史由来等不同，其储备模式也存在较大差异，按照政府对石油储备的投入和控制程度大致可以分为四种类型。

一是仅由政府建立的战略石油储备。美国是典型的代表，美国拥有全世界最大规模的战略石油储备，实行市场化的运作，有总统授权紧急出售、能源部授权紧急互换、正常轮换等多种释放路径，自成立以来频繁操作，发挥了重要作用。美国战略石油储备主要存储在墨西哥湾的地下岩洞中，集中分布在得克萨斯州Bryan Mound和Big Hill基地，以及路易斯安那州的West Hackberry和Bayou Choctaw基地。截至2022年4月6日，这四个基地存储容量为7.134亿桶。截至2025年7月11日，美国战略石油储备库中还有约4.027亿桶石油储备，约占总储备量的一半。相对于地上原油存储15~18美元/桶的成本，岩洞存储成本仅有3.5美元/桶。

二是"政府储备+民间企业储备+产油国共同储备"模式。以日本、韩国为典型代表，日本最早通过行政指导的方式建立了民间储备；国家石油储备采用"委托—代理"模式，由日本政府通过签订管理委托合同的方式将国家石油储备事务交由石油天然气·金属矿产资源机构（Japan Organization for Metals and Energy Security，JOGMEC，2022年改名为日本金属和能源安全组织）管理；2007年，为应对国际能源供给的严峻形势，日本提议构建"石油共同储备构想"：由日本政府提供资金和场地，中东产油国保证一定的储备规模，日本在紧急情况下对储存基地的石油拥有优先购买和提取权。由于日本石油近100%的依赖进口，所以一直以来都建有远超法定要求的储备规模，截至2025年5月，日本保有255天净进口量的石油储备。日本的战略石油储备除采用常见的地上油罐储存、半地下储存方式外，还建立了海上浮式储油系统和地下储备。地下储备主要有地下油罐、地下水封洞库和地下盐穴三种方式，不仅可以减少储油损耗，还可以避免战时被打击。

三是"机构储备+企业储备"的模式。以德国、法国为代表，德国曾经实施石油企业的决定义务储备，并建立国家石油储备基地，后考虑到强制要求企业储备易造成市场竞争扭曲，且政府管理储备效率不高，遂修订法律逐步削减企业义务储备量，最终取消企业强制储备义务，由企业储备向机构储备转变，由石油储备协会（Erdölbevorratungsverband，EBV）代理各企业实施战略石油储备业务，规定所有石油及成品油进口贸易公司和炼油厂均须成为石油储备协会的会员，维持一定的义务储备。

四是仅有企业储备的模式。以英国为典型代表，英国没有国家储备机构，政府通过强制企业储备来履行国际能源署的储备义务，通过调节石油企业义务储备量来调控市场。储备责任主体为石油公司，可通过自有储备、境外储存、第三方代持等灵活手段满足义务要求。强制义务储备的地点没有限制，因此英国的石油企业既可以在炼油厂、码头或第三方设施储存，且战略储备一般与企业自身的商业储备混储，也可以委托其他公司代储，甚至可以根据双边协议，在欧盟其他国家持有战略储备，因此英国有相当部分的战略储备位于境外。

第二节　成品油基础知识

成品油是现代能源体系的重要组成部分，由原油通过一系列复杂的炼制工艺加工而成，加工工序包括蒸馏、催化裂化、加氢精制等，依据不同油品的沸点、化学结构等特性，将原油分离、转化与提纯，从而得到各类成品油。成品油仓储保管从业者需要深入理解与掌握成品油的基础知识，本节主要介绍成品油的共同特性，再分品种对车用汽油、车用柴油和3号喷气燃料的主要用途、理化性质、危害信息、包装与运输、应急处置等进行详细介绍。

一、成品油特性

（一）易燃烧

石油及其产品的易燃性使其具有发生火灾的潜在危险性。决定油品火灾危险性程度的重要指标是闪点，即在标准试验条件下，加热油品所逸出的蒸气被火焰引燃发生闪火的最低温度，一般用F_t表示。

在油库工作中可以采取以下措施进行防范。一是控制可燃物，及时清除在灌装作业中发生的跑、冒、漏、滴的油品，收集和处理检维修等作业中产生的废油、含油污水等；及时清除作业区、油罐区、泵房等作业场所四周的杂草、树叶；封闭的作业场所采取通风措施来防止油气积聚。二是控制点火源，控制明火，严令禁止携带火柴、打火机及其他明火进入油库；严格审批库内动火作业，严禁使用非防爆工器具检维修作业；油库爆炸危险区域必须使用防爆型电气设备，所有入库车辆排气口应加套防火罩，严禁穿带铁钉的鞋进入作业场所，以防止其产生火花。三是控制储存温度。常见油品储存温度见表1-1。

表1-1　常见油品储存温度

油品种类	车用汽油、3号喷气燃料	车用柴油
储存温度/℃	≤40	≤（闪点-5）

油品闪点越低越容易燃烧，它的火灾危险性就越大。根据闪点温度高低，易燃和可燃液体火灾危险性从大到小可分为甲A、甲B、乙A、乙B、丙A和丙B六个等级。车用柴油的火灾危险性还与操作温度有关。常见油品火灾危险性见表1-2。

表1-2 常见油品火灾危险性分级

油品种类	液体闪点（F_t）	火灾危险性	备注
车用汽油	$F_t < 28℃$	甲B	
3号喷气燃料	$28℃ \leq F_t \leq 45℃$	乙A	
车用柴油*	$45℃ < F_t < 60℃$	乙B	闪点等于45℃的轻柴油，其储运设施的操作温度≤40℃时，可视为乙B类液体
	$60℃ \leq F_t \leq 120℃$	丙A	闪点低于60℃但不低于55℃的轻柴油，其储运设施的操作温度≤40℃时，可视为丙A类液体

注：*引自GB 50074—2014《石油库设计规范》。

（二）易爆炸

当石油蒸气和空气的混合比例处于某一范围时，遇火源就会发生爆炸，这一比例范围称作爆炸极限。通常用爆炸极限反映油品爆炸的危险性。可燃气体发生爆炸时的下限浓度值，称为爆炸下限；可燃气体发生爆炸时的上限浓度值，称为爆炸上限。

例如，车用汽油的爆炸下限为1.1%，爆炸上限为5.9%。当油气浓度值在上述区间，遇到0.2MJ以上的点火能量时，则发生爆炸；一旦混合气体浓度高于爆炸上限，遇点火源时将会燃烧；如果低于爆炸下限，遇点火源时既不爆炸也不燃烧。在石油火灾中，随着油气浓度的增减变化，爆炸和燃烧现象通常交替出现。

由于油品的组分和生产工艺不同，即使同品种、同牌号的油品，爆炸极限也会各有差异，受到初始温度和压力、惰性气体和杂质的含量、点火源的性质、容器大小等多因素的影响。因此，要针对油品的性质、爆炸极限、储油区装油容器的防爆能力等要素，科学采用喷淋降温、通风、确定安全装油高度等应对措施，防止事故发生。常见油品气体爆炸极限见表1-3。

表1-3 常见油品气体爆炸极限

油品种类	爆炸下限 /%	爆炸上限 /%
车用汽油	1.1	5.9
车用柴油	0.6	6.5
3号喷气燃料	0.6	6.5

（三）易蒸发

液体汽化的难易程度称为蒸发性或挥发性。蒸气压是石油产品重要的特性参数之一，是指在标准条件下，石油产品在规定仪器中释放蒸气所产生的压力。蒸气压越大，说明油品越容易挥发。

油品蒸发不仅会增加油品损耗、降低油品质量，产生的油气还可能会导致燃烧、爆炸、人员中毒和环境污染等严重后果。影响蒸发的因素有两方面：一是油品本身性质，如沸点、蒸气压、蒸发潜热、黏度、表面张力等；二是外界条件，如周围的空气温度和压力、空气流动速度、蒸发面积、容器的严密性等。

由于油气密度比空气大，扩散范围广，易在作业场所低洼处、通风不良处积聚，产生极大的安全风险隐患。因此，可针对产生蒸发的原因采取行之有效的措施，如喷淋降温以减少温差、饱和储存以减少气体空间、减少不必要的倒罐作业、安装呼吸阀等。

（四）易积聚静电

石油是导电率极低的绝缘非极性物质，在泵送、灌装、输转、调和等作业过程中，都会产生大量的静电，容易使油气着火、爆炸。静电积聚的油库作业场所常有大量的油气存在，很容易造成静电事故。

静电积聚程度（静电电荷量的大小）主要与四方面因素有关。一是油品流动速度。流速越快，管道内壁越粗糙，流经的弯头、阀门、滤网等越多，产生积聚静电多、电压高。二是空气湿度。空气相对干燥时，更容易产生积聚静电。三是灌装作业方式。进出油管与油面距离越大，油品与空气摩擦会越剧烈，油流对油面的搅动和冲击越大，电压就越高。四是油品含水量。含水油品比不含水的纯净油品产生的电压会高几倍到几十倍。

为了防止静电电荷积聚产生较高的静电电位，可以采取以下有效措施：一切用于储存、输转油品的油罐、输油管道、输油泵都必须有良好的接地装置，并应定期检查静电接地装置技术状况和测试接地电阻；向铁路罐车、汽车油罐车、油罐等容器内输油时，要有对应的导静电装置，最好采用底部式灌装，严格控制流速，防止油品喷溅和冲击；油库工作人员应着防静电服装鞋子、使用防爆工器具，方可进行装卸或设备检维修作业。

（五）易膨胀收缩

在各类油罐、输油管道等密闭容器内的油品，容易受外界温度影响出现热胀冷缩现象。温度升高，体积增大，当压力超过设备所能承受的正压时，会发生渗漏乃至破裂；反之，当压力超过设备所能承受的负压时，会发生吸瘪、变形。两种情况都会导致设备变形受损、油品外泄，造成环境污染和火灾事故。

因此，通过科学合理计算油罐的安全装油容量和高度，以及采取拱顶油罐安装呼吸阀、输油管道设置安全阀等泄压措施，可以防止设备设施损坏。

（六）有毒性

油品及油气都具有一定的毒性，且毒性随其化学结构、蒸发速度和所含添加剂性质及加入量的多少而不同，组分中的芳香烃、环烷烃及添加剂等毒性较大。轻质油特别是汽油的芳香烃和不饱和烃最多，挥发性强，容易侵入人体的呼吸道、消化道和皮肤，造成急性或慢性中毒。中毒的程度与油气浓度、作用时间长短有关。

防止中毒的主要措施有以下几条。

1. 尽量降低油气浓度，减少吸入量

室外作业时，操作者应站在上风口位置；室内作业时，作业场所要保持良好的通风状态，使油气尽量散逸开，以降低油气浓度。

2. 保持油罐、管道及加油设备等的密封性

如发现渗漏应及时维修，并收集、处理渗漏的油品，避免加重作业区的空气污染。进入油罐、油舱作业时，必须先打开人孔（采光孔）进行通风，并配用有效的防毒面具、安全带和信号绳，同时在罐外要有专人值守，与罐内操作者保持联络，并交替作业。清扫装有轻质油的汽车油罐车、铁路罐车的底油时，严禁进入罐内作业。

3. 避免直接接触油品

接触油品的工作人员，要正确穿戴防护用品，不要将带有油垢的工作服、手套等带进宿舍等公共场所，及时更换清洗。作业完毕后，须用肥皂洗手，未经洗手，不要吸烟、饮水和进食。

4. 定期体检

定期对油库干部职工进行职业病健康体检，特别是长期在一线从事油品作业的人员。一旦发现病症，及时进行治疗或调整岗位。

（七）易流动

油品流动性较强，流动扩散的快慢由油品的黏度决定。需要用特定容器进行储存，采用专用工艺设备运输、接卸、输转，这些储运设施设备的技术管理、安全措施稍有疏忽，就会发生跑、冒、滴、漏现象。例如，失控油品流动扩散至非禁火区和库外，油气四处散逸，扩大危险范围。

预防油品流动造成跑油、混油等事故，应采取以下措施：一是配齐安全设施设备；二是保持罐、管、阀、泵的安全状态完好；三是在收发油和储存过程中严格执行安全技术措施和各项规定。

（八）易漂浮

油品的密度比水小，且不溶于水，泄漏的油品浮于水面，容易随水流快速扩散。如果发生火灾，可能造成"火烧连营"的后果（流淌火灾）。为预防失控油品流至库外水域，发生火灾时避免失控油品被汇集的冷却水带走，造成事故扩大蔓延，需根据油品流动性和漂浮性设置隔离、水封设施。油水分离装置就是利用油品漂浮性设计的，用于含油污水处理和泄漏油品回收。

（九）易渗透

油品渗透性很强，如果油罐、输油管道腐蚀穿孔，漏油渗入地下，将造成地下水和土壤污染。油品的渗透性也可用于煤油检查焊缝和阀门的严密性。

二、成品油种类

（一）车用汽油

1. 概况

（1）标识 CAS 8006-61-9。

（2）生产方法 车用汽油由直馏汽油与二次加工汽油按一定比例调合而成，并加入适量的添加剂。

（3）分类　车用汽油（ⅥB）的技术要求符合现行国家标准GB 17930—2016《车用汽油》。按研究法辛烷值分为89号、92号、95号和98号4个牌号。

2.主要用途

车用汽油适用于点燃式发动机，通过燃烧产生热能，推动发动机运转。车用汽油可用作汽车、摩托车、发电机、割草机等发动机的燃料。在某些情况下，车用汽油也可用作溶剂或清洁剂。

3.主要理化特性

车用汽油主要理化特性如表1-4所示。

表1-4　车用汽油主要理化特性

项目	指标
外观	无色或浅黄色液体
燃点/℃	427
自燃点/℃	415～530
相对密度（20℃，水=1）	0.72～0.775
馏程/℃	30～220

4.危害信息

（1）危险性类别　第3类，易燃液体。

（2）火灾危险性　甲B。

（3）燃烧与爆炸危险性　高度易燃，其蒸气与空气混合，能形成爆炸性混合物；油气比空气重，沿地面扩散并易积存于低洼处，遇火源会着火回燃。

（4）活性反应　与强氧化剂等禁忌物接触，有发生火灾和爆炸的危险。

（5）禁忌物　强氧化剂、强酸、强碱、卤素。

（6）毒性　汽油为麻醉性毒物。急性中毒主要引起中枢神经系统和呼吸系统损害。

（7）中毒表现

①急性中毒：气体吸入呼吸道后，轻度中毒出现头痛、头晕、恶心、呕吐、步态不稳、视力模糊、烦躁、哭笑无常、兴奋不安、轻度意识障碍等；重度中毒出现中度或重度意识障碍、化学性肺炎、反射性呼吸停止。液体被吸入呼吸道后引起吸入性肺炎，出现剧烈咳嗽、胸痛、

咯血、发热、呼吸困难、发绀；汽油液体进入消化道，表现为频繁呕吐、胸骨后灼热感、腹痛、腹泻、肝脏肿大及压痛；皮肤浸泡或浸渍于汽油时间较长后，受浸皮肤出现水疱、表皮破碎脱落，呈浅Ⅱ度灼伤。个别敏感者可发生急性皮炎。

②慢性中毒：表现为神经衰弱综合征、自主神经功能紊乱、周围神经病；严重中毒出现中毒性脑病、中毒性精神病、类精神分裂症、中毒性周围神经病所致肢体瘫痪；可引起肾脏损害；长期接触汽油可引起血中白细胞等血细胞的减少，其原因是汽油内苯含量较高，其临床表现同慢性苯中毒；皮肤损害可见皮肤干燥、皲裂、角化、毛囊炎、慢性湿疹、指甲变厚和凹陷；严重者可引起剥脱性皮炎。

5. 包装与储运

（1）包装标志　易燃液体。

（2）包装类别　Ⅱ类。

（3）安全储运　用油罐、铁桶等容器盛装，盛装时不可充满，要留出必要的安全空间；桶装汽油储存于阴凉、通风的库房；远离火种、热源，炎热季节应采取喷淋、通风等降温措施；储存温度不宜超过29℃，保持容器密封；应与氧化剂分开存放，切忌混储；采用防爆型照明、通风设施；禁止使用易产生火花的机械设备和工具；应备有泄漏应急处理设备和合适的收容材料；罐储时要有防火防爆技术措施；充装时流速不超过3m/s，且有接地装置，防止静电积聚。

6. 应急处置信息

（1）急救措施

①吸入：迅速脱离现场至空气新鲜处；保持呼吸道通畅；如呼吸困难，给输氧；如呼吸、心跳停止，立即进行心肺复苏术；就医。

②眼睛接触：立即分开眼睑，用流动清水或生理盐水彻底冲洗；就医。

③皮肤接触：立即脱去污染的衣着，用流动清水彻底冲洗；就医。

④食入：漱口，饮水；禁止催吐；就医。

（2）灭火方法　消防人员必须佩戴空气呼吸器、穿全身防火防毒服，在上风向灭火；喷水冷却容器，尽可能将容器从火场移至空旷处；容器突然发出异常声音或出现异常现象，应立即撤离。

灭火剂：泡沫、二氧化碳、干粉和沙土。用水灭火无效。

（3）泄漏应急处置　消除所有点火源；根据液体流动和油气扩散的影响区域划定警戒区，无关人员从侧风、上风向撤离至安全区；建议应急处理人员佩戴正压自给式呼吸器，穿防毒、防静电服，佩戴橡胶耐油手套;作业时使用的所有设备应接地;禁止接触或跨越泄漏物;尽可能切断泄漏源;防止泄漏物进入水体、下水道、地下室或有限空间。

少量泄漏:用沙土或其他不燃材料吸收,使用洁净的无火花工具收集吸收材料。

大量泄漏:构筑围堤或挖坑收集;用泡沫覆盖,减少蒸发;喷水雾能减少蒸发,但不能降低泄漏物在有限空间内的易燃性;用防爆泵转移至槽车或专用收集器内。

(二)车用柴油

1. 概况

(1)标识　CAS 68334-30-5。

(2)生产方法　主要由原油蒸馏。由经催化裂化、热裂化、加氢裂化、石油焦化等过程生产的柴油馏分调配而成,也可由页岩油加工和煤液化制取。

(3)分类　车用柴油的技术要求符合现行国家标准GB 19147—2016《车用柴油》,按凝点可分为5号、0号、-10号、-20号、-35号和-50号6个牌号。

2. 主要用途

柴油是用作压燃式发动机(柴油发动机)的液体石油燃料,可用于汽车、农业机械、内燃机车、工程机械等压燃式柴油发动机。轻柴油适用于高速柴油发动机燃料;重柴油适用于中速和低速柴油发动机燃料;车用柴油是经特别调配的、用作交通运输车辆的高速柴油发动机燃料。

3. 主要理化特性

车用柴油主要理化特性如表1-5所示。

表1-5　车用柴油主要理化特性

项目	指标
外观	白色或浅黄色液体
燃点/℃	220
自燃点/℃	350 ~ 380
相对密度(20℃,水=1)	0.81 ~ 0.85
馏程/℃	180 ~ 360

4. 危害信息

（1）危险性类别　第3类，易燃液体。

（2）火灾危险性　乙B/丙A。

（3）燃烧与爆炸危险性　易燃，其油气与空气混合，能形成爆炸性混合物；燃烧产生有毒的一氧化碳气体；若遇高热，容器内压增大，有开裂和爆炸的危险。

（4）活性反应　遇明火、高热或接触氧化剂，有引起燃烧爆炸的危险。

（5）禁忌物　强氧化剂、强酸、强碱和卤素。

（6）中毒表现　急性中毒主要表现为中枢神经抑制；曾有报道工人进入装过柴油的船舱内仅2min，即感头晕、胸闷和无力，5min后意识丧失；短期内吸入大量柴油雾滴或柴油呛入呼吸道可引起化学性肺炎。有报道称，皮肤接触柴油数周后引起急性肾功能不全，经治疗后恢复；废气可引起眼、鼻刺激症状，头晕及头痛；皮肤接触柴油可出现红斑、丘疹和水疱；长期接触柴油后，皮疹可转为慢性。

（7）侵入途径　吸入、食入和经皮吸收。

5. 包装与储运

（1）包装标志　易燃液体。

（2）包装类型　Ⅲ类。

（3）安全储运　盛装时，切不可充满，要留出必要的安全空间；桶装时，储存于阴凉、通风处；远离火种、热源；应与氧化剂、卤素分开存放，切忌混储；采用防爆型照明、通风设施；禁止使用易产生火花的机械设备和工具；灌装时注意流速，防止静电积聚；应备有泄漏应急处理设备和合适的收容材料。

6. 应急处置信息

（1）急救措施

①吸入：迅速脱离现场至空气新鲜处；保持呼吸道通畅；如呼吸困难，给输氧；如呼吸、心跳停止，立即进行心肺复苏术；就医。

②眼睛接触：分开眼睑，用流动清水或生理盐水冲洗；如有不适感，就医。

③皮肤接触：立即脱去污染的衣着，用流动清水彻底冲洗皮肤；如有不适感，就医。

④食入：尽快彻底洗胃；就医。

（2）灭火方法　消防人员必须佩戴空气呼吸器，穿全身防火防毒服，在上风向灭火；尽可能将容器从火场移至空旷处；喷水保持火场容器冷却，直至灭火结束。

灭火剂：泡沫、二氧化碳、干粉和沙土。

（3）泄漏应急处置　根据液体流动和油气扩散的影响区域划定警戒区，无关人员从侧风、上风向撤离至安全区；消除所有点火源；建议应急处理人员戴防毒面具，穿防静电服，戴橡胶耐油手套；尽可能切断泄漏源；防止泄漏物进入水体、下水道、地下室或有限空间。

小量泄漏：用活性炭或其他惰性材料吸收。

大量泄漏：构筑围堤或挖坑收集；用防爆泵转移至槽车或专用收集器内。

（三）3号喷气燃料

1. 概况

（1）标识　CAS 8008-20-6。

（2）生产方法　3号喷气燃料通常用原油分馏获得，生产过程中需要经过加氢、蒸馏、催化裂化、去氧等工艺处理，将抗静电剂、抗氧剂、抗磨剂、防冰剂、金属钝化剂等微量组分按一定比例混合。

（3）分类　喷气燃料可分为2号喷气燃料、3号喷气燃料和4号喷气燃料。本书主要介绍3号喷气燃料，其技术要求符合现行国家标准GB 6537—2018《3号喷气燃料》。

2. 主要用途

3号喷气燃料主要用作航空涡轮发动机的燃料。

3. 主要理化特性

3号喷气燃料主要理化特性如表1-6所示。

表1-6　3号喷气燃料主要理化特性

项目	指标
外观	水白色至淡黄色液体
燃点 /℃	58
自燃点 /℃	278
相对密度（20℃，水 =1）	0.77 ~ 0.83
馏程 /℃	80 ~ 300

4. 危害信息

（1）危险性类别　第3类，易燃液体。

（2）火灾危险性　乙A。

（3）燃烧与爆炸危险性　易燃，其蒸气与空气混合，能形成爆炸性混合物，遇明火、高热能引起燃烧爆炸；流速过快，容易产生和积聚静电；油气比空气重，沿地面扩散并易积存于低洼处，遇火源会着火回燃；若遇高热，容器内压增大，有开裂和爆炸的危险。

（4）活性反应　与强氧化剂、酸类、碱类、卤素等禁忌物接触，有发生火灾和爆炸的危险。

（5）禁忌物　强氧化剂、强酸、强碱、卤素等。

（6）中毒表现

①急性中毒：吸入高浓度油气，常先有兴奋，后转入抑制，表现为乏力、头痛、酩酊感、神志恍惚、肌肉震颤、共济运动失调；严重者出现定向力障碍、谵妄、意识模糊等；油气可引起眼及呼吸道刺激症状，重者出现化学性肺炎。吸入液体可引起吸入性肺炎，严重时可发生肺水肿。摄入引起口腔、咽喉和胃肠道刺激症状，可出现与吸入中毒相同的中枢神经系统症状。

②慢性中毒：以神经衰弱综合征为主要表现，还有眼及呼吸道刺激症状、接触性皮炎、皮肤干燥等。

5. 包装与储运

（1）包装标志　易燃液体。

（2）包装类别　Ⅲ类。

（3）安全储运　储存于阴凉、通风处；远离火种、热源；储存温度不宜超过37℃；应与氧化剂等分开存放，切忌混储；采用防爆型照明、通风设施；禁止使用易产生火花的机械设备和工具；应备有泄漏应急处理设备和合适的收容材料。

6. 紧急处置信息

（1）急救措施

①吸入：迅速脱离现场至空气新鲜处；保持呼吸道通畅；如呼吸困难，给输氧；呼吸心跳停止，立即进行心肺复苏术；就医。

②眼睛接触：立即分开眼睑，用流动清水或生理盐水彻底冲洗；就医。

③皮肤接触：立即脱去污染的衣着，用肥皂水和清水彻底冲洗；就医。

④食入：漱口，饮水；禁止催吐；就医。

（2）灭火方法　消防人员必须佩戴防毒面具、穿全身消防服，在上风向灭火；尽可能将容器从火场移至空旷处；喷水保持火场容器冷却，直至灭火结束；处在火场中的容器若已变色或从安全泄压装置中发出声音，必须马上撤离。

灭火剂：泡沫、干粉、二氧化碳、沙土。

（3）泄漏应急处置　消除所有点火源；根据液体流动和油气扩散的影响区域划定警戒区，无关人员从侧风、上风向撤离至安全区；建议应急处理人员戴正压自给式呼吸器，穿防静电服；作业时使用的所有设备应接地；禁止接触或跨越泄漏物；尽可能切断泄漏源；防止泄漏物进入水体、下水道、地下室或有限空间。

小量泄漏：用沙土或其他不燃材料吸收；使用洁净的无火花工具收集、吸收材料。

大量泄漏：构筑围堤或挖坑收集；用泡沫覆盖，减少蒸发；喷水雾能减少蒸发，但不能降低泄漏物在受限空间内的易燃性；用防爆泵转移至槽车或专用收集器内。

第二章
成品油库设施设备

　　收发、储存原油、成品油及其他易燃和可燃液体化工品的独立设施都称为石油库。石油库内的装卸设施、储存设施通过输油泵并经由输油管道连接组成了一个工艺系统，除接收、发送和储存等基本功能外，石油库还具备铁路扫仓、管道放空、管道泄压、油气回收等功能。

第一节　油库类型、分级和功能分区

油库的安全风险等级主要取决于储油设施规模、储存介质火灾危险性以及配套建设的设施设备等因素，通过对油库进行分级、分区，可采取有针对性的措施降低风险。考虑油库类型、库内建筑物和设施设备的功能以及所处区域的爆炸危险可能性，对各类设施进行分区布置，可提升油库安全性。本节着重就石油库类型与分级、功能分区作综合概述。

一、油库类型

石油库常见的分类方法有以下几种。

（一）按管理和业务性质划分

1. 独立油库

独立油库指专门接收、储存和发放油品的独立企业或单位。除了大家熟知的中国石油天然气集团有限公司（中石油）、中国石油化工集团有限公司（中石化）、中国海洋石油集团有限公司（中海油）等企业的油库外，国家储备成品油库和军队系统的油库属于独立油库。

2. 附属油库

附属油库指为本企业生产或运行服务而建设的油库，如炼油厂、铁路、机场和港口等建设的油库。

（二）按功能定位划分

油库又可分为储备油库、中转油库和销售油库（表2-1）。

表2-1　按功能定位划分的油库对比

油库类型	储备油库	中转油库	销售油库
油库规模	大	较大	小
油品种类	少	多	多
储存周期	长	较短	短
周转次数	少	多	多
周转量	小	大	较大

1. 储备油库

储备油库主要担负成品油的长期储备任务，具有油库规模大、油品种类少、储存周期长、周转次数少等特点，装卸设施具备短时快进快出的能力。国家储备成品油库和军队系统的大型油库属于此类油库。如无特别说明，本节以后所述的储备油库均指国家储备成品油库。

2. 中转油库

中转油库主要承担一定区域范围内油品的中转调拨供应业务，特点是油品种类较多、周转数量大、频率高。中转油库一般设置在易于调度和便于集散的铁路、水路和公路等交通枢纽和具备长输管道接管条件的位置。

3. 销售油库

销售油库主要承担油库所在地周边生产和生活用油的供应任务，特点是油品种类多、油库规模小、周转频率高。销售油库一般设置在靠近消费市场或加油站集中、交通便利的位置。

（三）按建造位置划分

根据油罐建造的位置，油库可分为地面油库、覆土油库、人工洞库、水封石油洞库和海上油库等，下面主要介绍地面油库、覆土油库、人工洞库。

1. 地面油库

地面油库的油罐是露天建设的，除部分管道和线缆外，主要设施均设置在地面上。它主要在地势较平坦的地方选址，其优点是投资少、建设快、施工难度小，运行、检维修和管理方便，是中转油库和销售油库的主要建库方式。但此类油库特征明显，防护能力和隐蔽能力等安全性较低。静态储存时油品因温度变化引起的蒸发损耗（油罐小呼吸）较大，适用于储存周期较短的油品。

2. 覆土油库

覆土油库是指油罐全部埋在地表以下，或独立设置在用土掩埋的罐室或护体内，在空中和库外不能直接看到油罐本体的油库。与地面油库相比，这类油库具有一定的隐蔽性和防护能力。其优点是由于油罐外表面有覆土或罐室、护体，油品受环境影响较小，储存过程中的油品蒸发损耗较小，能延缓油品变质时间，有利于油品的长期储存。但这种油库建设成本高，施工周期较长；由于空间受限，通风条件较差，容易积聚油气；在雨季或者因温差造成的冷凝水，罐室内湿度较大，油罐、油罐附件和管道易锈蚀，使用和管理都不太方便。

3. 人工洞库

人工洞库将油罐设置在人工开挖的山洞内的油库。这类油库选址在石质均匀完整、山体岩层厚度满足防护要求的山区，不仅隐蔽效果好，防护能力也很强。由于山体岩层的天然屏障作用，通道外大气的季节温差对油品影响极小，且通道内的昼夜温差不大，油罐小呼吸引起的油品蒸发损耗小，适合油品长时间储存。但缺点是施工条件苛刻，施工难度很大，建设周期长；由于油罐建在山区，与交通相对便利的铁路作业区、水运作业区有一定的距离，需要铺设较长的库外管道，与之配套的公用工程的投资也比地面油库和覆土油库更多，工程投资和维护成本巨大。

二、油库分级

关于石油库等级的划分，基本上都是根据油库总容量来进行划分的，不同规范标准有不同的等级划分。

（一）按罐容划分

油库的等级可以按照油罐计算总容量（TV）和单罐容量两方面来进行划分，当两者对应的石油库等级不同时，应按较高等级进行确定。具体可分为6个等级（表2-2）。

表2-2 油库容量等级划分

等级	油罐计算总容量 /m^3	单罐容量 /m^3
特级	$1200000 \leqslant TV \leqslant 3600000$	$\leqslant 150000$
一级	$100000 \leqslant TV < 1200000$	$\leqslant 100000$
二级	$30000 \leqslant TV < 100000$	$\leqslant 20000$
三级	$10000 \leqslant TV < 30000$	$\leqslant 10000$
四级	$1000 \leqslant TV < 10000$	$\leqslant 3000$
五级	$TV < 1000$	$\leqslant 500$

表2-2中油罐计算总容量不包括零位罐、中继罐和放空罐的容量。当储存丙A类液体时，油罐容量可乘以折算系数0.5计入油罐计算总容量，丙B类液体油罐容量可乘以折算系数0.25计入油罐计算总容量。折算系数不得重复计取。

例如，某油库的油罐计算总容量为150000m^3，对应油库的等级为一级；单罐最大容量为10000m³，对应油库的等级为三级；综合评判，该油库等级属于一级。

油库划分等级的目的，是对不同库容的油库采取不同的技术和安全措施提供依据。油库规模越大，油罐数量越多，其配套建设的设施设备越多，油库的安全风险就越高。同时，不同火灾危险性的油品发生事故的概率也有很大不同，根据石油库火灾事故统计资料显示，80%以上的事故涉及甲B和乙A类介质，其余的事故涉及乙B和丙A类介质，而丙B类介质基本上没有发生过火灾事故。因此，对于不同危险性的油品，需要在油罐容量的计入方面进行差异化规定，便于采取与之相适应的技术和安全要求，保证油库长期安全平稳运行。

（二）按建设规模划分

储备油库的建设规模等级按照总库容量进行划分，等级划分如表2-3所示。

表2-3　油库建设规模分级

规模等级	油罐计算总容量 /m³
大型	400000 ≤ TV ≤ 600000
中型	200000 ≤ TV<400000
小型	100000 ≤ TV<200000

储备油库的建设规模立足于国情，也取决于建设成本、运行成本、保障半径、响应时间和油品轮换等综合因素。在总体规模一定的条件下，单库的建设规模大，则单位储量建设成本及管理费用较低，但油库的辐射半径相对较大、响应时间较慢；单库的建设规模小，则单位储量的建设成本较高，运行管理不经济。实践表明，当油库总储量大于600000m³时，为维持油品合适的轮换周期，保证储存油品质量，油库将频繁进行收发油作业；当油库总储量小于100000m³时，则难以匹配收发油作业设施、管理人员的最低配置。

三、油库功能分区

虽然油库的类型和规模不同，所承担任务、储存种类、运输条件以及业务特点各有差别，但主要的装卸设施和储存设施相差不大。油库内的危险源主要是油罐，不同类型油罐的防护隐蔽要求不同；库内各种建（构）筑物和设施散发的油气量大小不一，所在的爆炸危险区域也不同，且生产操作的方式差别较大，防护措施以及配套的消防、环保等设施也有不同，分区布置、避免互相影响十分必要，也有利于发挥各自的优势，提高运行效率。

油库总平面布置需要充分考虑各区的特性和区内布置要求，做到分区合理、布局紧凑、作业安全、管理方便。按功能主要包括储油区、作业区、辅助作业区、行政管理区和警卫营区5个区域（表2-4）。

表2-4 功能分区及主要建（构）筑物

序号	功能分区		主要建（构）筑物
1	储油区	地上油罐区	地上油罐、油泵房（棚）、事故封围设施、含油污水调节池、值班室、岗楼等
		覆土油罐区	覆土油罐、油泵房（棚）、事故封围设施、含油污水调节池、值班室、岗楼等
		洞式油罐区	洞式油罐、油泵房（棚）、事故封围设施、含油污水调节池、通风机房、值班室、岗楼等
2	作业区	铁路作业区	铁路罐车装卸线、装卸栈桥、油泵房（棚）、辅助作业罐、事故封围设施、现场控制室（含机柜间）、值班室等
		公路作业区	汽车装车棚、业务室、现场控制室（含机柜间）等
		水运作业区	辅助作业罐、码头、趸船、油泵房（棚）、事故封围设施、现场控制室（含机柜间）、值班室等
		管道作业区	辅助作业罐、油泵房（棚）或输油泵组、事故封围设施、收发球筒、油品计量设备等
3	辅助作业区		化验室、计量室、备品库、警消楼、油料运输车棚、含油污水调节池、变配电所、发电机房、消防泵房、消防水池、水泵房、锅炉房等
4	行政管理区		业务综合用房、工勤楼、食堂、车库、值班室等
5	警卫营区		营房、食堂、晾衣间、训练场（棚）等

注：辅助作业区的建（构）筑物可根据实际情况在其他功能分区内布置。

（一）储油区

储油区是油库内集中储存油品的区域，是油库的核心部位，其主要功能是储存油品、保证供油，对油库的进油和出油起调节和缓冲的作用。

储油区可以分为地上油罐区、覆土油罐区和洞式油罐区。地上油罐区主要由地上油罐和防火堤组成；覆土油罐区由若干座独立的覆土立式油罐组成，也可由一座或多座覆土卧式油罐组成；洞式油罐区由一座或多座洞式油罐组成，大多数洞式油罐沿洞库主通道两侧葡萄状布置。

储油区除油罐以外，其主要的建（构）筑物还包括油泵房（棚）、事故封围设施、含油污水调节池、值班室、岗楼等，洞式油罐区还包括通风机房。

（二）作业区

作业区是布置装卸作业所必需设施设备的区域，它是保证油品正常出入库的重要部分。根据油品运输方式，作业区又可细分为铁路作业区、公路作业区、水运作业区和管道作业区，每座油库根据生产任务和运输条件，可设置一种或几种装卸设施。储备油库应具备两种及以上运输条件，以满足及时收储、调拨及轮换油品的需求。

1. 铁路作业区

铁路作业区是通过铁路罐车装卸油品的区域，一般布置在油库的边缘地带，其功能是将铁路运输的油品卸至库内的油罐中，或将油罐内的油品装入铁路罐车，发送给其他用户。

铁路作业区的主要建（构）筑物包括铁路罐车装卸线、装卸栈桥、油泵房（棚）、辅助作业罐、事故封围设施、现场控制室（含机柜间）、值班室等，主要的设备包括火车装卸鹤管、潜油泵、输油泵、扫仓（放空）泵、汇油管、扫仓管、油气收集管以及扫仓放空罐和油气回收装置等。

2. 公路作业区

公路作业区是通过汽车油罐车接收和发送油品的区域，一般布置在油库邻近库外道路的一侧。公路运输受制于汽车油罐车的容量大小，运输能力较弱，运输成本较高，但优点是可灵活、方便、及时地将油品送到用户手里。

公路作业区的主要建（构）筑物包括汽车装车棚、业务室、现场控制室（含机柜间）等，主要的设备包括装车鹤管、油气收集鹤管、输油泵、装车管、油气收集管以及流量计、电液阀和油气回收装置等。

3. 水运作业区

在沿海或沿江河有条件的位置，油品往往通过油轮或油驳来运输和吞吐。通过设置码头、趸船、油泵房（棚）、现场控制室（含机柜间）等设施，以及装卸臂、输油泵、扫仓（放空）泵、装卸油管、油气收集管、油气回收装置等设备，来接收和发送油品。

4. 管道作业区

目前，利用长输管道来接收油品的储备油库还不太多，具备返输功能的油库更少，但已呈现越来越多的趋势。与铁路运输、水路运输、公路运输相比，管道输送具有运输量大、损耗小、效率高、成本低、人工作业强度低和受外界影响小等优势，已逐渐成为国内成品油调配输送的主要手段。

油品通过长输管道入库时，经过调压后可直接送入相应的油罐；出库时，根据输送工况可以设置具备返输功能的输油泵组。根据输送工艺要求，还可以在油库适当位置设置混油罐、收发球筒和油品计量设备等。

（三）辅助作业区

为保证油库正常作业，需要配套建设相应的辅助设施，如化验室、计量室、备品库、警消楼、锅炉房、变配电所、发电机房、供水排水系统、污水处理设施、消防设施等。考虑到管理和安全，这些辅助设施应尽量集中布置在一个区域。

（四）行政管理区

行政管理区是油库行政和业务管理的工作区域，是油库的生产管理中心。主要设施包括业务综合用房、工勤楼、车库和部分生活设施（如食堂等）。

由于油库规模、经营性质各不相同，各油库内分区也可根据实际情况作相应调整。

第二节　储油设施设备

油罐是油库储存油品的主要容器，是油库中最重要的构筑物。油罐的设计需要满足以下要求：严密性好、不易渗漏；选材耐火，且经久耐用，与储存油品不发生化学反应，不影响油品质量；结构简单，强度满足使用要求；附件配备齐全且性能良好，满足正常生产作业。本节着重介绍油罐类型以及油罐附件等。

一、油罐类型

油罐按形状划分，有立式油罐和卧式油罐；按建造特点划分，可分为地上油罐、覆土油罐和洞式油罐；按材质划分，可分为金属油罐和非金属油罐。由于储备油库除了双层卧式油罐外均选用金属油罐，本节内容仅介绍金属油罐，对非金属油罐不作专门介绍。

（一）按油罐形状划分

1.立式油罐

立式油罐中，根据油罐罐顶结构的不同，又可分为固定顶油罐、外浮顶油罐、内浮顶油罐等。

（1）固定顶油罐

①结构：罐顶周边与罐壁顶端固定连接的油罐为固定顶油罐。罐顶主要包括以下形式。

a.自支撑式锥顶。罐顶形状为正圆锥形，荷载仅靠罐壁周边支撑。罐顶坡度应不小于1/6、不超过3/4。

b.柱支撑式锥顶。罐顶形状为正圆锥形，荷载靠罐壁、梁、柱或其他结构支撑。罐顶的坡度应不小于1/16。罐顶主要支撑构件包括檩条，可为型钢、钢管、焊接组合件或桁架。

c.自支撑式拱顶。罐顶形状为球面形，荷载仅靠罐壁周边支撑。目前最常用的为拱顶罐。自支撑式拱顶包括光面球壳、带肋球壳和单层球面网壳，拱顶球面的曲率半径一般为0.8~1.2倍油罐直径。考虑到球壳的稳定性，带肋球壳的曲率半径不宜大于40m，且油罐直径不宜大于40m；钢制单层球面网壳的油罐直径不宜大于80m。拱顶本身是承重的构件，有较大的刚性，能够承受一定的内压（设计正压一般为2kPa），有利于降低油品蒸发损耗，当单罐容量大于10000m^3时，多采用单层球面网壳拱顶。

②优缺点：优点是结构简单，造价低，维护成本低；缺点是不能抑制油气挥发，只能用于储存火灾危险性较小的可燃液体。考虑到灭火需要，油罐内径应不大于48m。

（2）外浮顶油罐

①结构：浮顶是一种浮在油品液面上并随液面变化而上下升降的盘状物。在敞口油罐内的浮顶为外浮顶。

外浮顶油罐的浮顶采用钢制焊接形式，可分为单盘式和双盘式，单盘式是指浮顶周圈设置有环形密封舱，中间仅为单层密封盘板；双盘式是指整个浮顶均由隔舱构成，至少最外圈隔舱为密封浮舱。

浮顶与罐壁之间的环形空间设置密封装置。一次密封宜采用软泡沫密封、充液管式密封和机械式密封；二次密封就是在单密封的基础上再增加一套密封装置，配设能密封环形空间连续分布的油气隔膜。

②优缺点：外浮顶油罐的优点是浮顶盘板与液面之间基本上没有气相空间，可以大大降低油品蒸发损耗。且起火时不易发生全液面火灾，安全性优于固定顶油罐和浮筒式内浮顶油罐。同时，该油罐的结构特点适合建造大容积油罐，不仅可以降低单位容积的投资指标，还可以减少油罐的占地面积，从而节省工程建设投资。

但是，由于浮顶表面与大气直接接触，且浮顶与罐壁之间存在着一定的间隙，外界的雨雪和灰尘可能沿着间隙渗入罐内污染储存的油品，所以外浮顶油罐多用于储存原油。

（3）内浮顶油罐　在固定顶油罐内设置浮顶的油罐为内浮顶油罐（图2-1）。

图2-1　内浮顶油罐

①结构：内浮顶油罐按以下方式进行分类。

a. 按结构型式分类。可分为钢制单盘式、钢制双盘式、浮筒式、浮箱式、金属蜂巢式和玻璃钢内浮顶（图2-2）部分型式内浮顶简介如下。

浮筒式内浮顶：由浮筒和位于浮筒上方的金属密封盘板组成，材质为铝或不锈钢。浮筒提供浮力，约有一半浸没在液面以下，另一半在液面以上。盘板与液面不接触，其下方存在油气空间。浮筒式内浮顶结构薄弱，密封性差，易在火灾事故中破损、沉盘。

浮箱式内浮顶：内浮顶由既提供浮力又连续覆盖液面的箱式浮力元件和加强梁组成，浮力元件内部可设有筋板等加强件，材质一般为铝合金或不锈钢。

金属蜂巢式内浮顶：内浮顶由上下层壳体和蜂巢芯共同组成，构成大量密集连续且相互密闭的蜂巢浮力单元，每个浮力单元都具有气密性和液密性，材质一般为铝合金、不锈钢。

玻璃钢内浮顶：内浮顶由上下玻璃纤维加强树脂表面层和蜂巢芯组成，且符合蜂巢式内浮顶的特征。

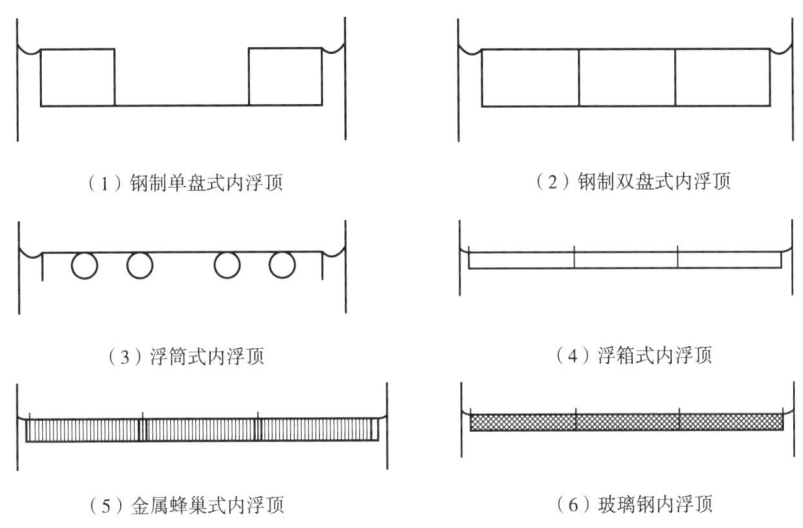

（1）钢制单盘式内浮顶　　　　（2）钢制双盘式内浮顶
（3）浮筒式内浮顶　　　　　　（4）浮箱式内浮顶
（5）金属蜂巢式内浮顶　　　　（6）玻璃钢内浮顶

图2-2　内浮顶结构型式

b. 按功能分类。

全液面接触式内浮顶：密封盘板连续覆盖介质表面的内浮顶。钢制单盘式、钢制双盘式、浮箱式、金属蜂巢式和玻璃钢内浮顶均属于全液面接触式内浮顶。

非全液面接触式内浮顶：密封盘板处于浮力元件上部，不接触介质表面或不连续接触介质表面的内浮顶。浮筒式内浮顶为非全液面接触式内浮顶。

c. 按安装方式分类。

装配式内浮顶：由工厂预制的模块单元在现场装配而成或采用粘接工艺现场制作的内浮顶。浮筒式、浮箱式、金属蜂巢式和玻璃钢内浮顶都属于装配式内浮顶，此类内浮顶满足耐火和抗爆炸冲击波性能要求。

全焊接式内浮顶：采用焊接方式现场制作的内浮顶。钢制单盘式、钢制双盘式属于全焊接式内浮顶。

d. 按材料分类。

碳钢材料：单盘式和双盘式内浮顶。

铝或不锈钢材料：浮筒式、浮箱式、金属蜂巢式内浮顶。

玻璃钢材料：玻璃钢内浮顶。

②优缺点：内浮顶油罐兼有固定顶油罐和外浮顶油罐的优点，由于有拱顶的遮盖，在内浮顶上不会有雨、雪等外加荷载，阳光也不会直射到浮顶上，既可减少油品蒸发损耗，又能防止雨雪杂物对油品的污染，适合储存成品油，尤其是车用汽油和3号喷气燃料。

目前，使用广泛的铝制浮筒式内浮顶具有施工快捷、造价低廉、不易腐蚀等优点，但其安全性相对钢制内浮顶要差。铝制浮筒式内浮顶的主要缺点是熔点低、强度低；密封性能差，易导致罐内气相空间形成爆炸性环境；进油作业流速过快时，铝制浮筒式内浮顶易发生失稳倾覆；油罐闪爆后，浮筒式内浮顶可能因失稳发生倾覆，引发大面积火灾。

作为替代设备的钢制内浮顶和装配式不锈钢全接液内浮顶稳定性好，发生油罐全截面积着火的概率小。另外，装配式不锈钢全接液内浮顶气相空间小，可有效减少油罐内油品挥发，安全可靠性较高。常见内浮顶的综合对比见表2-5。

表2-5 常见内浮顶综合对比

内浮顶类型	盘板接液	安装方式	材质	密封性	强度稳定性	耐腐蚀性	工期	维护周期/维护费用	造价	长期成本
钢制单盘式	全接液	全焊接式	碳钢	好	好	一般	较长	较短/高	中等	较高
钢制双盘式	全接液	全焊接式	碳钢	好	好	一般	长	较短/高	较高	高
浮筒式	不接液	装配式	铝或不锈钢	差	一般	较好	短	较长/低	中等	较低
浮箱式	全接液	装配式	铝或不锈钢	较好	一般	好	短	较长/低	较高	较低
金属蜂巢式	全接液	装配式	铝或不锈钢	较好	较好	好	短	长/低	高	高
玻璃钢	全接液	装配式	玻璃钢	好	好	好	较短	长/低	高	较高

固定顶油罐、外浮顶油罐和内浮顶油罐优缺点对比见表2-6。

表2-6 立式油罐对比

特点	固定顶油罐	外浮顶油罐	内浮顶油罐
优点	结构简单；造价低；维护工作量少	能有效抑制油气挥发，降低损耗，安全性较好	结构简单；能有效抑制油气挥发；避免雨雪杂物对油品的污染
缺点	不能抑制油气挥发，只能储存火灾危险性较小的可燃液体	雨雪及沙土有可能渗入罐内；污水处理设施规模较大；罐顶与罐壁的密封之间存在油气空间，易受雷击而起火	浮盘会增加建设投资；定期检查浮盘与罐壁之间的密封情况

2. 卧式油罐

卧式油罐在油库中主要用作存放铁路罐车底油和管道内存油。

（1）结构　卧式油罐由罐体、封头组成。

①罐体：卧式油罐的罐体为圆筒形，由若干罐圈焊接而成。罐体的纵向焊缝采用对接，罐圈之间的环向焊缝采用搭接，罐体交互式排列，并取单数，使两端封头的直径相等。为了增加油罐刚度，需要设置加强环，加强环中间有时还做三角支撑。加强环和三角支撑一般采用角钢来制作。

②封头：封头按形状可为平头形、球形和椭圆形。目前，常用椭圆形封头，一般采用冲压方法制造，制造方便、受力情况好、应用广泛。

（2）优缺点　优点是能承受较高的正负压，有利于减少油品蒸发损耗；可在工厂整体制造，便于运输和安装。缺点是单罐容积小，单位容积耗用的钢材较多。

（二）按油罐的建造特点划分

1. 地上油罐

在地面以上，露天建设的立式油罐和卧式油罐统称地上油罐（图2-3）。

2. 覆土油罐

覆土立式油罐、覆土卧式油罐及覆土钢板贴壁油罐统称覆土油罐。由于覆土钢板贴壁油罐绝大多数仅用于军队油库，本书不作详细介绍。

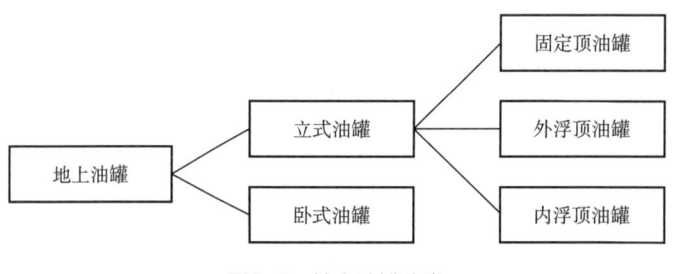

图2-3 地上油罐分类

（1）覆土立式油罐　指独立设置在用土掩埋的罐室或护体内的立式油罐。罐室采用圆筒形直墙与钢筋混凝土球壳顶的结构形式，罐室及出入通道的墙体，采用密实性材料构筑，可保证在油罐出现泄漏事故时不泄漏；罐室顶部的覆土厚度不小于0.5m。油罐罐体多为普通碳钢钢板焊接而成。目前，最大的单罐容量为10000m^3。

（2）覆土卧式油罐　指采用直接覆土或埋地方式设置的卧式油罐，包括埋地卧式油罐。

埋地卧式油罐是指采用直接覆土或罐池充沙（细土）方式埋设在地下，且罐内最高液面低于罐外4m范围内地面的最低标高0.2m的卧式油罐。

油罐罐体多为普通碳钢钢板焊接而成。近年来，环境标准不断提高，要求埋地卧式油罐必须采取防渗措施，即采用双层油罐或单层油罐设置防渗罐池。

双层油罐是目前国内外加油站防止埋地卧式油罐渗（泄）漏普遍采取的一种措施，其发展历程与趋势为：单层罐→双层钢罐（也称SS地下油罐）→内钢外玻璃纤维增强塑料（FRP）双层油罐（也称SF地下油罐）→玻璃纤维增强塑料（FRP）双层油罐（也称FF地下油罐）。双层油罐的两层罐壁在防止油罐出现渗（泄）漏方面具有双保险作用，制造上也要求对两层罐壁间隙实施在线监测和人工检测，无论是内层罐发生渗漏还是外层罐发生渗漏，都能在贯通间隙内被发现，从而可有效地避免渗漏油品进入环境污染土壤和地下水。

①内钢外玻璃纤维增强塑料双层油罐：是指在单层钢制油罐的基础上外附一层玻璃纤维增强塑料（即玻璃钢）防渗外套而构成的双层罐（图2-4）。这种罐除具有双层罐的共同特点外，还因其外层玻璃纤维在抗腐蚀方面优于钢制油罐，而具有比直接接触土壤的钢制油罐更长的使用寿命。技术要求参见现行行业标准SH/T 3178—2015《加油站用埋地钢-玻璃纤维增强塑料双层油罐工程技术规范》的有关规定（表2-7）。

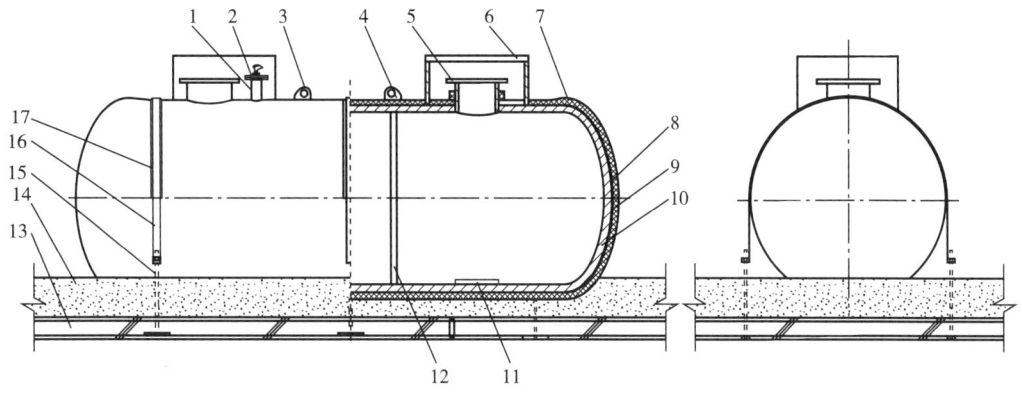

1—检测立管；2—接管；3—吊耳；4—静电接地标识；5—人孔；6—人孔操作井座；7—支撑结构；8—外层罐；9—贯通间隙；10—内层罐；11—防冲击板；12—加强圈；13—钢筋混凝土基础；14—回填材料；15—地锚预埋件；16—绑带；17—橡胶垫。

图2-4 内钢外玻璃纤维增强塑料双层油罐典型结构

表2-7 内钢外玻璃纤维增强塑料双层油罐规格和尺寸

公称容积/m^3	几何容积/m^3	公称直径（DN）/mm	油罐长度/mm
15	15.40	1800	6370
20	20.16	2000	6780
30	30.22	2400	7110
40	40.33	2600	8050
50	50.57	2800	8710

注：公称容积是指将油罐的计算容量在一定范围内圆整为常规模数后的容量。公称直径是指管道及其附件的标准化直径，是一种标准直径，不是实际意义上的管道外径或内径。DN是管道附件标准化直径的标识，代表管道尺寸，如DN250，代表管道公称直径为250mm，其管道外直径是273mm。

②玻璃纤维增强塑料双层油罐：内层和外层均属玻璃纤维增强塑料罐体（图2-5），在抗腐蚀方面优于金属罐体油罐。技术要求参见现行行业标准SH/T 3177—2015《加油站用埋地玻璃纤维增强塑料双层油罐工程技术规范》的有关规定（表2-8）。

将埋地单层钢制卧式油罐改造为双层油罐时，可采用玻璃纤维增强塑料等满足强度和防渗要求的材料进行衬里改造，改造时须符合现行国家标准GB/T 51344—2019《加油站在役油罐防渗漏改造工程技术标准》的有关规定。

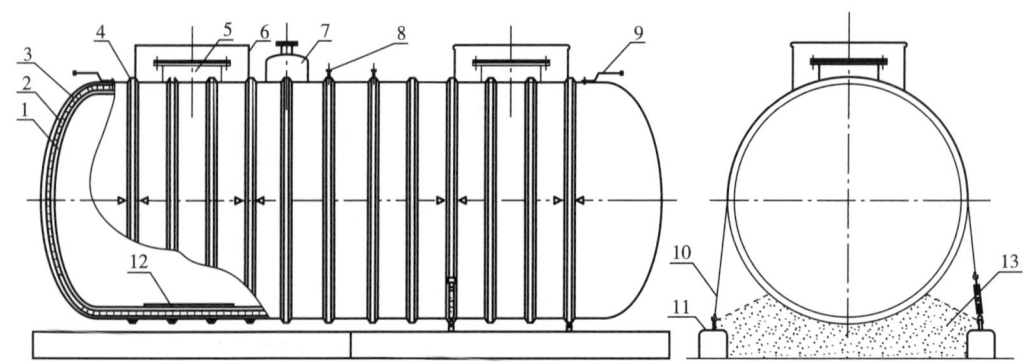

1—内层罐；2—贯通间隙；3—外层罐；4—加强结构；5—人孔；
6—人孔操作井座；7—渗漏检测井；8—吊耳；9—接地扁钢；10—固定锚带；
11—地锚；12—防冲击板；13—基床。

图2-5 玻璃纤维增强塑料双层油罐典型结构

表2-8 玻璃纤维增强塑料双层油罐规格和尺寸

公称容积 /m³	几何容积 /m³	公称直径 /mm	油罐长度 /mm
10	10.01	1900	4500
15	15.33	1900	6600
20	20.04	1900	8400
20	20.04	2600	4600
25	25.01	1900	10400
25	25.50	2600	5800
30	30.08	2600	6700
35	35.58	2600	7900
40	40.05	2600	8900
45	45.69	2600	10000
50	50.03	2600	11000

3. 洞式油罐

洞式油罐是设置在人工开挖的山洞内的固定顶油罐。油罐罐体多为普通碳钢钢板焊接而成。目前，国内最大的单罐容量为10000m³。

（三）油罐选型

油罐的选型应根据油品种类来确定，选型举例见表2-9。

表2-9 油罐选型举例

储存介质	可选油罐结构
车用汽油	内浮顶、卧式油罐
车用柴油	固定顶、内浮顶、卧式油罐
3号喷气燃料	固定顶、内浮顶、卧式油罐

注：①当采用卧式油罐储存甲B类油品（如车用汽油），卧式油罐的单罐容量不应大于100m^3，储存乙A类油品（如3号喷气燃料），卧式油罐的单罐容量不应大于200m^3。

②3号喷气燃料的最高储存温度低于油品闪点5℃及以下时，可采用容量小于或等于10000m^3的固定顶油罐。

二、油罐附件

油罐附件是油罐的重要组成部分，储存油品种类和油罐结构形式不同，所设置的附件也各不相同，但有些附件是所有油罐的基本配置。

（一）基本附件

1. 梯子

设置梯子是为了保证操作人员到达罐顶，对储存油品进行取样、计量以及对油罐附件保养和维护。罐壁高度大于5m的立式油罐应采用盘梯（图2-6）；覆土立式油罐和洞式油罐距离罐室环形通道地面2.2m以下的部分，应采用活动斜梯或移动式铝合金梯，并有防止磕碰发生火花的措施。

图2-6 油罐盘梯

盘梯自上而下沿罐壁作逆时针方向盘旋，以适应大多数人下罐时右手扶栏杆的习惯。盘梯的升角宜为45°；盘梯外侧必须设置栏杆，当盘梯内侧与罐壁的距离大于150mm时，内侧也必须设置栏杆；盘梯侧板的下端与罐基础上表面应留有适当距离；当顶部平台距地面的高度超过10m时，应设置中间休息平台。

踏步选用格栅板或防滑板，当采用防滑板时，应设排水孔；罐顶上经常走人的地方，应设防滑踏步和护栏；当距离地面高度小于20m时，栏杆高度不小于1.05m，当距离地面高度不小于20m时，栏杆高度不小于1.2m。

2. 罐壁人孔

罐壁人孔设置在油罐底圈壁板上（图2-7）。在油罐进行清洗和检修时，操作人员可通过罐壁人孔进出油罐，也可通过人孔进行通风换气。3000m³以下的油罐设置1个人孔，3000~30000m³的油罐或覆土立式油罐、洞式油罐设置2个人孔，人孔沿罐壁均布，覆土立式油罐和洞式油罐应有1个人孔朝向阀门操作间，满足检修作业时人员进出和进料要求。考虑到人员进出方便，通常选用DN600的人孔，人孔中心线到罐底边缘板的最小高度为760mm。

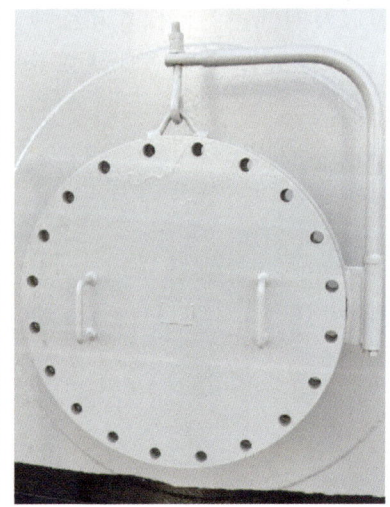

图2-7 罐壁人孔

3. 透光孔

透光孔直径一般为DN500，主要用于油罐在清洗和检修时采光和通风（图2-8）。透光孔只设1个时，安装在罐顶盘梯及操作平台附近；设2个及以上时，可沿圆周均匀布置，并宜与人孔、清扫孔或排污孔相对设置，但应有一个透光孔安装在罐顶盘梯及操作平台附近。

图2-8 罐顶透光孔

4. 量油孔

量油孔是为测量罐内储存油品的油高、油温以及取样化验分析油品质量而设置的（图2-9）。每座油罐设置1个DN150带锁量油孔。为防止关闭孔盖撞击产生火花，量油孔孔盖上镶嵌有软金属（铜、铝）或耐油橡胶垫圈，在内表面一侧装有铝制或铜制导尺槽。随着油罐液位测量仪表使用的普及，取样器也在不断完善，量油孔将会逐步被替代。

图2-9 油罐量油孔

地上油罐和洞式油罐的量油孔设置在罐顶盘梯平台附近，覆土立式油罐的量油孔引出罐室顶部覆土层300~500mm。量油孔正下方的油罐底板不应有焊缝，必要时可在该处焊接一块计量基准板；从量油孔垂直向下至计量基准板这段空间内，不得安装其他附件；当量油孔穿内浮顶时，应采取密封措施。

5. 进出油管

进出油管是油品进出油罐的通道，设置在油罐底圈壁板上，一端连接输油管道，一端与罐内的扩散管相连（图2-10）。进油和出油可共用一根结合管,由于机场油库的3号喷气燃料油罐罐内设有浮动出油装置,其进油管、出油管应分别设置。

图2-10 油罐进出油管、排污管

6. 排污管

排污管是为排放油罐底部的存水、杂质而设置的(图2-10)。一般设置在油罐底圈壁板上,管道规格通常为DN100,开孔中心到罐底的最小高度一般取230~300mm,也可以与进出油管的高度相同。

7. 胀油管与进气管

作业后不放空的输油管道,在气温或阳光照射等外界环境的影响下,管内油品受热体积膨胀,会在管道内形成很高的压力,长此以往,油品极易在法兰、垫片等薄弱部位造成管道和阀门渗漏。为了避免出现此种情况,胀油管一端安装在进出油管操作阀门外侧,一端与罐内相连,当受热膨胀的油品压力达到安全阀或泄压阀设定开启压力时,油品可沿胀油管进入油罐(图2-11)。胀油管的安全阀或泄压阀两端均设有球阀,平时处于开启状态,进出油作业时予以关闭。储存相同油品的油罐之间通过同一管道连接时,只需在位置最高的油罐上设置安装胀油管即可。

进气管也称补气管,用于管道放空时进气,它设置在进出油管操作阀门外侧或地上输油管道最高点的端部,管径不小于DN32。进气管应采取防止油品向外泄漏的安全技术措施,避免进气管上阀门关闭不严或忘关而向外漏油,也可避免因进气管只设一个阀门和短管的简单装置,而给盗油或放油创造方便条件,若主管道有压,只要将进气管上的阀门打开就可放油,不利于油库的安全管理。

图2-11 胀油管

目前，采取的防止油品向外泄漏的安全技术措施通常是在靠近固定顶油罐或卧式油罐的进气管上设两道阀门，并将进气管口与罐内气相空间相连，通过罐内气相空间气体和通气管向放空管道补气。对于其他位置的进气管，可以在进气管上设一道阀门，再安装一个只能进气不能排气和排液的真空阀（如真空负压安全阀或真空止回阀）。

（二）其他附件

1. 呼吸阀

呼吸阀是用来控制和调节油罐罐内气相空间压力的设备，通过减少油罐小呼吸的排气量，来降低油品损耗（图2-12）。呼吸阀一般安装在油罐罐顶中央附近，平时保持密闭状态，当进油或环境温度升高造成罐内气体空间压力升至呼吸阀排气压力（小于油罐设计正压力）时，气体从罐内排出；当发油或环境温度降低造成罐内气体空间压力降至呼吸阀进气压力（大于油罐设计负压力）时，罐外空气进入罐内。

一般情况下，储存乙类油品的地上固定顶油罐、储存甲B和乙类油品的覆土立式油罐及地上卧式油罐、储存甲B类油品的覆土卧式油罐，其通向大气的通气管管口需要设置呼吸阀。

当呼吸阀所处的环境温度可能低于或等于0℃时，应选用全天候式呼吸阀；最低气温低于或等于-30℃的地区需要设置液压安全阀，这是因为呼吸阀有可能因锈蚀或冻结故障，因此通过增设液压安全阀，来提高油罐在日常运行过程的安全性。

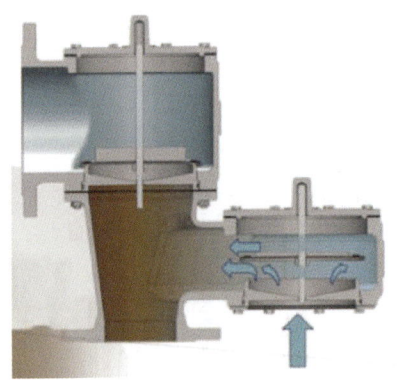 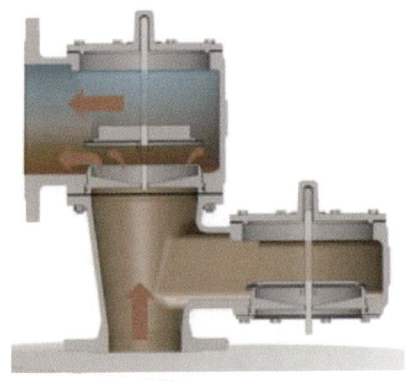

（1）真空吸入　　　　　　　　　（2）超压泄放

图2-12　呼吸阀

洞式油罐在洞库支通道的通气支管处设置管道式呼吸阀，其排气口和进气口需要与通气管连接，然后穿过支、主通道后引至洞库口部外。同时需要设置一道明杆阀门与其并联安装，入库和出库作业时，需要开启并联安装的明杆阀门进行排气和进气；静态储存时，关闭并联安装的明杆阀门，通过管道式呼吸阀进行排气和进气。地上油罐和覆土油罐的呼吸阀的排气口和进气口均直接与大气相通，这是与洞式油罐的管道式呼吸阀最大的不同之处。

2. 阻火器

当油罐内排出油气的浓度处于爆炸极限范围时，遇到明火就会发生燃烧和爆炸，因此需要在呼吸阀和液压安全阀与罐顶之间的管道上设置阻火器，用于阻止火焰由外部向罐内进入和传播，防止油罐着火（图2-13）。

图2-13　阻火器

阻火器由阻火芯、阻火器外壳及配件构成。火焰进入阻火芯的狭小通道后被分割为许多小股火焰，使其与器壁接触面积增加，降低火焰温度和火焰前锋推进速度，阻止火焰向未燃气体传播。

储存甲B类、乙类、丙A类液体的固定顶油罐和地上卧式油罐，储存甲B类和乙类液体的覆土卧式油罐，内浮顶油罐罐顶中央通气管以及装卸设施的油气回收总管和分支管道，应安装阻火器。当阻火器所处的环境温度小于或等于0℃时，阻火器应有防冻功能或采取防冻措施。

3. 取样器

为了油品化验分析需要，操作人员往往要从量油孔处人工取样。取样器设置在油罐的下部，不仅可以减轻取样操作人员的劳动强度，也提高了采取物料的准确性（图2-14）。

图2-14　罐下取样器

4. 通气孔

为了防止内浮顶上方和罐顶之间的空间油气积聚，对于无密闭要求的内浮顶油罐需要设置环向通气孔（图2-15）。环向通气孔设置在设计液位以上的罐壁或罐顶上。当设置在罐顶上时，应避免被积雪堵塞。通气孔应沿圆周均匀分布，最大间距为10m，且不得少于4个。通气孔总有效通气面积大于等于0.06倍油罐内径。

罐顶中心最高位置应设置罐顶通气孔，有效通风面积不应小于$300cm^2$。

环向通气孔和罐顶通气孔上应设置防雨雪罩，并配备2目/寸或3目/寸的耐腐蚀钢丝网。

5. 带芯人孔

内浮顶油罐的罐壁上设置1个高位带芯人孔（图2-16），内径应不小于600mm，带芯人孔高于内浮顶最大支撑高度，用于人员进入浮盘上部检修。带芯人孔不同于一般的罐壁人孔，它在人孔盖内加设一层与罐壁弧度相等的芯板,并与罐壁齐平。

图2-15 内浮顶油罐罐顶环向通气孔

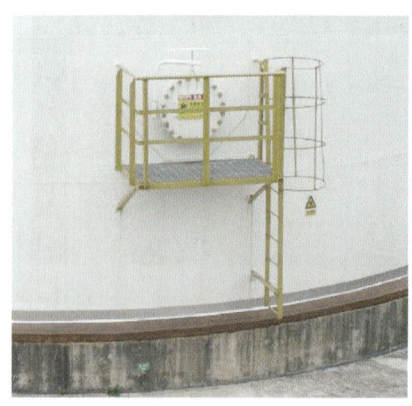

图2-16 带芯人孔

6. 覆土立式油罐事故外输管道

覆土立式油罐设置有事故外输管道,是用于在发生事故或紧急情况时将管道内介质安全排放、防止事故扩大化的专用管道系统。主要用于将泄漏在罐室内的油品用泵转输到其他油罐,其公称直径宜与油罐出油管道的公称直径相一致,但不得小于100mm。

事故外输管道由罐室阀门操作间的集水坑引出罐室外,与主输油管道连通,满足用泵转输的要求。同时,事故外输管道按事故油品流动方向在罐室外依次设置隔离阀门和"8"字盲板(闭式安装)。

7. 洞式油罐通气系统

洞式油罐的通气系统主要由通气主管、支管以及管道式呼吸阀、"U"形管压力计或压力表、清扫口、排液阀和阻火通气罩等组成(图2-17)。

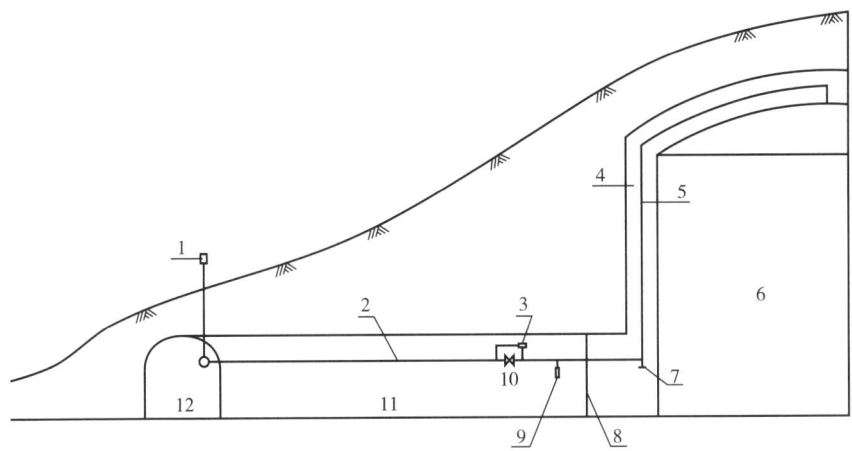

1—阻火器；2—通气支管；3—管道式呼吸阀；4—罐室；5—通气管道；
6—洞式油罐；7—排渣口；8—罐室密封门；9—"U"形管压力计；
10—控制阀；11—支通道；12—主通道。

图2-17 洞式油罐通气系统组成

通气管的最小公称直径不小于100mm；储存不同火灾危险性或者对质量有特殊要求的油品，应分别设置通气管。通气管管口引至洞外通风良好的地方，管口设置阻火通气罩。

"U"形管压力计是通过观察"U"形玻璃管中水位变化来实现监测罐内气相空间压力的设备。一般安装在管道式呼吸阀之前，其与通气支管的连接口不得设在支管下部最低点，连接口处的引压短管和压力计的玻璃管选用尼龙管弧形连接，不得折成死角。玻璃管中灌注红色水，便于观察刻度。

清扫口也称排渣口，设置在通气立管的下部转弯处，用于及时清除管中锈渣，避免锈渣堵塞通气管造成油罐破坏。通常将通气立管和水平管采用三通焊接，立管上三通的另一端设置盲板。

排液阀用于放空通气管中的冷凝液，防止冷凝液阻塞管路，保证通气管的畅通。排液阀安装在通气管的下部，与通气管连接的接口不得超过通气管内表面，避免阻碍冷凝液流出。

第三节 油品输送和装卸设施设备

油库的主要工艺流程包括成品油接收、成品油发送、油罐倒罐、管道放空、油气回收等；入库和出库的运输方式包括铁路、公路、水路和管道。油库的工艺设施设备应满足工艺流程要求。根据油品种类、油品收发时间等具体情况，合理配置相关设施设备。

一、铁路装卸设施

铁路装卸设施包括铁路专用线、罐车装卸线、装卸栈桥及工艺设备等。储备油库的铁路装卸设施具备装、卸两种功能。

（一）装卸方式

铁路装卸方式取决于油库的地形条件和铁路罐车的类型。目前，铁路罐车采用上部装车，有自流装车、泵送装车两种方法。卸车环节，轻油铁路罐车采用上卸方式，原油和重油铁路罐车多采用下卸方式。

1. 卸车流程

铁路罐车→潜油泵→装卸鹤管→汇油管→管道泵→输油管→油罐

上部卸车时，装卸鹤管从罐车上部人孔插至罐车底部，然后开启输油泵抽吸或潜油泵进行卸车。夏季作业时，因油品的蒸气压高，容易出现鹤管气阻和输油泵汽蚀现象，导致卸油作业不能正常进行。为解决这个问题，可在鹤管垂管口部安装潜油泵，使整个卸油系统由负压变成正压，有效解决卸车难的问题。当油罐区与栈桥之间距离不远、高差不大时，可利用大扬程的潜油泵直接输油进罐，不需要启动油泵房（棚）内的输油泵。

2. 装车流程

油罐→输油管→输油泵/自流→汇油管→装卸鹤管→铁路罐车

装车作业时，装卸鹤管从罐车上部人孔插至罐车底部，然后采用泵送装车或利用油罐和罐车之间的高差自流装车。自流装车不仅可以节省投资和运行成本，而且不受电源影响，是一种非常适合储备油库的装车方式。

由于铁路罐车装卸线较长，一般双侧可以停靠48节铁路罐车，铁路装卸作业时间一般为6~8h，不含辅助作业（如计量、化验）时间，既能满足业务要求，也不会导致能力过剩。

（二）铁路专用线、铁路罐车装卸线

铁路专用线是指由企业或者其他单位管理的与铁路线路接轨的岔线，主要用于企业内部运输服务。专用铁路一般自备动力和运输工具，而铁路专用线运输动力使用的是与其接轨的铁路动力。

铁路罐车装卸线是用于装卸作业的铁路线段，一般按双股道设置，

一次可接卸整列罐车。罐车数量应根据列车编组要求而确定。

由于该区域属于爆炸和火灾危险场所，为了安全防火，送取罐车的机车采取推车进库、拉车出库的作业方式，机车一般不需进入作业区内，所以装卸线为尽头式。

铁路罐车装卸线一般为平直线，既便于装卸栈桥的修建和工艺管道的敷设与维修，又便于罐车的安全停靠，防止溜车事故的发生，同时也有利于对罐车内的液体准确计量和装满卸空。

铁路罐车装卸线的车位数需要满足整列收发的要求，一般按油库规模等级进行配置（表2-10）。

表2-10　铁路罐车装卸设施配置

规模等级	装卸车位数/个
大型	48~56（有管输时，24~28）
中型	48~56（有管输时，24~28）
小型	24~28

注：装卸车位数可根据当地铁路部门取送车情况适当调整。

（三）装卸栈桥

装卸栈桥（图2-18）是装卸油作业的操作平台，一般设置在双股装卸线中间。栈桥与罐车之间设有轻落跳板，操作人员可由此上罐车顶部进行油品取样和操作鹤管。装卸栈桥设有火车装卸鹤管、潜油泵、汇油管、扫仓管、油气收集管等工艺设备。

图2-18　装卸栈桥

装卸栈桥采用钢筋混凝土结构或钢结构，桥面高于轨顶3.5m；在栈桥的两端和沿栈桥每60~80m处，设置上下栈桥的安全梯，一旦罐车发生着火事故，便于栈桥上的操作人员就近撤离。栈桥和安全梯的护栏高度不低于1.2m，在安全梯入口处设置人体静电消除器。

（四）火车装卸鹤管

铁路出入库作业采用DN100小鹤管。少量混合性质相近、不影响质量的油品，可共用鹤管，如车用汽油和车用柴油。为了保证油品质量和应用安全，不能与其他液体混输、储存或接触的油品（如3号喷气燃料），应独立设置装卸设备。

为减少油气污染和改善操作人员的作业环境，易挥发性可燃液体的装车鹤管应具备油气收集功能，即鹤管垂管上部设置密封帽和气相管道，将装车作业中从铁路罐车内挥发出来的油气，密闭收集和输送至油气回收装置进行处理。

布置鹤管时，同种油品相邻鹤管的间距宜为12.0~12.2m，不同油品的鹤管可穿插设置。鹤管内油品流速越快，作业时间越短，静电风险越大。为了防止静电危害、保证作业安全，在鹤管浸没于油品之前，鹤管内油品流速不能大于1m/s，浸没于油品后，鹤管内油品流速不能大于4.5m/s。

（五）潜油泵

目前，市场上的潜油泵有两种：一种是液动潜油泵，由栈桥下的液压站向液动马达提供高压液压油作为动力源，驱动潜油泵运转；另一种是电动潜油泵，该类潜油泵电机功率小于液动潜油泵，不易出现液压油泄漏污染油品的情况，无需经常更换和补充液压油，但缺点是比液动潜油泵重。潜油泵介绍详见本书第六章第六节。

二、公路装车设施

汽车油罐车作为散装油品公路运输的专用特种车辆，单罐容积小，是近距离小运量油品运输的主要方式。公路装卸设施包括汽车装车棚、业务室、现场控制室（含机柜室）及工艺设备等。

（一）装车方式

公路装车方式取决于油库的地形条件。当油罐和油罐车之间的地形高差可满足自流装车要求时，采用自流是最经济的方式；若受地形限制，也可采用泵送装车方式。目前，大多数装车作业采用泵送装车方式，与流量计和电液阀配合使用，实现自动定量装车功能。

公路装车可分为上部装车和下部装车两种方式。上部装车是指上装鹤管从油罐车顶部灌装口插到油罐车底,油品从上部装入。但油罐车灌装口的规格不同,鹤管垂管上的密封帽和灌装口之间的密闭性不好,油气回收效果不理想。

下部装车是指下装鹤管与位于油罐车副驾驶侧中部的进出油接口通过自封式快速接头连接,其密闭性好,有利于油气回收。目前,绝大多数油库的公路装车采用下部密闭装车。具体流程:

油罐→输油管→管道泵/自流→流量计→电液阀→下装鹤管→汽车油罐车

(二)汽车装车棚

公路装车作业在装车棚内进行,棚下设有若干装车岛(图2-19)。2010年之前建设的装车岛几乎全是上装岛,即上装岛一层布置装车泵、过滤器等设备,二层两侧分别设置一套上装鹤管,可实现双侧同时装车。

(1)公路上部装车岛

(2)公路下部装车岛

图2-19 公路装车岛

目前，每座装车岛一般按两套下装鹤管和一套油气收集鹤管进行设置。除了鹤管外，装车岛还设有装车泵、过滤器、流量计、电液阀等设备，装车泵按一泵对应一鹤位设置。由于环保要求，上部装车方式已经逐步淘汰，改造或新建的装车岛均满足下部密闭装车要求。

汽车装车车位数一般按油库规模等级进行配置（表2-11）。汽车装车棚采用不燃材料建造，承重柱应采用混凝土结构，罩棚及棚顶其他构件可采用钢结构，其承重构件的耐火极限不得低于0.5h，非承重构件不得低于0.25h。装车岛采用耐油、防滑和不发生火花面层。

表2-11 公路装车设施配置表

规模等级	装车车位数/个
大型	10~12
中型	8~10
小型	6~8

（三）鹤管

公路装车作业所用鹤管分为装车鹤管（液相）和油气收集鹤管（气相），装车鹤管又分为上装鹤管和下装鹤管，鹤管的规格均为DN100。

三、码头装卸设施

原油、成品油及其他易燃和可燃液体化工品通过专用船舶水路运输进出油库的装卸设施，称为油气化工码头。按通行水域又分为海港码头和河港码头。

油气化工码头防火等级按照设计船型吨级进行分级，见表2-12。

表2-12 油气化工码头防火等级

防火等级	海港		河港	
	船舶吨级（DWT）/t	船舶总吨（GT）/t	船舶吨级（DWT）/t	船舶总吨（GT）/t
特级	≥100000	≥10000	≥10000	≥3000
一级	≥20000 <100000	<10000	≥5000 <10000	<3000

续表

防火等级	海港		河港	
	船舶吨级（DWT）/t	船舶总吨（GT）/t	船舶吨级（DWT）/t	船舶总吨（GT）/t
二级	≥5000 <20000	—	≥1000 <5000	—
三级	<5000	—	<1000	—

注：液化天然气、液化烃码头以船舶总吨GT分级。位于江河入海口水域开阔的河口港可参照海港执行。"—"表示按船舶总吨分级时，只分为特级和一级，无二级和三级。

（一）装卸方式

根据油品流向分为卸船流程和装船流程。

1. 卸船流程

油船油舱→油船输油泵→装卸臂→输油管→计量仪表→油罐

卸船作业尽量充分利用船泵能力。当油船船泵的扬程满足不了作业要求时，可利用码头或趸船上的输油泵抽卸，输油泵尽量选用离心泵，也可选用螺杆泵备用。输油泵的灌泵、船舱扫舱等作业选用容积式泵。

2. 装船流程

油罐→输油泵/自流→输油管→计量仪表→装卸臂→油船油舱

装船作业优先采用自流装船工艺，高差不满足自流装船条件时，应设置装船泵。

3. 扫线流程

扫线是指在装卸作业结束后，通过特定方法将输油管道或输油臂内残留的油品清除干净的过程，目的是防止油品残留、确保油品回收和安全。

针对不同的油品和管道条件，扫线可采用氮气、蒸汽、压缩空气和水等介质。一般采用吹扫方式，有条件也可采用清管器。选用吹扫介质时，应保证油品质量和作业安全，严禁选用与被扫油品接触会产生剧烈反应或形成爆炸性混合物的介质。

每种吹扫介质都有各自的优缺点。氮气吹扫安全性高，但成本也高；压缩空气对柴油和重质油可行；蒸汽吹扫适用于蒸汽供应方便的场所，但由于本身温度高和有冷凝水，需要采取措施解决管道热补偿、管道内表面腐蚀和油品含水增加的问题；用水吹扫，会增加油品静置沉降时间，影响油品质量，加大含油污水的处理量。当采用气体吹扫时，需要将气体含氧量控制在5%以内；采用气体向内浮顶油罐扫线时，气体不应从内浮顶油罐下部进入油罐。

（二）油船尺度

各类船型分担不同运输任务。常见油船设计船型尺度见表2-13。

表2-13 油船设计船型尺度

船舶吨级（DWT）/t	设计船型尺度/m			
	总长（L）	型宽（B）	型深（H）	满载吃水（T）
1000（1000~1500）	70	13.0	5.2	4.3
2000（1501~2500）	86	13.6	6.1	5.1
3000（2501~4500）	97	15.2	7.2	5.9
5000（4501~7500）	125	17.5	8.6	7.0
10000（7501~12500）	141	20.4	10.7	8.3
20000（12501~27500）	164	26.0	13.4	10.0
30000（27501~45000）	185	31.5	17.3	12.0
50000（45001~65000）	229	32.2	19.1	12.8
80000（65001~85000）	243	42.0	20.8	14.3

（三）装卸时间

油船装卸所需的净装卸时间，可根据同类泊位的营运资料和船舶装卸设备容量综合考虑。可参考表2-14数值。

表2-14 油码头泊位净装卸船时间

泊位吨级（DWT）/t	500	1000	2000	3000	5000
净装船时间/h	3~5	5~7	7~9	8~10	9~11
净卸船时间/h	4~6	6~8	8~10	9~11	11~13
泊位吨级（DWT）/t	10000	20000	30000	50000	80000
净装船时间/h	10~2	12~14	12~15	12~16	14~17
净卸船时间/h	12~15	12~15	15~18	17~18	22~25

船舶的装卸辅助作业、技术作业以及船舶靠泊、离泊时间之和，部

分单项作业时间可参考表2-15和表2-16。

表2-15 码头部分单项作业时间（500~5000吨级）

项目	靠泊时间	开工准备	联检	商检	结束	离泊时间
时间/h	0.25~1.00	0.50	1.00~2.00	1.00~2.00	0.25~1.00	0.25~0.50

表2-16 码头部分单项作业时间（1万~30万吨级）

项目	靠泊时间	开工准备	联检	商检	结束	离泊时间
时间/h	0.50~2.00	0.50~1.00	1.00~2.50	1.00~2.50	0.25~1.00	0.50~1.00

（四）码头工艺设备

1. 装卸臂、装卸软管

装卸5000吨级以下油品船舶可根据货种和作业量等条件采用软管装卸作业，其他均宜采用装卸臂作业。装卸臂的规格和数量根据船型、货种、装卸量、设备额定能力、船舶接管口的数量和口径等因素综合确定，码头装卸臂的选用及布置参照表2-17。

表2-17 码头装卸臂选用及布置尺寸

码头吨级（DWT）/t	装卸臂口径/mm	装卸臂配置/台	装卸臂中心至码头前沿护舷边线距离/m	装卸臂间距/m	设备驱动方式
1000~3000	100~150	1	2.0~3.0	2.5~3.0	手动或液动
5000	150~200	1	2.0~3.0	2.5~3.0	手动或液动
10000	200~250	1	3.0~4.0	2.5~3.0	液动
20000	200~250	1~2	3.0~4.0	3.0~3.5	液动
30000	250	1~2	3.0~4.0	3.0~4.0	液动
50000	300	2	4.0~5.5	3.0~4.0	液动

注：装卸臂数量是针对码头装卸单一货种所配置的数量。

2. 船泵

油船所配备的船泵参数应根据实船选取，当无资料时可参照表2-18数据。

表2-18 船泵参数

船舶泊位吨级（DWT）/t	满载量 /m³	卸油泵流量 /（m³/h）	卸油泵扬程 /m	卸油泵数量 / 台
1000	1250	500	75~80	2
2000	2200	600	75	2
3000	3250~3750	1000	75~85	2
5000	5400~5550	1200~1500	95	2
10000	11550	300	80	4
30000	42970	1300	125	3

四、管道输送设施

不同油库，其管道作业区所具有的功能不同，一般都具有分输、调压和计量的功能，个别油库还具有注入、清管功能。需要对混油段进行切割的管道作业区，在其进口管道上还应设置混油界面检测设施和配套建设混油罐。

（一）分输

分输是指将长输管道里的油品经调压和计量后，输送到油库油罐。调压后管道的剩余压力能克服高差和管道阻力损失，可不另设输油泵组；交接计量方式由双方协商后共同确定，一般选用质量流量计来进行交接。

（二）注入

注入也称返输，是指将油库油罐内的油品注回长输管道。通常情况下，由于油罐和长输管道之间有一定距离，需要通过输油泵进行加压，经质量流量计交接计量后，才能将油品注入长输管道。输油泵一般选用电动离心泵。

（三）清管

当管道距离较长、管道沿途地形起伏时，为了清除管道内杂质，还需要设置收球筒或发球筒，来接收或发送清管器。在清管作业中，通过收球筒或发球筒入口管道上的指示器来确认清管器是否已经进入收球筒或已经离开发球筒。

五、油气回收设施

为了减少和抑制油气排放，改善作业环境的劳动条件，加强环境保护，减少资源的浪费，需要对油库运行中产生的油气采取回收治理措施。

（一）基本概况

根据现行国家标准GB/T 50759—2022《油气回收处理设施技术标准》的相关规定，对易挥发性可燃液体的储存系统和铁路、公路装车及装船等系统排放的油气需要采取回收治理措施。

易挥发性可燃液体是指储存或装载过程中相应温度下的真实蒸气压大于7.9kPa的可燃液体物料。对于真实蒸气压小于7.9kPa的挥发性可燃液体，由于油气挥发量相对较小，储存和装载时产生的无组织排放对环境的污染影响也较小，是否采取油气回收或处理设施，可根据当地环保要求和项目实际情况确定；对于乙B和丙类不易挥发性液体，当储存和装载温度下真实蒸气压大于7.9kPa时，也要对其储存和装载过程中排出的挥发油气进行收集和治理。

易挥发性可燃液体常压存储选用内浮顶油罐、拱顶油罐和低压拱顶油罐（不包括外浮顶油罐和压力油罐），在对油罐采取减少排放措施后，如果其排放油气浓度满足排放限值和控制指标要求，可不设置油气回收设施，通常采取的减排措施如下：一是航空煤油和车用柴油等油品选用内浮顶油罐储存；二是内浮顶油罐的浮顶选用全液面接触式内浮顶；三是采用降温储存方法或罐壁隔热措施降低油气挥发；四是适当提高油罐的设计压力，通过提高油罐的操作压力减少油气排放。

因此，是否设置油气回收设施，跟介质在储存和装载温度下真实蒸气压、排放油气浓度是否满足排放限值和控制指标要求以及当地环保要求有关。

（二）油气回收处理设施

油气回收处理设施由油气收集系统、油气回收装置/油气处理装置及其配套的公用工程系统组成。

油气收集系统是指在储存或装载过程中，油气通过油罐顶部或装载系统的密闭气相管道及其他工艺设备进行集中收集的系统。油罐的油气收集系统又分为直接连通和单罐单控两种方式。

油气回收装置和油气处理装置用于对不同浓度的油气进行治理并达到排放标准。一般情况下，油气浓度大于$30g/m^3$时，宜选用油气回收装置；当油气浓度小于或等于$30g/m^3$或油气难以回收时，宜选用油气处理装置。

（三）油气回收处理技术

目前，已在全国范围内普遍推广和实施的技术包括油气回收技术和油气处理技术。油气回收装置多采用吸附法、吸收法、冷凝法、膜分离法或其组合等物理方法对油气进行回收；油气处理装置多采用燃烧法、氧化法、等离子体法等化学方法对油气进行处理。

1. 吸附法

吸附法是采用吸附剂将油气-空气混合气分离并回收油气的方法。此种方法是利用油气各组分与吸附剂间结合力强弱的差别，实现难吸附组分与易吸附组分的分离，分离后符合排放要求的气体返回大气。吸附剂接近饱和时，用抽真空的方法使被吸附的油气从吸附剂中解吸出来。吸附剂一般选用活性炭，它在吸附油气的过程中温度会升高，过热情况下容易造成停机，且活性炭需要定期更换，更换后的活性炭属于危废品，需要专门进行处理。

2. 吸收法

吸收法是采用吸收剂将油气-空气混合气分离并回收油气的方法。通常将油气送入喷淋吸收塔，气体在喷淋塔中自下而上前进，吸收剂（可以是装车油品）进入喷淋塔自上而下运动，从而将油气吸收。

3. 冷凝法

冷凝法是采用直接或间接冷凝的方式将油气-空气混合气分离并回收油气的方法。利用烃类物质在不同温度下蒸气压差异，通过多级连续冷却方法降低油气中挥发性有机物温度，使一些烃类蒸气压达到过饱和状态而被冷凝成液态，实现油气回收。

4. 膜分离法

膜分离法是采用有机膜或无机膜将油气-空气混合气分离并回收油气的方法。利用特殊的高分子膜对油气的优先透过性的特点，让油气中的挥发性有机物气体与空气进行分离，使油气中的挥发性有机物气体优先透过膜得以富集回收，而空气则被选择性地截留从而脱除油气并达标排放。

上述四种物理方法在石油化工行业得到广泛应用，然而，随着对节能与环境保护越来越重视，单一气体分离工艺由于自身缺陷已很难满足日益提高的效率与排放要求。将两种或多种分离工艺复迭应用，充分发挥各自优势，避开各自缺陷以达到能耗更低、排放更少已成为石油化工行业工程技术人员共识。

组合法是结合每种方法特点各取优势，由吸附、吸收、冷凝、膜分离等两种或两种以上组合而成的油气回收方法。目前常用的组合法有"冷凝+膜+吸附"和"冷凝+吸附"两种油气回收方法。

（四）主要性能要求

1. 排放限值

现行国家标准GB 20950—2020《储油库大气污染物排放标准》对排放限值作了如下规定。

（1）发油排放限值　装置对非甲烷总烃（NMHC）排放限值要求是在标准状态下（温度273.15K，压力101.325kPa）排放浓度≤25g/m^3。

（2）泄漏排放限值　油气收集系统密封点泄漏检测值≤500μmol/mol。

（3）企业边界排放限值　企业边界任意1h非甲烷总烃（NMHC）平均浓度值≤4mg/m^3。

除了满足以上要求外，还应符合当地环保要求。

2. 系统阻力

油气回收装置在设定的处理能力下系统阻力不大于5000Pa。

3. 噪声

油气回收装置噪声排放不大于70dB（A）。

六、主要输油设备

（一）输油泵

输油泵是输送液体或使液体增压的机械，它关系到油库是否平稳运行，属于油库内的关键设备。

输油泵的选用根据用途、输送介质性质和输送条件确定，具体如下。

（1）按离心泵在输送油品及其他介质时的效率换算系数划分，该系数大于或等于0.7时，宜选用离心泵；在0.45至0.7时，可根据情况选用离心泵或其他容积式泵；小于0.45时，宜选用容积式泵。

（2）要求有较强抽吸性能时，宜选用往复泵、齿轮泵、螺杆泵、滑片泵、转子泵等容积式泵。

（3）用于抽吸油罐车内油品的宜选用滑片泵、潜油泵或真空泵配离心泵。

（4）输送轻质油品时，在操作条件允许的情况下，宜优先选用离心泵。

输油泵在安装时，需要注意以下几点。

（1）离心泵水平进口管道需要变径时，应选用偏心大小头，大小头应靠近泵嘴安装，安装时，下吸式顶平，上吸式底平。

（2）离心泵出口管道设置止回阀。

（3）电动容积式泵的出口管道上应设置安全阀。安全阀入口管道应设在泵出口与切断阀之间，安全阀出口管道应接至泵进口与切断阀之间的管道上。

离心泵的流量调节可采用出口阀调节、旁路调节、转速调节等方法；容积式泵的流量调节可采用旁路调节、转速调节的方法。输油泵介绍详见本书第六章。

（二）过滤器

过滤器是清除流体中不同粒径固体杂质的设备，由筒体、滤网和排污等部分组成，其作用是保证设备的正常操作运行。一般在输油泵和流量计的进口管道上安装过滤器，是因为杂质进入输油泵会加速泵的磨损，进入流量计会影响流量计的精度和寿命。

过滤器按结构型式分为锥形过滤器、Y形过滤器、T形过滤器、篮式过滤器。过滤器选用时，需要注意两个参数，即目数和倍数。

过滤面积是指滤网表面上总的开孔面积。

有效过滤面积是指过滤面积减去被支撑结构遮挡的滤网开孔面积后的净面积。

倍数是指过滤器的有效过滤面积与连接管道的流通截面积之比。

目数是指丝网孔在25.4mm（1in）长度内的数量。常见金属丝网参数见表2-19。

一般情况下，输油泵进口多选用篮式过滤器，流量计进口选用表前过滤器。过滤器滤网目数一般不大于80目，当输油泵或流量计对过滤精度有特殊要求时，应按设备要求进行选用。篮式过滤器倍数宜为3~10倍。

表2-19 常见金属丝网参数

目数	丝径/mm	过滤颗粒/μm	开孔率/%	目数	丝径/mm	过滤颗粒/μm	开孔率/%
10	0.508	2032	64.0	30	0.234	614	52.4
12	0.475	1660	60.2	32	0.234	560	49.7
14	0.376	1438	62.8	36	0.234	472	44.7
16	0.315	1273	64.3	38	0.234	455	42.2
18	0.315	1096	60.3	40	0.193	442	48.5
20	0.273	955	61.6	50	0.152	356	49.1
22	0.234	882	63.6	60	0.122	301	50.7
24	0.234	785	60.7	80	0.102	216	46.1
26	0.234	743	57.8	100	0.081	173	46.4
28	0.234	673	55.1	120	0.081	131	38.1

对航煤来说，固体杂质和水分等污染物混入油品后，不仅会影响飞机发动机的工作性能和使用寿命，严重时会危及飞行安全，因此需要对其进行特殊过滤。

航煤选用喷气燃料过滤分离器，它是一种装有聚结滤芯（一级滤芯）和分离滤芯（二级滤芯）、能连续地滤除航煤中杂质和水分的容器。聚结滤芯去除燃料中的杂质，并能将燃料中的细小水滴聚结成尺寸较大的（能够在容器中被去除）水珠的过滤元件；分离滤芯可以防止燃料将水珠从壳体内挟带出的过滤元件。

根据纳污容量（滤芯或过滤分离器达到规定压差时所能容纳的固体污染物总量）和脱水能力将过滤分离器分为S和S-LD两类。

S类过滤分离器适用于航煤中水分和杂质含量较高的场所；S-LD类过滤分离器适用于航煤中水分含量较高但杂质含量轻微的过滤场合。鉴定合格的S类过滤分离器在同样流量下可作为S-LD类使用。为了延长过滤分离器内聚结滤芯的使用寿命，过滤分离器应与PF过滤器（预过滤器）配套使用。

过滤分离器的额定流量应按输油泵额定流量的1.0~1.2倍进行选型。使用过程中，应及时记录作业前后过滤器压差和流量，当发现过滤器压差达到0.1MPa时，及时开盖检验和更换聚结滤芯。

（三）输油管道

输油管道选用的材料应有足够的强度、塑性和韧性，在最低使用温度下具备足够的抗脆断能力。油库内的输油管道一般选用碳素钢无缝钢管，通常钢管由10、20牌号的钢制造，其技术要求符合现行国家标准GB/T 8163—2018《输送流体用无缝钢管》。长输管道考虑到建设投资，一般选用有缝焊接钢管，其技术要求符合现行国家标准GB/T 9711—2023《石油天然气工业管线输送系统用钢管》。

第四节　消防设施设备

油库是储存易燃易爆危险品的场所，要认真贯彻"预防为主、防消结合"的方针。为了预防火灾和减少火灾危害，油库必须设置消防设施，其配置应根据油库等级、油罐型式、油品火灾危险性及与邻近单位的消防协作条件等因素综合考虑确定。

一、燃烧及灭火基本知识

（一）燃烧条件

燃烧是一种同时放热和发光的剧烈氧化还原反应。燃烧必须具备三个条件，即可燃物、助燃物（氧化剂）、点火源（能量）。

1. 可燃物

一切可以燃烧的物质称为可燃物，它们可以是固体，如木材、棉纤维、煤等；可以是液体，如酒精、汽油等；也可以是气体，如氢气、一氧化碳等。

2. 助燃物

能帮助燃烧，但本身并不燃烧的物质称为助燃物，包括常见的空气（其中的氧）、纯氧或其他具有氧化性的物质。

3. 点火源

能产生燃烧的能量来源称为点火源，如高温灼热体、撞击或摩擦所产生的热量或火花、电气火花、静电火花、明火、化学反应热能、光能等。

这三个因素必须同时存在，缺少其中一个条件就不能发生燃烧。但有时虽已具备这三个条件燃烧也不一定发生，这是因为燃烧还必须有充分的条件。当可燃气体在与空气组成的混合气体中所占的比例低于其爆炸极限范围时，由于大量空气的冷却作用，阻止了火焰蔓延，混合气体既不爆炸也不燃烧；当助燃物不充分时，燃烧也会终止，如燃烧时氧含量会逐渐减少，当氧含量低于14%时，燃烧的木块也会自行熄灭；点火源需要有一定的温度和足够的热量，如电焊火花产生的高温足以引起油气发生燃烧或爆炸，该火花落在木块上，由于火花能量不足以使木块加热到燃烧温度，就不一定引起木块燃烧，但大量火花不断落在木块上时可以引起木块燃烧。因此，要引起燃烧不仅要具备必要条件，还必须满足充分条件。

（二）扑灭火灾基本方法

众所周知，燃烧必须同时具备可燃物、助燃物和点火源三要素，这是燃烧的必要条件。针对燃烧条件，在发生火灾后，破坏燃烧所必须具备的条件，从而使燃烧停止，便可达到灭火的目的。目前，灭火的基本方法主要有冷却法、窒息法、隔离法和化学抑制法4种方法。

1. 冷却法

冷却的目的是将燃烧物的温度降至燃点以下，同时降低其相邻其他可燃物的温度，破坏其燃烧温度条件。

2. 窒息法

窒息法将燃烧物与空气隔绝，实现因缺氧而自行熄灭的目的。通常采用灭火毯、灭火沙覆盖燃烧物；用水蒸气、惰性气体喷射在燃烧物表面，稀释其周边的氧气含量；堵塞封闭燃烧容器的孔洞、缝隙，使氧气耗尽后自行熄灭。

3. 隔离法

隔离法是隔离点火源和可燃物，防止燃烧蔓延。常用的方法有将燃烧物周边的易燃、可燃、易爆和助燃物质迅速转移至安全地带；及时拆除与燃烧物相连的可燃建筑物；阻止易燃、可燃、易爆物质进入火场；阻拦燃烧物四处流淌等。

4. 化学抑制法

现代燃烧理论认为，燃烧是一种自由基的链锁反应，抑制自由基产生或降低其活性，就能阻止反应继续下去，使燃烧终止。化学抑制法就是通过使灭火剂参与到燃烧反应中去，起到抑制反应的作用，如干粉灭火剂。

（三）常见的灭火剂

灭火剂是能够有效破坏燃烧条件，终止燃烧的物质。常见的灭火剂有以下几种类型。

1. 水系灭火剂

水系灭火剂是在水中添加渗透剂、阻燃剂等添加剂，用以提高水的灭火性能、改进其他性能的灭火剂。水系灭火剂由于应用范围广、灭火效果好、无次生污染、使用方便、洁净等优点而得到突飞猛进的发展。水系灭火剂不仅可以以混合液状态储存于手提式灭火器，还可用于消防车以浓缩液状态储存。

水系灭火剂的标记方式为水系灭火剂代号+水系灭火剂混合比+（原液凝固点、混合液凝固点）+企业自定义，如S-6-（-10℃、0℃）表示混合比为6%、原液凝固点为-10℃、混合液凝固点为0℃的水系灭火剂。

2. 泡沫灭火剂

泡沫灭火剂是能与水混溶，通过化学反应或机械方法产生泡沫的灭火剂。通过将灭火剂和水按一定比例混合成泡沫混合液，经泡沫发生器产生泡沫，覆盖在油品表面隔绝空气，阻止油品蒸发，降低氧浓度，实现灭火的目的。

泡沫灭火剂分为普通蛋白泡沫灭火剂（P）、氟蛋白泡沫灭火剂（FP）、合成泡沫灭火剂（S）、水成膜泡沫灭火剂（AFFF）、成膜氟蛋白泡沫灭火剂（FFFP）、抗醇泡沫灭火剂（AR）、A类泡沫灭火剂。

普通蛋白泡沫灭火剂由含蛋白的原料经部分水解制成；氟蛋白泡沫灭火剂由添加氟碳表面活性剂制成；合成泡沫灭火剂以表面活性剂的混合物和稳定剂为基料制成；水成膜泡沫灭火剂以碳氢表面活性剂和氟碳表面活性剂为基料制成；成膜氟蛋白泡沫灭火剂是可在某些烃类表面形成一层水膜的氟蛋白泡沫灭火剂；抗醇泡沫灭火剂是所产生的泡沫液施放到醇类或其他极性溶剂表面时，可抵抗其对泡沫破坏性的泡沫灭火剂；A类泡沫灭火剂是主要适用于扑灭A类火灾的泡沫灭火剂。

3. 干粉灭火剂

干粉灭火剂是能够灭火的细微粉末，一般以雾状形式灭火的灭火剂。干粉灭火剂主要分为BC干粉灭火剂、ABC干粉灭火剂、D类干粉灭火剂、BC超细干粉灭火剂、ABC超细干粉灭火剂。

（1）普通干粉灭火剂　能扑灭A类、B类、C类火灾或B类、C类火灾的干粉灭火剂，其分为BC干粉灭火剂和ABC干粉灭火剂，其型号以适用扑救的火灾类型代号、主要组成及含量和企业自定义等内容组成，如ABC-$NH_4H_2PO_4$（75%）+（NH_4）$_2SO_4$（15%）-B表示主要成分为磷酸二氢铵含量为75%、硫酸铵含量为15%，适用于扑灭A类、B类、C类火灾，企业自定义为B的ABC干粉灭火剂。

（2）D类干粉灭火剂　能扑灭D类火灾的干粉灭火剂，其型号由字母D与可扑救的金属材料对象代号组成，如D-Mg表示可以扑救金属镁的D类干粉灭火剂。

（3）超细干粉灭火剂　90%粒径（颗粒质量百分比为90%的粒径）小于或等于15μm的固体粉末灭火剂，分为BC超细干粉灭火剂和ABC超细干粉灭火剂。BC超细干粉灭火剂能扑灭B类、C类火灾，ABC超细干粉灭火剂能扑灭A类、B类、C类火灾。

超细干粉灭火剂的标记方式为超细干粉灭火剂（FCX）+适用扑灭的火灾类型+灭火性能，如FCX（ABC）-Ⅱ表示满足Ⅰ型和Ⅱ型灭火性能的ABC超细干粉灭火剂。

4. 气体灭火剂

气体灭火剂是以气体状态进行灭火的灭火剂。

气体灭火剂有两大类型：一类为二氧化碳和IG100、IG541等惰性气体；另一类为二氟一氯一溴甲烷（1211）、三氟一溴甲烷（1301）、七氟丙烷（HFC-227ea）等卤代烃和全氟己酮等。

二氧化碳和惰性气体主要是通过在燃烧物表面附近形成含一定灭火剂气体浓度的环境，降低其氧气浓度含量，从而抑制和终止燃烧；卤代烃和全氟己酮主要通过灭火剂遇热分解的挥发性物质与燃料在燃烧过程中产生的自由基发生作用，中断其链锁反应而灭火。

二、消防给水系统

消防给水系统主要用于火灾时冷却油罐。

（一）消防冷却方式

一般为三种冷却方式：一是固定式消防冷却水系统，由固定消防水池（罐）、消防水泵、消防给水管网及罐上设置的固定冷却水喷淋装置组成的消防冷却水系统；二是半固定式消防冷却水系统，设置固定消防给水管网和消火栓，火灾时由消防车或消防泵加压，通过水带和水枪喷水冷却的消防冷却水系统；三是移动式消防冷却水系统，不设消防水源，火灾时消防车由其他水源取水，通过车载水龙带和水枪喷水冷却的消防冷却水系统。

油罐应设消防冷却水系统，消防冷却水系统的设置应符合下列规定：

（1）容量大于或等于3000m³或罐壁高度大于等于15m的地上立式油罐应设固定式消防冷却水系统；

（2）容量小于3000m³且罐壁高度小于15m的地上立式油罐以及其他油罐，可设移动式消防冷却水系统。

对于远离城市、外部消防协作条件较差的油库，即使油罐容量小于3000m³且罐壁高度小于15m的地上立式油罐以及其他油罐，具备条件时，最好也采用固定式消防冷却水系统。

（二）消防冷却水量

除特级石油库外，油罐区的消防用水量应为扑救消防设置要求最高的一座油罐火灾配置泡沫用水量和冷却油罐所需最大用水量的总和。

（三）消防冷却水供应范围

1. 地上固定顶油罐

地上固定顶着火油罐的罐壁直接接触火焰，需要在短时间内加以冷却。为了保护罐体，控制火灾蔓延，减少辐射热影响，保障邻近罐的安全，地上固定顶着火油罐需进行冷却，具体要求：着火的地上固定顶油罐以及距该油罐罐壁不大于1.5D（D为着火油罐直径）范围内相邻的地上油罐，均应冷却；当相邻的地上油罐超过三座时，可按其中较大的三座相邻油罐计算冷却水量。

2. 内浮顶油罐

采用耐火浮顶的内浮顶油罐着火时，基本上只在浮顶周边燃烧，火势较小，容易扑灭，因此着火的内浮顶油罐的相邻油罐可不冷却。采用非耐火浮顶的内浮顶（如浮筒式浮顶），由于其浮盘不与液面接触，且结构薄弱，容易发生油罐全截面积着火，因此其相邻罐也需冷却。

3. 地上卧式油罐

着火的地上卧式油罐应冷却，距着火罐直径与长度之和1/2范围内的相邻罐也应冷却。因为卧式油罐是圆筒形结构常压罐，结构稳定性好，发生火灾一般在油罐人孔口燃烧，一般用灭火毯就能扑灭发生的火灾。当在有流淌火灾时，仍需考虑着火罐和邻近罐的冷却水量。

4. 覆土油罐

覆土油罐都是地下隐蔽罐，覆土厚度至少有0.5m，着火的覆土油罐和相邻的覆土油罐可不冷却。但火灾时，辐射热较强，四周地面温度较高，消防人员必须在喷雾（开花）水枪掩护下进行灭火，因此应考虑灭火时的人身掩护和冷却四周地面及油罐附件的用水量。

5. 洞式油罐

洞库内油罐发生的着火事故很少见，即使发生着火事故人员也无法进洞实施扑救，除建设采取一些必要的防火措施外，主要靠严格的管理，避免发生事故。因此，洞库的消防用水主要是用于扑救洞口周围可能发生的植被火灾，防止外部火源波及洞库，以及必要时用于洞口可能发生的少量配置泡沫扑救流淌火灾。

（四）消防冷却水供水范围和供给强度

1. 油罐

（1）地上立式油罐 消防冷却水供水范围和供给强度见表2-20。

表2-20 地上立式油罐消防冷却水供水范围和供给强度

油罐及消防冷却形式		供水范围	供给强度	备注
移动式水枪冷却	着火罐 固定顶罐	罐周全长	0.8L/(s·m)	
	着火罐 内浮顶罐	罐周全长	0.6L/(s·m)	采用非耐火浮顶的内浮顶罐按固定顶罐计算
	相邻罐	罐周半长	0.7L/(s·m)	
固定式冷却	着火罐 固定顶罐	罐壁外表面积	2.5L/(min·m^2)	
	着火罐 内浮顶罐	罐壁外表面积	2.0L/(min·m^2)	采用非耐火浮顶的内浮顶罐按固定顶罐计算
	相邻罐	罐壁外表面积的一半	2.5L/(min·m^2)	按实际冷却面积计算，但不得小于罐壁表面积的1/2

注：①移动式水枪冷却栏中，供给强度是按使用Φ19mm水枪确定的。
②着火罐Φ19mm口径单支水枪保护范围为9~11m；邻近罐Φ19mm单支水枪保护范围为15~25m。

（2）地上卧式油罐 着火的地上卧式油罐的消防冷却水供给强度不小于6L/(min·m^2)，其相邻油罐的消防冷却水供给强度不小于3L/(min·m^2)。冷却面积应按油罐投影面积计算。

（3）覆土立式油罐 覆土立式油罐的保护用水供给强度不小于0.3L/(s·m)，用水量计算长度应为最大油罐的周长。当计算用水量小于15L/s时，应按不小于15L/s计。

（4）覆土卧式油罐 覆土卧式油罐的保护用水供给强度，应按同时使用不少于2支移动水枪计，且不小于15L/s。

（5）人工洞库　洞库主洞口的供给强度不小于15L/s，其余洞口的供给强度不宜小于10L/s。计算总用水量时，可只计算主洞口用水量。

（6）其他　油罐的消防冷却水供给强度应根据设计所选用的设备进行校核。

2. 装卸设施

单股道铁路罐车装卸设施的消防水量不应小于30L/s；双股道铁路罐车装卸设施的消防水量不应小于60L/s。汽车油罐车装卸设施的消防水量不应小于30L/s；当汽车装卸车位不超过2个时，消防水量可按15L/s设计。

（五）消防冷却水最小供应时间

油罐冷却水供给时间是指从油罐着火开始进行冷却，直至油罐火焰被扑灭，并使油罐罐壁的温度下降到不致引起复燃为止的一段时间。冷却水供给时间与燃烧时间有直接关系。

直径大于20m的地上固定顶油罐和直径大于20m采用非耐火浮顶的内浮顶油罐不少于6h，其他地上立式油罐不少于4h；覆土立式油罐不少于3h；人工洞库不少于2h；卧式油罐、铁路罐车和汽车油罐车装卸设施不应少于2h。

（六）消防给水管道系统

为了减少消防水到火场的时间，消防给水系统应保持充水状态，且最好维持在低压状态，以便发生小规模火灾时能随时取水。处于严寒地区的消防给水管道，由于受地质和经济等条件的限制，一般较难做到将消防给水管道埋设到极端冻土深度以下，因此允许其冬季可不充水，但应满足消防泵启泵后5min内将消防水送到最不利点的要求。

储备油库中的地上油罐区的消防给水管道应环状敷设，主要考虑到两侧向用水点供水的环状敷设方式更为可靠；覆土油罐区的管道可枝状敷设，主要原因是油罐间距要求较大，用水量较小，即使着火一般也不会影响周边油罐，加上这种类型的油罐多数处于山区，管道难以做到环状布置，因此允许其罐区的消防管道枝状敷设。

需要注意的一点是消防阀门的设置，火灾时需要操作的消防阀门不能设在防火堤内，主要是为了在油罐着火时人员能够安全接近和开启着火罐上的消防控制阀门。消防阀门与对应的着火油罐罐壁的距离不应小于15m，如果油罐着火时人员可以利用防火堤等墙体做掩护接近控制阀门时，可不受此限制。

（七）消火栓

固定式消防冷却水系统和移动式消防冷却水系统都需要设置消火栓。消火栓的设置应符合下列规定。

（1）移动式消防冷却水系统的消火栓设置数量，应按油罐冷却灭火所需消防水量及消火栓保护半径确定。消火栓的保护半径不应大于120m，且距着火罐罐壁15m内的消火栓不应计算在内。

（2）固定式消防冷却水系统所设置的消火栓间距不应大于60m。

（3）寒冷地区消防水管道上设置的消火栓应有防冻、放空措施。

（八）消防水池（罐）

油库消防水池（罐）储水量，不应小于计算消防用水量的1.5倍，目的是增加储水量，提高消防供水能力。当油库邻近天然水源或与相邻企业具有互通的消防水管网时，可减去相应的有效供水量。

三、油罐泡沫灭火系统

（一）灭火方式

泡沫灭火系统用于扑灭油罐火灾，除覆土卧式油罐不设泡沫灭火系统外，其他类型油罐都需要设置泡沫灭火系统。

泡沫灭火系统分为三种：一是固定式泡沫灭火系统，它是由固定的泡沫消防水泵、泡沫比例混合装置、泡沫发生器和管道等组成；二是半固定式泡沫灭火系统，它是由固定的泡沫发生器与部分连接管道，泡沫消防车或机动消防泵与泡沫比例混合装置，用水带连接组成；三是移动式泡沫灭火系统，它由消防车、机动消防泵或有压水源，泡沫比例混合装置、泡沫枪、泡沫炮或移动式泡沫发生器，用水带连接组成。

1. 系统设置类型

地上固定顶油罐、内浮顶油罐和地上卧式油罐设置低倍数泡沫灭火系统或中倍数泡沫灭火系统；储存甲B类、乙类和丙A类油品的覆土立式油罐，设置低倍数泡沫灭火系统。

2. 系统设置方式

容量大于1000m³的地上立式油罐采用固定式泡沫灭火系统，由于油罐布置相对集中，采用固定式灭火方式，整个系统可常处于战备状态、启动快、操作简单、节省人力，而采用移动式或半固定式泡沫灭火系统难以扑灭或不能及时扑灭。

容量小于或等于1000m³的地上立式油罐可采用半固定式泡沫灭火系统，主要原因是油罐较小，着火时造成的损失也相对较小，采用半固定式泡沫灭火系统也能扑灭，还可节省消防设备投资。

地上卧式油罐、覆土立式油罐、容量不大于200m³的地上油罐和储存甲B类、乙类油品的洞式油罐，可采用移动式泡沫灭火系统。卧式油罐安装空气泡沫发生器比较困难，且着火一般只发生在面积很小的人孔处，容易处理，采用移动式泡沫灭火系统较好；覆土立式油罐即使在罐壁上设置空气泡沫发生器，油罐着火时也可能被烧坏，油罐或罐室发生爆炸时，上部混凝土壳顶崩塌还可能砸毁泡沫发生器或使油罐发生流淌火灾，因此，覆土立式油罐只能采用移动式泡沫灭火系统；单罐容量不大于200m³的地上油罐，罐壁高度矮，燃烧面积小，灭火需要的泡沫量少，用泡沫钩管等移动设备就可扑救；对于洞库，人员又不能进洞实施灭火，且在着火无空气的空间内泡沫产生器也无法发泡。

（二）泡沫灭火系统

1. 泡沫比例混合装置

目前，泡沫比例混合装置主要包括平衡式、机械泵入式、囊式压力等，由于平衡式和机械泵入式混合流程可以适应几何高差、压力、流量的变化，输送混合液的混合比比较稳定，因此选用平衡式或机械泵入式泡沫混合装置比较合适。

平衡式泡沫混合装置是由单独的泡沫液泵按设定的压差向压力水流中注入泡沫液，并通过平衡阀、孔板或文丘里管（或孔板与文丘里管结合），能在一定的水流压力和流量范围内自动控制混合比的比例混合装置。

机械泵入式泡沫混合装置是由叶片式或涡轮式等水轮机通过联轴节与泡沫液泵连接成一体，经泡沫消防水泵供给的压力水驱动水轮机，使泡沫液泵向水轮机后的泡沫消防水管道按设定比例注入泡沫液的比例混合装置。

2. 移动泡沫灭火用具

储存甲B类、乙类和丙A类油品的覆土立式油罐应配备泡沫枪；当油罐采用固定式泡沫灭火系统时，应配置泡沫钩管、泡沫枪和消防水带等移动泡沫灭火用具。

四、主要消防设备及器材

(一) 消防泵

消防泵是用于输送水或泡沫溶液等液体灭火剂的专用泵。其配置应符合下列要求。

(1) 一级油库的消防冷却水泵和泡沫消防水泵应采用电动消防泵作为主用泵，采用柴油机消防泵作为备用泵，主要是为了保证消防水泵供水能力可靠。

(2) 二级油库的消防冷却水泵和泡沫消防水泵应设置备用泵。当消防冷却水泵和泡沫消防水泵的压力、流量接近时，可共用1台备用泵，以便节省1台水泵。当二级油库的消防水泵有2个独立电源供电时，主泵应采用电动泵，备用泵可采用电动泵或柴油机泵；只有1个电源供电时，消防水泵应采用下列方式之一：

①主泵和备用泵全部采用柴油机泵；

②主泵采用电动泵，备用泵采用柴油机泵。

(3) 一级、二级油库的消防主泵和备用泵的扬程和流量均应满足整个消防系统的供水要求。

(4) 消防水泵应采用正压启动或自吸启动。自吸启动是指消防水泵本身具有自吸的功能，利用外置的真空泵灌泵的设计，不属于自吸启动。当采用自吸启动时自吸时间不宜大于45s。

为了保证消防水管网供水的可靠性，当多台消防水泵的吸水管共用1根泵前主管道时，该管道应有2条支管道接入消防水池（罐），且每条支管道应能通过全部用水量。

(二) 消防车

当采用水罐消防车对油罐进行冷却时，水罐消防车的台数应按油罐最大需要水量进行配备；当采用泡沫消防车对油罐进行灭火时，泡沫消防车的台数应按一个最大着火油罐所需的泡沫液量进行配备。

(1) 设有固定式消防系统时，机动消防力量只是固定式消防系统的补充，其消防车配备应符合下列规定：

①一级油库中，单罐容量大于或等于20000m^3的固定顶油罐、采用耐火浮顶的内浮顶油罐，应配备2辆泡沫消防车；

②当固定顶罐单罐容量大于或等于10000m^3、采用耐火浮顶的内浮顶油罐单罐容量大于或等于20000m^3时，应配备1辆泡沫消防车；

③新配置泡沫消防车的消防泵流量不应低于100L/s，消防水和泡沫液的储量之和不应低于12m³，其中泡沫液不应低于6m³。

（2）当油库与邻近企业或城镇消防站协商组成联防，联防企业或城镇消防站的消防车辆符合下列要求时，可作为油库的消防车辆：

①在接到火灾报警后5min内能对着火油罐进行冷却的消防车辆；

②在接到火灾报警后10min内能对相邻油罐进行冷却的消防车辆；

③在接到火灾报警后20min内能对着火油罐提供泡沫的消防车辆。

关于联防企业或城镇消防站的可供使用的消防车辆，是指能够适用于冷却和扑灭油罐火灾的消防车辆。援外车辆的具体数量需双方协商确定。

（三）灭火器材

灭火器材用于油库内扑灭零星火灾，主要包括灭火器、灭火毯、灭火沙等。

1. 灭火器

灭火器具有轻便灵巧和操作方便的优点，是人工扑救初期火灾的主要消防器材。根据移动方式分为手提式和推车式灭火器；根据充装灭火剂种类可分为水基型、干粉、二氧化碳和洁净气体灭火器；根据驱动气体的贮存压力型式分为贮气瓶式和贮压式灭火器。

（1）手提式灭火器　手提式灭火器是指总质量不大于23kg的二氧化碳灭火器以及总质量不大于20kg的其他类型灭火器，它可手提移动，能在其内部压力作用下，将灭火剂喷出以扑救火灾。其型号编制方法如下。

$$M\ \square/\square\ \square\ P\ C\ G\ \square$$

第一位（M）：灭火器。

第二位：灭火剂代号，水基型用"S"、干粉用"F"、二氧化碳用"T"、洁净气体用"J"。

第三位：适用的火灾类别代号，A类用"A"、B类用"B"、水基型灭火器兼有抗溶性用"AR"、C类用"C"、D类用"D"、E类用"E"、F类用"F"。

第四位：充装量，单位为千克或升（kg或L）。

第五位（P）：贮气瓶式，贮压式、二氧化碳灭火器省略。

第六位（C）：适合车用，非车用省略。

第七位（G）：配有固定架，不配固定架省略。

第八位：企业自定义代号，用"Ⅰ、Ⅱ、…"等表示。

示例1：MF/ABCE2C表示适用于A类、B类、C类、E类火灾，充装量为2kg的适合车用的手提式贮压式干粉灭火器。

示例2：MS/EF6PG表示适用于E类、F类火灾，充装量为6L，配有固定架的手提式贮气瓶式水基型灭火器。

示例3：MS/ABARE9表示适用于A类、B类、E类火灾，兼有抗溶性的，充装量为9L的手提式贮压式水基型灭火器。

（2）推车式灭火器　推车式灭火器是指装有轮子，可由一人推（或拉）至火灾现场，并能在其内部压力作用下，将灭火剂喷出以扑救火灾的灭火器具。灭火器组件包括瓶体、阀门、压力指示器、喷射软管、喷射控制阀、车架、灭火剂、驱动气体等。其型号编制方法如下。

$$M\ \square\ T\ W/\square\ \square\ P\ \square$$

第一位（M）：灭火器。

第二位：灭火剂代号，水基型用"S"、干粉用"F"、二氧化碳用"T"、洁净气体用"J"。

第三位（T）：推车式。

第四位（W）：适合水雾喷射型灭火器，非水雾喷射型省略。

第五位：适用的火灾类别代号，A类用"A"、B类用"B"、水基型灭火器兼有抗溶性用"AR"、C类用"C"、D类用"D"、E类用"E"、F类用"F"。

第六位：充装量，单位为千克或升（kg或L）。

第七位（P）：贮气瓶式，贮压式、二氧化碳灭火器省略。

第八位：企业自定义代号，用"Ⅰ、Ⅱ、…"等表示。

示例1：MSTW/ABE45表示适用于A类、B类、E类火灾，充装量为45L的推车式贮压式水基型灭火器。

示例2：MFT/ABCE30P表示适用于A类、B类、C类、E类火灾，充装量为30kg的推车式贮气瓶式干粉灭火器。

（3）灭火器配置　灭火器的配置与场所的火灾种类、危险等级、建筑物总平面布局和平面布置有关，对灭火剂的要求、灭火器的类型、灭火器的配置基准有较大影响，选择合适的灭火器，既要保证灭火器能够发挥灭火作用，也要防止灭火剂与保护对象发生不利于灭火的反应。

灭火器的配置应符合现行国家标准GB 50140—2005《建筑灭火器配置设计规范》的有关规定，灭火器的最大报废期限见表2-21。

2. 其他灭火器材

灭火毯和灭火沙取材容易，性价比高，且使用方便，配置见表2-22。

表2-21　灭火器最大报废期限

灭火器类型		最大报废期限/年
手提式、推车式	水基型灭火器	6
	干粉灭火器	10
	洁净气体灭火器	10
	二氧化碳灭火器	12

表2-22　油库主要场所灭火毯、灭火沙配置数量

场所	灭火毯数量/块	灭火沙数量/m³
罐组	4～6	2
覆土油罐出入口	2～4	1
易燃和可燃液体泵站	—	2
铁路罐车易燃和可燃液体装卸栈桥	4～6	—
汽车油罐车易燃和可燃液体装卸场地	4～6	1
易燃和可燃液体装卸码头	4～6	2
消防泵房	—	2
变配电间	—	2
管道桥涵	—	2
雨水支沟接主沟处	—	2

注：埋地卧式油罐可不配置灭火沙。"—"表示无要求。

五、火灾报警系统

火灾报警系统的作用是探测火灾早期特征、发出火灾报警信号，为人员疏散、防止火灾蔓延和启动灭火设备提供控制与指示的消防系统。

火灾报警系统分为区域报警系统、集中报警系统和控制中心报警系统。区域报警系统适用于仅需要报警，不需要联动自动消防设备的保护对象；集中报警系统不仅需要报警，同时需要联动自动消防设备，且只设置1台具有集中控制功能的火灾报警控制器和消防联动控制器的保护对象，需要设置一个消防控制中心；控制中心报警系统适用于设置两个及以上消防控制中心的保护对象，或已设置两个及以上集中报警系统的保护对象。考虑到油库内除了生产设施外，还配套建设业务综合用房和工勤楼等人员集中场所，因此油库一般采用集中报警系统。

为了及时将火警传达给有关部门，以便迅速组织灭火战斗，油库内的消防监控中心和消防值班室内应设专用受警录音电话；消防监控中心与城镇消防站、油库消防值班室、油库值班调度室之间应设直通电话。

油罐总容量大于或等于50000m^3的油库的报警信号应在消防监控中心、消防值班室显示。

油库内的日常巡查不能做到随时发现火情随时报警，在储油区、作业区和辅助作业区的值班室内应设火灾报警电话；为增加报警速度，减少火灾损失，在油罐区、作业区内的四周道路设置户外手动报警设施，其间距不大于100m，报警信号传至消防值班室，确认火灾后，远程启动消防泵和开启消防管道阀门。

消防可编程控制器（PLC）数据信号上传至消防值班室的火灾自动报警联动主机，火灾报警联动主机报警及联动信号采用光纤传输上传至中心控制室。

第五节 漏油及事故污水收集设施

目前，油库还不能做到绝对安全，有可能发生安全事故，当油库发生泄漏事故时，采取一定的防护措施，控制事故影响范围是十分必要的。

一、防渗措施

随着国家对环境保护的日益重视，石油化工行业生产过程中可能造成的地下水污染受到高度关注。为了防止和减少污染物跑、冒、滴、漏，将污染物泄漏的环境风险事故降到最低程度，根据现行国家标准GB/T 50934—2013《石油化工工程防渗技术规范》的有关规定，依据污染防治分区采取相应的防渗方案。油库典型污染防治分区见表2-23。

表2-23 油库典型污染防治分区

单元名称	污染防治区域及部位	污染防治区类别
油罐区	环墙式和护坡式罐基础	重点
	承台式罐基础	一般
	油罐到防火堤之间地面及防火堤	一般

续表

单元名称	污染防治区域及部位	污染防治区类别
油泵及油品计量站	油泵及油品计量站界区内的地面	一般
铁路、汽车装卸车	装卸车场地界区内的地面	一般
油气回收设施	油气回收设施界区内的地面	一般
地下罐	罐基础的底板及壁板	重点
含油调节污水池	池的底板及壁板	重点
事故池、雨水监控池	池的底板及壁板	一般

（一）地面

地面防渗层可采用黏土、抗渗混凝土、高密度聚乙烯（HDPE）膜、钠基膨润土防水毯或其他防渗性能等效的材料。

当地面有硬化要求且基层后期沉降不大时，一般采用混凝土防渗层；当基层后期沉降较大时，一般铺设高密度聚乙烯膜或钠基膨润土防水毯防渗层。

（二）罐区

1. 环墙式罐基础防渗

环墙式罐基础的防渗层应符合下列规定：

（1）高密度聚乙烯膜的厚度不宜小于1.5mm；

（2）膜上、膜下应设置保护层，保护层可采用长丝无纺土工布，膜下保护层也可采用不含尖锐颗粒的砂层，砂层厚度不应小于100mm；

（3）高密度聚乙烯铺设应由中心坡向四周，坡度不宜小于1.5%。

2. 承台式罐基础防渗

承台式罐基础的防渗层应符合下列规定：

（1）承台及承台以上环墙应采用抗渗混凝土，抗渗等级[①]不应低于P6；

（2）承台及承台以上环墙内表面宜涂刷聚合物水泥等柔性防水涂料，厚度不应小于1.0mm；

（3）承台顶面应找坡，由中心坡向四周，坡度不宜小于0.3%。

---

① 抗渗等级：依据《混凝土质量控制标准》（GB 50164—2011），混凝土抗渗等级分为六个等级，分别为P4、P6、P8、P10、P12、大于P12，分别代表抵抗0.4～1.2MPa的静水压力而不渗水。

3. 防火堤防渗

罐区防火堤内的地面防渗层应符合地面防渗层要求；防火堤宜采用抗渗钢筋混凝土，抗渗等级不应低于P6。

（三）池、井和沟

混凝土的抗渗等级不应低于P8，重点污染防治区的池、井和沟的内表面涂刷水泥基渗透结晶型防水涂料，或在混凝土内掺加水泥基渗透结晶型防水剂。

二、水体污染预防与控制

油库应建立完善的水体污染预防与控制体系，实施逐级防范，限制油品的泄漏范围。目前，一般设置四道漏油及含油污水拦截设施，分别是防火堤及罐室、路堤式道路、事故池、围墙，具体设置要求如下。

（一）第一道漏油及含油污水拦截设施

1. 防火堤

地上油罐进油时发生冒罐或爆炸破裂事故时，油品会流出油罐外，如果没有防火堤，液体就会到处流淌，如果发生火灾还会形成大面积流淌火。为避免此类事故，地上油罐组必须设置防火堤。当油罐依山建设时，可利用山体兼作防火堤。

为了防范罐体在特殊情况下破裂，造成油罐内油品全部流出这种极端事故，要求防火堤内的有效容量，不应小于罐组内一座最大油罐的容量。

雨水沟（管）穿越防火堤处，应设置水封结构并应采取排水控制措施，如采用安装有切断阀的排水井，也可采用自动排水阻油装置。当采用前一种方式时，切断阀应保持常闭状态，仅在需要排放雨水时，在有人监控情况下开启排水。

2. 罐室

（1）覆土立式油罐罐室　当油罐发生跑油或者着火事故时，尽量利用罐室自身拦油，防止油品或流淌火灾很快漫出罐室，为紧急时刻采取口部封堵和外输等抢救措施留有一定的时间余地。储存甲B类、乙类、丙A类油品的覆土立式油罐，其罐室通道出入口高于罐室地坪不应小于2m，且罐室及通道出入口以下的墙体满足油罐泄漏时不泄漏。同时，罐室的出入通道口，应设满足口部紧急时刻封堵强度要求的防火密闭门。

（2）洞式油罐罐室　目前，洞式油罐大多采用一罐一室的设置方式。洞内主通道的防护门和防潮门以及支通道的防火密闭门均设置了一定高度的门槛，主要是为了将门关闭严密，当油罐发生泄漏事故时可以起到围堰的作用；罐室与阀门操作间之间设置有钢筋混凝土隔墙，隔墙四周边缘需要嵌入自然岩体一定深度，是为了使隔墙和罐室岩体形成独立、封闭、严密的空间，防止油罐泄漏出的油品流出罐室四处扩散；罐室与阀门操作间之间设置朝罐室方向开启的防火密闭门，利用油品的静压力将门关闭严密。

（二）第二道漏油及含油污水拦截设施

利用罐组周围路堤式消防车道与防火堤之间的低洼地带收集罐组或防火堤外管道的少量漏油。因此，油罐组周边的消防车道路面标高，宜高于防火堤外侧地面的设计标高0.5m及以上。位于地势较高处的消防车道的路堤高度可适当降低，但不宜小于0.3m。

（三）第三道漏油及含油污水拦截设施

为了防止漏油及含油污水四处漫延，避免漏油及含油污水流到库外，需要设置事故池来集中收集事故漏油。

一级、二级、三级、四级油库的漏油及事故污水收集池容量，分别不应小于1000m^3、750m^3、500m^3、300m^3；事故池宜布置在库区地势较低处。漏油及事故污水收集池应采取隔油措施。

（四）第四道漏油及含油污水拦截设施

第四道漏油拦截设施的主体是油库围墙，油库围墙的设置应符合下列规定。

（1）油库的油罐区、易燃和可燃液体作业区与库外区域之间应设实体围墙，库外一侧围墙高度不应小于2.5m，库内一侧围墙高度不应小于1.2m。

（2）油库的油罐区、易燃和可燃液体作业区与行政管理区之间应设高度不低于1.8m的围墙。油库的行政管理区与库外区域之间未设实体围墙时，油罐区与行政管理区之间设置的围墙应为实体围墙。

（3）围墙应采用不燃材料建造。为了阻止漏油流出库区，围墙下部0.5m高度以下范围内不应留有孔洞（集中排水口除外）。

第六节　自动控制系统

自动控制系统（简称自控系统）是提升油库运行和安全管理的重要手段。根据油库安全生产和管理的需要，建设一套安全可靠、技术先进、设施完善的仪表及控制系统，实现油罐监测和报警及安全联锁、铁路装卸车监测和防溢油报警及安全联锁、公路定量装车监测及安全联锁、水路装船监测及安全联锁、可燃气体泄漏检测和报警、油气回收系统监控的目的。

一、基础知识

（一）自控仪表

油库自动化仪表从气动仪表、电动仪表，到目前的网络化、智能化仪表走过了一个较为漫长的过程。早期的气动仪表价格便宜、结构简单，且适合石油化工等易燃、易爆场所，因此在相当长的一段时间里得到广泛应用。从20世纪60年代起，由于电动仪表的晶体管化和集成电路化，控制功能日趋完备，在使用低电压、小电流时，可在电路上及结构上采取非常严密的措施，限制进入易燃易爆场所的能量，从而保证在作业现场不会发生足以引起燃烧或爆炸的"危险火花"，即各类"本质安全型"仪表的出现，使限制电动仪表使用的一个主要障碍被扫除，电信号比气压信号在传送和处理上的优越性得到充分的发挥。因此，近年来电动仪表具有显著的优势。

油库自动化仪表可简单分为检测仪表、显示仪表、控制仪表、执行器（控制阀）四大类。检测仪表包括流量、压力、液位、温度及成分分析仪表；显示仪表包括指示仪、记录仪、累计器、信号报警器及屏幕显示器；控制仪表包括基地式调节器、气动单元组合仪、电动单元组合仪、分散型控制系统（DCS）、可编程控制器、可编程调节器、工业控制机（PC）、组装式仪表、计算机控制系统、安全控制系统；执行器（控制阀）包括气动调节阀或关断阀、电动调节阀或关断阀、液动或气液联动或电液联动的关断阀。

就油库常用仪表而言，由于检测技术和微电子技术的快速发展，各类参数的测量仪表出现以下发展趋势。一是随着新测量方法的出现和在技术上取得的新突破，不断出现一些新型仪表，如质量流量计、磁致伸缩液位计、导波雷达液位计等，新型仪表的出现使参数测量的精度和可靠性得到了很大的提高。二是随着计算机技术和网络通信技术的发展，油库仪表向智能型和网络化方向发展是必然趋势，如智能型执行器可实现与控制器的网络连接，同时可实现阀门的可编程控制；智能型液位计可实现温度补偿、液位报警与记录等。三是检测技术和微电子技术的发展，使油库仪表的功耗进一步降低，"本安型仪表"可应用于油库爆炸危险区域0区，功耗的降低甚至出现了可电池供电的智能型仪表，进一步代替了机械式仪表，如油库常用的弹簧管压力表、毛发湿度计等。四是在精度提高的同时，量程有了大的扩展。如港口输油计量中，涡轮流量计口径已达600mm，流量为8000m^3/h，现场使用的压阻式压力表的量程下限可达10Pa。

（二）油库自动化系统

油库自控系统的主要目的是提高油库的计量精度、安全性和作业效率。系统通过实时采集油罐、输油泵、管道等设施设备的温度、压力、流量、液位等关键数据，并进行智能分析和处理，实现对油库的全面监控和管理，以提高安全管理水平和作业效率。

油库自控系统的主要特征：

（1）实时监测　实现对油罐的温度、压力、液位等关键数据的全方位实时监测。

（2）设备控制　对输油泵的运行工况进行实时监测，并能够进行点动控制操作以及油品发放的远程联动控制。

（3）业务管理　由现场检测仪表、控制阀和控制室的计算机控制系统组成油罐区油库综合管理系统局域网，实现油罐区油品收发业务的网上作业。

（4）安全管理　基于监控信息及数据，进行油罐区油品损耗分析，提高安全管理的智能化水平。

油库自动化系统架构从下往上分为：现场仪表层、监控层和业务管理层。

（1）现场仪表层　包括各种温度、压力、流量和液位等工艺过程检测仪表，调节阀、二位式控制阀等执行器，机泵等设备测控仪表，可燃气体浓度探测器、手动报警按钮等环境安全报警仪表。

（2）监控层　由分散型控制系统、可编程控制器、工业控制机、数据库服务器和报警器等组成现场仪表数据采集、切断阀和机泵控制的系统集成平台，实现现场工艺过程的数据采集、信号处理、指示、控制、报警和记录等功能。

（3）业务管理层 包括工作站、数据通信接口等，通过局域网核心交换机与油库管理信息系统连接，实现油库生产过程控制管理、安全防范管理、综合办公管理、油库信息资源共享、上传上级部门数据接口等功能。

各个子系统通过交换机将数据上传至数据库服务器，统一存储在服务器内；采用的数据库软件具有标准的数据存储模式和接口形式，并通过服务器与业务管理层对接。

目前，油库自控系统主流为集散式控制系统，控制系统采用"可编程控制器+数据库服务器+操作员站"模式，实现统一集成的数据采集和存储模式、标准的开放数据库和数据库接口，不同开发商均遵守该接口标准和协议，便于与上一级网络系统的通信。多系统共享的数据存储模式，共享人机界面，结构合理、数据流清晰、便于操作和管理。

二、常用仪表

仪表选型应根据工艺要求的操作条件、设计条件、精确度等级、工艺介质特性、检测点环境、材料等级规定及安全环保要求等因素确定，并满足工程项目对仪表选型的总体技术水平要求。仪表选型应安全可靠、技术先进、经济合理。

（一）一般要求

仪表选型在性能要求上应根据测量用途、测量范围、范围度、精确度、灵敏度、分辨率、重复性、线性度、可调比、死区、永久压损、输出信号特性、响应时间、控制系统要求、安全系统要求、防火要求、环保要求、节能要求、可靠性及经济性等因素综合考虑。

选用的仪表应为经国家授权机构批准并取得制造许可证的合格产品，不得选用未经工业鉴定的研制仪表，除特殊要求外，仪表宜选用供货商的标准系列产品。

在爆炸危险区内使用的电子式仪表应取得国家授权防爆认证机构颁发的《产品防爆合格证》，国家授权防爆认证机构包括上海国家级仪表防爆和安全监督检验站（NEPSI）、国家防爆电气产品质量监督检验中心（CQST）和石油化学工业电气产品防爆质量监督检验中心（PCEC）以及由国家认证认可监督管理委员会授权的国际权威认证机构，如国际电工委员会防爆电气产品认证体系（IECEx）、欧盟防爆指令（ATEX）等。

计量仪表应取得国家授权机构颁发的《制造计量器具许可证》或《计量器具型式批准证书》；属于消防电子产品的火灾、可燃气体检测及报警等仪表应取得公安部消防产品合格评定中心颁发的《中国国家强制性产品认证证书》（即CCCF认证）或《产品型式认可证书》。

测量与控制仪表优先采用电子式，首选测量与控制信号为4~20mA DC（直流电）的智能化现场仪表。

在爆炸危险场所安装的电子式仪表应根据防爆危险区划分选用本安型、隔爆型等防爆型仪表，防爆要求符合《爆炸性环境》系列现行国家标准。

在现场安装的电子式仪表，防护等级不应低于现行国家标准GB/T 4208—2017《外壳防护等级（IP代码）》规定的IP65；在现场安装的气动仪表及就地仪表，防护等级不应低于IP55；在仪表井、阀门井及水池内安装的仪表，防护等级应为IP68。

（二）温度仪表

1. 温度测量单位和量程

（1）温度仪表的测量单位应采用摄氏度（℃）。热力学温标单位开［尔文］（K）仅用于包含绝对温度的计算。

（2）就地温度仪表的刻度/量程应采用线性直读式或数字显示。

（3）温度仪表的操作温度，对于就地温度计应为刻度/量程的30%~70%；对于温度变送器，应为量程的10%~90%。

（4）当操作温度不低于设计温度的30%时，仪表的量程应覆盖设计温度。

2. 就地温度仪表

就地温度仪表宜选用万向型双金属温度计，温度测示范围宜为-40~100℃，满量程精确度不应低于±1.5%，一般为±0.1℃。

3. 远传测量温度仪表

选用测温元件配现场温度变送器。测温元件应选用热电阻（RTD）或热电偶（TC）。温度测量精确度要求较高、反应速度较快、无振动场合，宜选用热电阻；温度测量范围大、有振动场合，宜选用热电偶。

温度变送器应首选二线制4~20mA DC智能型，其读数精确度不应低于±0.2℃；具有量程、分度号可组态功能；具有输入/输出隔离、热电偶冷端补偿和输出信号线性化功能。

对于成品油库，地上油罐油品温度检测采用多点温度计，覆土油罐及洞式油罐宜采用单点热电阻温度计，磁致伸缩液位计一般自带温度计，不再另设置单点或多点温度计。汽车发油温度远传指示宜选用一体型温度变送器。

（三）压力仪表

1. 压力测量单位和量程

（1）压力仪表应采用法定计量单位帕（Pa）、千帕（kPa）和兆帕（MPa）。

（2）测量稳定压力时，正常操作压力应为量程的1/3~2/3。

（3）使用压力变送器测量压力时，操作压力宜为仪表校准量程的60%~80%。

2. 就地压力仪表

对于一般介质，操作压力在40kPa或以上时，宜选用弹簧管压力表（差压表）；操作压力在40kPa以下时，宜选用膜盒压力表；操作压力在-0.1~0MPa时，应选用弹簧管真空压力表。

安装于振动场所或振动部位时，应选用耐振压力表，也可采用表盘内充填充液和/或加阻尼器等耐震方式。

一般测量用的压力表、膜盒压力表的精确度宜为1.6级，压力表的表盘直径宜为$\Phi100$或$\Phi150$。

3. 远传测量压力仪表

压力变送器和差压变送器宜选用二线制4~20mA DC智能型；对于测量微小压力、微小负压场合，宜选用差压变送器，其测量范围为0~200kPa，精确度为±0.07%。

目前，输油泵进口管道设置真空压力表，出口管道设置压力表，且设置就地显示的压力测量仪表，同时通过压力变送器将压力测量信号远传至中心控制室。

（四）流量仪表

1. 流量测量单位、量程和精确度

（1）体积流量测量单位用m^3/h、L/h；质量流量测量单位用kg/h、t/h。

（2）线性量程的范围 满量程读数为0~100%线性；最大流量的量程读数不应超过90%；正常流量的量程读数应为40%~70%；最小流量的量程读数不应小于10%。

（3）流量仪表的精确度应满足工艺专利商对装置过程控制、监测、计量及性能考核的要求，一般不小于0.2%。

2. 常用流量仪表

流量计可分为差压式流量计、转子流量计、速度式流量计、容积式流量计、质量流量计等。差压式流量计类型包括标准孔板、喷嘴/文丘里喷嘴、文丘里管、限流孔板、偏心孔板、圆缺孔板、平衡流量计、内藏孔板DP流量计、楔形流量计、均速管流量计。转子流量计包括玻璃管转子流量计、金属管转子流量计、夹套型金属管转子流量计和吹洗转子流量计。速度式流量计包括涡轮流量计、涡街流量计、电磁流量计、超声波流量计、靶式流量计。容积式流量计包括椭圆齿轮流量计、双转子流量计、腰轮流量计和刮板流量计。质量流量计包括科里奥利质量流量计和热式质量流量计。

目前，油库收发油常用的流量计是双转子流量计和科里奥利质量流量计。双转子流量计宜用于洁净的、黏度较高的液体，要求贸易计量或高精确度计量。科里奥利质量流量计宜用于液体、高密度气体、浆料及多相流体的贸易计量或高精确度计量，可测双向流体和微小流量；可输出质量流量、密度及温度值，一般不需要温度、压力及密度补偿，也不需要直管段。

（五）液位仪表

1. 液位测量单位和量程

（1）液位仪表测量单位　米（m）和毫米（mm）。

（2）量程范围　仪表量程至少应覆盖整个液位测量范围并包括高低液位报警点和联锁点。

2. 常用液位仪表

液位仪表可分为就地液位仪表、远传测量液位仪表和液位开关。

就地液位仪表包括玻璃板液位计和磁浮子液位计。

远传测量液位仪表包括差压液位变送器、浮筒液位计、电容液位计、射频导纳液位计、超声波液位计、雷达液位计、伺服液位计、磁致伸缩液位计、静压式液位计等。

液位开关包括浮球式液位开关、音叉式液位开关、超声波液位开关等。

油库中容量大于$100m^3$的油罐应设远传测量液位仪表，液位连续测量应采用模拟信号或通信方式接入自动控制系统，应在自动控制系统中设高、低液位报警。

用于油罐高高、低低液位报警信号的液位仪表应采用单独的液位连续测量仪表或液位开关，并应在自动控制系统中设置报警及联锁。

（1）雷达液位计　雷达液位计适用于储存原油、成品油和其他可燃液体等介质的大型固定顶油罐、内浮顶油罐的液位连续测量或计量。常用的雷达液位计包括非接触式雷达液位计和导波式雷达液位计。内部有影响微波传播的障碍物的油罐或介电常数低于1.4的介质不得选用雷达液位计；对于油罐的界面测量，不得选用非接触式雷达液位计。

根据测量精确度要求选用控制级或计量级雷达液位计，用于液体介质的控制级满量程精确度不宜低于±0.5%，计量级精确度不宜低于±3mm。

雷达液位计宜选用24V DC或220V AC（交流电）外供电型，变送器输出信号宜为4~20mA。

非接触式雷达液位计的天线（平面式、抛物面式、喇叭式、杆式）和导波式雷达物位计的导波杆（缆）的结构形式及材质的选型应根据油罐类型、介质特性、测量范围、测量精度、油罐内温度及压力等因素综合确定。

用于罐区油罐的雷达液位计宜带有罐旁指示表；用于精确计量的导波式雷达物位计宜带有多点平均温度计；对于被测介质的液位或界面波动较大、干扰因素大、低介电常数（1.4~2.5）等场合，应选装导波管（防扰管）。

（2）伺服液位计　伺服液位计适用于大型固定顶油罐、内浮顶油罐中储存原油、成品油和其他可燃液体等介质的液位连续测量或计量，选用时应带有导向管。

根据测量精确度要求选用控制级或计量级伺服液位计，控制级精确度不宜低于±5mm，计量级精确度不宜低于±3mm。

伺服液位计宜选用220V AC外供电型，变送器输出信号宜为4~20mA；用于油罐的伺服液位计宜带有罐旁指示表及标定腔。

（3）磁致伸缩液位计　磁致伸缩液位计适合于常压或有压容器，介质相对密度（介质密度与标况下水密度之比）大于等于0.7，干净的非结晶介质，且要求测量精确度较高场合的液位或界面测量。

液位计宜选用220V AC外供电型，变送器输出信号宜为4~20mA；可带有多点温度计。

（4）液位开关　液位开关适用于下列场合：

①公用工程的报警信号，如冷却水、密封、润滑油等；

②仅用于报警的工艺场合；

③当油罐已设有其他连续液位测量仪表时，可选用液位开关作为报警及联锁。

对于储存清洁液体的储罐及容器的液位、界面报警及联锁，宜选用浮球式液位开关；对于储罐内介质对音叉无粘连的液位报警及联锁，宜选用音叉液位开关；对于碳钢储罐及容器的液位测量，宜选用外贴-非接触式超声波液位开关；对于不锈钢、合金钢及碳钢带内衬的储罐及容器的液位测量，可选用接触式超声波液位开关。

目前，覆土油罐和洞式油罐的液位测量及高低液位报警多选用磁致伸缩液位计；地上油罐的液位测量及高低液位报警可选用雷达液位计、伺服液位计或磁致伸缩液位计；液位的高高、低低报警联锁多选用音叉液位开关。

（六）控制阀及执行机构

1. 控制阀

控制阀分为调节阀、自力式调节阀和开关阀。

调节阀的选型应根据用途、工艺条件、流体特性、管道材料等级、调节性能、控制系统要求、防火要求、环保要求、节能要求、可靠性及经济性等因素来综合考虑。调节阀宜按结构形式和应用分为直行程调节阀、角行程调节阀、特殊调节阀、防喘振调节阀和蒸汽减温减压器。

自力式调节阀宜用于调节公用工程介质，如空气、氮气、燃料气、蒸汽、水、润滑油和燃料油等，也可用于调节清洁、无毒、无腐蚀性的工艺介质。

油库内使用最多的是开关阀，一般选用闸阀、球阀和蝶阀。

2. 执行机构

执行机构可选用气动型、液压型或电动型。

一般情况下，储备油库未设置仪表空气系统，因此，不会选用气动执行机构；电动执行机构供电电源为380V AC、50Hz三相或220V AC、50Hz单相，不满足洞式油罐和覆土油罐所在罐室对应的爆炸危险区域电气设备防爆等级要求；电液执行机构尺寸较大，洞式油罐和覆土油罐罐室及部分在役地上油罐罐前空间无法满足其安装要求。结合储备油库的实际情况，地上油罐阀门常选用电动型执行机构，当罐前空间满足安装要求时，也可选用液动型执行机构；洞式油罐和覆土油罐阀门采用手动操作。

电动执行机构采用点对点连接或通信总线的方式接入可编程控制器，全行程开关时间小于90s。

三、油库自控系统组成

油库自控系统方案应根据油库规模、承担任务、建设投资、运行成本和人员素质等因素综合确定，一般由油罐管理、铁路收发油、公路发油、可燃气体检测报警、紧急切断和控制室（第三方系统）等子系统组成。

（一）油罐管理子系统

油罐管理子系统通过对油罐内液位高度、油品存量、平均温度、压力、油水界面等数据实时自动检测计量，从而获得准确的油品运行参数，克服了以往测量方法的不足，解决了传统测量方法测量精度低、可靠性差、油水界面不清、平均温度不准等问题，是实现油库管理自动化、信息化的关键基础。

1. 系统方案

油罐管理子系统有液位法和混合法两种方案。

液位法通过液位计和温度计对油品相关参数进行测量，安装于现场的罐旁指示表显示工作参数，将采集的数据实时上传至中心控制室，达到实时监测油品液位和温度等参数及状态、计量静态油品数量以及油罐液位报警的目的。

混合测量法利用液位计测量油罐内的液位高度，并通过压力变送器获取液位高度下的静压力值，同时使用单点或多点温度计测量介质的温度。通过这些参数，结合一定的计算公式，可以得到油品的计量参数。混合测量法适用于各种贸易方法，能够提供全面的油品计量功能。它不仅可以用于体积交接贸易，也可以用于商业质量交接贸易。此外，该方法具有较高的准确性和可靠性，能够满足现代油库对高精度计量的需求。系统还可以通过网络架构实现远程监管和数据上传，便于油库的现代化管理。

2. 系统组成

油罐管理子系统主要由通信接口单元、液位计和温度计等组成，系统通过总线方式将数据上传至监控层服务器。

现场仪表：包括液位计、单点或多点温度计、压力变送器和罐旁指示表。

通信接口单元：包括集线器（内含 485/232 信号转换卡）、安全栅（如果选用本安型）、电源等配件。

计算机和管理软件：根据现场采集的相关数据，通过计算机和管理软件对油品进行监测、计量及日常管理。

3. 管理软件

油罐管理系统软件有单机和网络版，网络版功能最全，其功能详述如下。

（1）实时监测油罐状态

①实时测量油罐状态：液位、温度、界位等。

②实时监测油品作业状态：收油、发油、倒罐。

③主动关注（聚焦）动态油罐：关注"正在发生事件"的油罐，提高访问频率。

④分区或分组显示油罐状态：按定义的分区管理显示油罐状态、按油品种类或作业状态分组显示油罐状态。

（2）油罐状态实时报警

①液位、温度的监视与报警：高低液位报警、温度报警。

②异常事件监视与报警：混油报警、流速报警、泄漏报警、防管道泄漏报警与防盗报警。

（3）实时监测与计量存货数量

①实时计算瞬时修正系数：温度–体积修正系数、温度–密度修正系数。

②计算和显示油品容积和质量存量：依据液位、界位、油罐容量表和体积修正系数计算油品容积；依据容积、密度和密度修正系数，计算油品质量。

③实时计算和显示油库油品存货：用棒图和数据表显示所有油品的即时存量和空容量、体积、质量。

（4）油品计量管理与控制

①油罐自动计量：根据油罐自动计量数据，对收发油进行记录或控制，实时比对数量差异。

②实时计算和显示当日收发油动态：从零时起的收油量、发油量和输转量。

③进销存管理：管理油库的进、销、存（结合发油控制系统）。

④生成、预览及打印报表：油品计量日报表、油品计量统计月报表、油罐计量原始记录、群罐动态登记日表、单罐动态登记月表、油罐工况记录等。

⑤油品出入库数量分析和预测：按季节、周等进行分析及预测。

（5）查询历史状态和事件　油罐运行参数记录、设备状态、报警与故障事件等。

（6）系统参数设定与修改

①设定和修改系统参数：设置油罐数量、油罐编号、运转状态、增减油品种类、设置通信参数、定义区域。

②设定和修改油罐参数：设定油罐高度、安全高度、油品种类、液位和界位的基准零点、液位界位的高低报警值、修改日期及修改人等。

③设定、修改和自动修正油罐容量表：用户可以自行修改油罐容量表。

（7）通信监视和权限管理

①动监视通信状态：通信正常与否、数据是否可信、通信状态报警。

②软件系统操作权限管理：用户注册、修改删除、口令修改、操作权限管理。

（8）远程监控与管理

①远程监测管理：主任室、计量室通过网络连接现场控制室的数据采集服务器，通过Web浏览器实现与现场计算机相同的监测、管理功能。

②远程监控与维护：用户可远程修改参数，功能可与现场完全一样，功能可选，每一台现场计算机都提供访问接口。

③远程诊断：如果得到授权，远程计算机可以对油罐液位计进行在线诊断。

4. 系统配置

油罐管理子系统主要配置见表2-24。

表2-24　油罐管理子系统主要配置

序号	设备名称	安装位置
1	磁致伸缩液位计	覆土油罐、洞式油罐
2	磁致伸缩液位计或伺服液位计	地上油罐
3	硬杆磁致伸缩液位计	卧式油罐
4	单点温度计	覆土油罐、洞式油罐
5	多点温度计	地上油罐
6	罐旁指示表	地上油罐、覆土油罐、洞式油罐
7	通信接口单元	中心控制室、铁路现场控制室、罐区现场控制室
8	隔离安全栅	中心控制室、铁路现场控制室、罐区现场控制室

续表

序号	设备名称	安装位置
9	防雷模块（信号和供电）	中心控制室、铁路现场控制室、罐区现场控制室
10	交换机	中心控制室、铁路现场控制室、罐区现场控制室
11	不间断电源（UPS）	中心控制室、铁路现场控制室、罐区现场控制室
12	监控主机	中心控制室
13	油罐管理软件	中心控制室

（二）铁路收发油子系统

1. 系统方案

栈桥上每个鹤位设防静电溢油保护装置，每套鹤管设置液位开关和高高液位开关，现场声光报警并远传至中心控制室。

发油作业时，防静电溢油保护装置设有两级液位报警。当铁路罐车油品液位达到第一级报警设定值时，触发安装在装卸鹤管的高液位开关，发出声光报警，人工关闭装卸鹤管阀门；当铁路罐车油品液位达到第二级报警设定值时，触发安装在装卸鹤管的高高液位开关。联锁分两种情况：一种是当采用自流发油时，报警联锁关闭主管道电动阀；另一种是当采用泵送发油时，联锁关闭主管道电动阀并停泵。

输油泵出口管道设置压力仪表，现场就地显示压力测量信号并远传至中心控制室。

油气回收系统与铁路发油过程实现联锁，发油时启动油气回收装置，可减少发油时油气泄漏。

铁路收发油采用可编程控制器控制系统，通过可编程控制器与中心控制室的业务管理设备连接。

作业区油泵房（棚）设置铁路现场控制室，内设可编程控制器主站和监控计算机，通过采集铁路装卸、铁路罐车高液位和高高液位报警信号、油泵房（棚）的检测仪表和阀门的信号、输油泵的控制信号，并进行处理后，实时显示在铁路现场控制室的监控计算机上，同时远传至中心控制室。

系统可以实现以下功能：

（1）铁路罐车高液位报警，高高液位开关报警联锁停泵、关阀；

（2）油泵转速自动调节功能（需要时），实时监测油泵运行时的电流和电压；

（3）输送泵出口管道压力监测、就地显示及远传；

（4）铁路罐车静电接地报警；

（5）收发油作业的数据采集、实时动态显示与报警、自动记录与存储；

（6）人工录入铁路罐车检尺计量数据；

（7）油气回收自带可编程控制器控制系统的主要数据上传至中心控制室；

（8）数据实时上传至中心控制室。

2. 系统组成

铁路收发油子系统主要由现场仪表（高液位开关、高高液位开关、防静电溢油保护装置）、控制设备（可编程控制器、监控计算机）、执行器（输油泵、阀门）、信号传输网络（MODBUS现场总线控制网络）、显示系统（监控计算机显示）等组成。

3. 系统配置

铁路收发油子系统主要配置见表2-25。

表2-25 铁路收发油子系统主要配置

序号	设备名称	安装位置
1	压力变送器	油泵出口管道
2	高液位开关	装卸鹤管
3	高高液位开关	装卸鹤管
4	防溢油静电保护装置	栈桥
5	控制阀及执行机构	作业区和储油区工艺主管道
6	变频器（需要时）	泵控柜
7	可编程控制器主站控制柜（含编程和组态软件）	铁路现场控制室
8	可编程控制器分站	罐区现场控制室
9	油气回收可编程控制器控制柜（厂家配套）	铁路现场控制室
10	隔离安全栅	铁路现场控制室
11	防雷模块（信号和供电）	铁路现场控制室
12	交换机	铁路现场控制室

续表

序号	设备名称	安装位置
13	不间断电源	铁路现场控制室（可与油罐管理合用）
14	监控计算机	铁路现场控制室
15	铁路收发油管理软件	铁路现场控制室

（三）公路发油子系统

目前，公路发油一般采用定量装车方式，通过定量装车系统来控制公路发油。定量装车系统是一种可以精确测量和控制油品装车量的系统，它不仅可以有效提高装车效率，而且能够防止油品溢出，保证作业安全，同时减轻现场操作人员的劳动强度。

公路定量装车系统主要的特征是功能强，可实现多通道的计量控制，测、控、管一体化。随着计算机及其网络技术、光纤技术、智能控制技术、现代故障诊断技术的发展，公路定量装车系统将向集成化和网络化的方向发展，通过与油罐管理系统的有机结合，在测量精度、方便操作、安全可靠、自动管理方面均有全面的提高。

1. 系统方案

公路发油子系统采用现场总线技术，实现分布式控制、集中管理模式，采用上、下两级控制方式。定量发油控制器（下位机）实现对各个发油鹤位工艺参数的实时采集、检测、数据处理和对发油设备的控制，同时将各种检测信息、操作信息、报警信息等传送到监控计算机（上位机），监控计算机对整个系统进行监控，并完成各种报表的统计、汇总，通过局域网将数据传送到中心控制室。

公路定量装车设有防溢液位开关、静电接地等安全作业检测功能。

装车液位监测：上部装车时，通过安装在装车鹤管上的液位开关检测汽车油罐车内油舱液位情况；下部装车时，通过车载液位开关检测汽车油罐车内油舱液位情况。当油舱的液位超过设定值时，立即发出液位报警信号并联锁停止装车。

静电接地：上部装车时，通过传感型静电接地夹自动检测汽车油罐车静电接地情况；下部装车时，通过接地传感器自动检测汽车油罐车静电接地情况。当汽车油罐车与接地桩之间的回路电阻超过规定值时，立即输出静电接地报警信号。同时发出语音和灯光信号，并通过液晶屏显示报警原因，供现场人员及时了解系统工作状况。

系统可以实现下列功能。

（1）参数设置　根据发油作业需要，通过远程监控计算机或定量发油控制器设定工作参数，包括流量系数、提前量、开阀延迟时间、流体密度等。

（2）定量发油控制　确定发油工作参数后，定量发油控制器按照预定程序完成自动发油过程，当发油量达到设定值时，自动停止发油。

（3）计量功能　通过质量流量计或体积流量计，精确控制发油过程。

（4）溢油保护功能　液位超过设定值时停止发油。

（5）接地保护功能　当检测到系统接地异常时停止发油。

（6）掉电保护功能　发油过程中出现意外掉电时可保存发油参数，通电后可继续发油。

（7）数据采集功能　定量发油控制器采集流量计脉冲信号或标准电流信号，经变送器接入热电阻温度信号，也可接入防溢油、静电接地夹等开关信号。

（8）顺序控制功能　作业开始时按预定程序依次打开泵（阀），作业结束前按预定程序依次关阀（泵），完成自动发油作业。

（9）紧急停车功能　定量发油控制器和远程监控画面上均设有急停按钮。当作业现场发生紧急情况时，操作员只需按急停按钮即可立即停止发油。

（10）远程和就地实时监视功能　定量发油控制器配有液晶显示屏。就地操作时，实时显示发油进程和相关设备状态；远程操作时，监控计算机与定量发油控制器同步实时显示发油进程和相关设备状态。

（11）远程/就地发油模式转换功能　正常作业时通过监控计算机远程发油，也可根据需要在现场控制发油。每台定量发油控制器是一个完整的计量、控制和显示单元，独立于监控计算机。

（12）供电功能　定量发油控制器可通过电源输出端子为现场仪表如流量计、阀门提供24V DC和220V AC两种类型的电源。

（13）存储打印发油记录功能　监控计算机能够自动记录所有发油记录，根据自动生成发油报表。

（14）通信联网功能　定量发油控制器是一个开放系统，具有强大的通信和联网能力，可以RS485 MODBUS形式与监控计算机和其他系统相连。

（15）设备自检功能　系统具备自动检测定量发油控制器工作状态的功能，监控计算机可以远程监视定量发油控制器工作状态。当定量发油控制器发生故障时,系统会自动报警。

(16)操作权限设置　定量发油控制器通过设置操作密码来设置操作权限。

(17)发油票据的密码识别功能　提油客户在操作面板输入相应提单号和相应密码后,系统自动识别该客户名称及本次提油数量、车号、提货名称等参数。

(18)管理软件功能　生成发油单据并打印输出;远程监视和控制发油过程;发油数据自动记录及数据库生成;生成并输出发油报表;显示定量装车系统阀门、泵、流量计等设备状态;对采集数据进行分类、统计、计算等;生成日、月、季、年等各类报表;提供查询接口,可以按一个或多个查询条件查询数据库并形成相应报表;调整和设置发油控制器参数;装车台全貌显示和单鹤位显示功能。

(19)油气回收控制　采集油气回收装置自带控制系统主要数据,并与发油过程做自动联锁管理软件功能。

2. 系统组成

公路发油子系统采用定量装车方式,主要由定量发油控制器(定量发油控制仪)、流量计(质量流量计或体积流量计)、数字多段电液阀、防静电溢油保护装置、泵控器、监控计算机、开票计算机以及管理软件等组成。

3. 系统配置

公路发油子系统主要配置见表2-26。

表2-26　公路发油子系统主要配置

序号	设备名称	安装位置
1	定量发油控制器	上部发油:每个鹤位安装1台 下部发油:每座岛安装1台
2	流量计	每个鹤位安装1台
3	数字多段电液阀	每个鹤位安装1台
4	防静电溢油保护装置	装车鹤管
5	集成电路(IC)读写卡器(含卡)	公路现场控制室
6	泵控器	泵控柜
7	交换机	公路现场控制室
8	开票计算机	业务室

续表

序号	设备名称	安装位置
9	打印机	业务室
10	不间断电源	公路现场控制室
11	监控计算机	公路现场控制室
12	公路发油管理软件	公路现场控制室

（四）可燃气体检测报警子系统

可燃气体检测报警系统（GDS系统）是通过监测生产过程及储运设施中泄漏的可燃气体，在其浓度低于爆炸下限的条件下及时报警，预防人身伤害以及火灾与爆炸事故的发生。

可燃气体，又称易燃气体，甲类气体或甲类、乙A类可燃液体汽化后形成的可燃气体或可燃蒸气。对于成品油库，汽油属于甲B类易燃液体，喷气燃料属于乙A类易燃液体，它们汽化后形成的可燃气体或可燃蒸气属于可燃气体。

1. 系统方案

通过现场探测器对可燃气体释放源进行连续的检测，通过报警控制单元向报警器发出报警信号，实现现场、现场控制室和中心控制室声光报警，中心控制室能显示现场各报警装置的检测浓度、报警信号和地址。房间的机械排风设备应与可燃气体检测报警系统联动，并应设有就地和远程手动开启装置。就地通风开启装置应分别设置在室内和室外便于操作的位置。

可燃气体的检测报警采用两级报警，报警设定值分为一级报警值和二级报警值。

一级报警值为气体泄漏的高限报警，为警示性报警，提示操作人员及时到现场巡检确认，其报警设定值应小于或等于25%爆炸下限（LEL）。

二级报警值为高高限报警，一旦发生需立即提示操作人员采取紧急处理措施，报警控制单元的联锁控制从该信号引出，其报警设定值应小于或等于50%爆炸下限。

现场控制室设置报警控制单元，中心控制室设置操作员兼工程师站进行集中监控，在消防控制室设置操作员站。现场可燃气体报警数据接入消防控制系统并在中心控制室、消防值班室实时显示。可燃气报警信号接入各区的报警控制单元，并将信号上传至中心控制室可燃气报警主机。

2. 系统组成

可燃气体检测报警系统由可燃气体探测器、现场警报器、报警控制单元等组成。

（1）探测器　又称检测器，将可燃气体的浓度转换为电信号的电子设备。探测器对可燃气体释放源进行连续检测、指示、报警。

可燃气体探测器必须取得国家指定机构或其授权检验单位的计量器具型式批准证书、防爆合格证和消防产品型式检验报告；参与消防联动的报警控制单元应采用按专用可燃气体报警控制器产品标准制造并取得检测报告的专用可燃气体报警控制器。

（2）现场报警器　安装在现场，通过声、光或旋光向现场或接近现场人员发出警示的一种电子设备，能同时发出声、光两种警报信号。常见的有探测器自带的一体化声、光警报器，按区域设置的现场区域警报器。

（3）报警控制单元　接收探测器的输出信号、显示和记录被检测气体的浓度、发出声光报警信号，并能向消防控制室图形显示装置等设备发送气体浓度报警信号和报警控制单元故障信息的电子设备。报警控制单元可以采用微处理器为基础的电子产品，也可以采用专用的可燃气体报警控制器。专用的可燃气体报警控制器是指符合现行国家标准GB 16808—2008《可燃气体报警控制器》规定的质量要求且具有消防产品型式检验报告的产品。

3. 系统配置

在生产或使用可燃气体的生产设施及储运设施的区域内，泄漏气体中可燃气体浓度可能达到报警设定值时，应设置可燃气体探测器（表2-27）。

表2-27　可燃气体检测报警子系统主要配置

序号	设备名称	安装位置
1	探测器	罐前操作间、地上罐组、油泵房（棚）、铁路装卸栈桥、汽车装车棚、阀井等
2	报警控制单元	储油区、作业区

可燃气体探测器的检测点，应根据气体的理化性质、释放源的特性、生产场地布置、地理条件、环境气候、探测器的特点、检测报警可靠性要求、操作巡检路线等因素进行综合分析，选择可燃气体容易积

聚、便于采样检测和仪表维护之处布置。一般在液体泵的动密封、液体采样口、液体（气体）排液（水）口和放空口、经常拆卸的法兰和经常操作的阀门组以及有人进入巡检操作且可能积聚比空气重的可燃气体的工艺阀井、管沟等场所等周围布置检测点。

对于储备油库内主要的生产设施和储运设施，可燃气体探测器与释放源的距离如下。

（1）释放源处于露天或敞开式厂房布置的设备区域内，可燃气体探测器距其所覆盖范围内的任一释放源的水平距离不宜大于10m。

（2）释放源处于封闭式厂房或局部通风不良的半敞开厂房内，可燃气体探测器距其所覆盖范围内的任一释放源的水平距离不宜大于5m。

（3）在甲B类、乙A类液体等产生可燃气体的液体油罐防火堤内，可燃气体探测器距其所覆盖范围内的任一释放源的水平距离不宜大于10m。

（4）在甲B类、乙A类液体等产生可燃气体的铁路装卸栈桥内，在地面上每一个车位宜设一台探测器，且探测器与装卸车口的水平距离不应大于10m。

（5）在甲B类、乙A类液体等产生可燃气体的汽车装车棚内，装卸车鹤位与探测器的水平距离不应大于10m。

（五）紧急切断子系统

紧急切断子系统（ESD）主要是通过紧急切断阀来实现紧急状态时（火灾、泄漏事故等）隔断油品、防止出现潜在的事故以及将事故限制在一定范围内的系统。

1. 系统方案

油罐收油或倒罐作业时，当罐内油品液位高度达到设定值，通过单独的液位连续测量仪表或液位开关发出报警信号、关闭主管道上或地上油罐罐前的紧急切断阀以及联锁停泵。

紧急切断阀应同时具备以下关闭功能：

（1）液位高高联锁关闭进料切断阀；
（2）通过阀门本体手动关闭切断阀；
（3）在防火堤外手动按钮关闭切断阀；
（4）在中心控制室内手动遥控关闭切断阀。

2. 系统组成

紧急切断系统主要由单独的液位连续测量仪表或液位开关、可编程控制器、紧急切断系统辅操盘、控制阀及其执行机构等组成。

3. 系统配置

《油气储存企业紧急切断系统基本要求（试行）》主要是针对在役大型地上常压储罐（公称直径大于或等于30m，或公称容积大于或等于10000m³的油罐），具体要求为所有与油罐直接相连的工艺物料进出管道上均应设置紧急切断阀；紧急切断阀应设置在油罐与柔性连接之间，并采取防止水击危害的措施。

紧急切断阀的执行机构可采用气动型、液压型或电动型，并应分别满足下列要求。

（1）气动型执行机构　执行机构故障模式应为故障关（FC），并采取火灾安全保护措施。当采用单作用弹簧复位式气动执行机构时，应满足现行行业标准SH/T 3005—2016《石油化工自动化仪表选型设计规范》第10.3.6.7条的要求；当采用双作用气动执行机构时，应满足SH/T 3005—2016第10.3.6.14条的要求。

（2）液压型执行机构　执行机构的故障模式应为FC，应保证在火灾状态下阀门可处于安全位置。

（3）电动型执行机构　执行机构应配备应急电源[如不间断电源、应急电源系统（EPS）、应急发电机组等]，并采取火灾安全保护措施，满足SH/T 3005—2016第10.3.7.11条的要求。

根据多年来储备油库的作业模式，作业前会复核该批最大来油量和油罐可装油容量，保证单罐能独自接收该批油品，作业时不会出现切换油罐或同时进多座油罐的情况。考虑到执行机构动力来源、爆炸危险区域防爆要求、罐室安装空间及作业方式，洞式油罐和覆土油罐的紧急切断阀选用电动执行机构，一般设置在人工洞库主通道口部外或覆土油罐罐室外的主管道上。

中心控制室的油库可编程控制器控制系统具有逻辑联锁控制功能，实现紧急状态下逻辑触发现场紧急切断阀关闭；紧急切断系统辅操盘实现紧急状态下控制室人员手动操作按钮，远程触发现场紧急切断阀关闭。

紧急切断子系统主要配置见表2-28。

表2-28　紧急切断子系统主要配置

序号	设备名称	安装位置
1	高高液位开关	油罐罐壁
2	可编程控制器控制系统、紧急切断系统辅操盘	中心控制室

续表

序号	设备名称	安装位置
3	执行机构	地上油罐：油罐与柔性连接之间 覆土油罐和洞式油罐：主管道

（六）控制室

控制室用于安装仪表、控制系统及其他设备，具有生产操作、过程控制、安全保护、仪表维护等全部或部分功能的辅助生产建筑物的统称，一般可分为中心控制室、现场控制室、现场机柜室。

1. 中心控制室

中心控制室是整个油库的控制中心，其设置应根据项目的规模和特点，并结合管理和生产模式的不同要求确定。中心控制室位于业务综合楼内，是具有生产操作、过程控制、安全保护、报警监控及应急响应、先进控制与优化、信息存储及读取、现场监视、仪表维护等功能的辅助生产建筑物。

中心控制室应根据管理模式、控制系统规模、功能要求等设置相应房间，一般包括操作室、机柜间、不间断电源室等。功能相近的房间宜集中布置，如中心控制室可与安防监控中心共用房间。

中心控制室设自控主机、可燃气体报警主机、辅助操作台（紧急切断按钮）和声光报警灯，大屏幕显示装置与安防系统共用。安装自控系统管理软件、可燃气体报警系统等软件，完成对油罐自动计量、铁路装卸车、汽车定量装车、水路装卸船、可燃气体报警等子系统的统一管理。自控系统管理软件应具有以下主要功能：

（1）监控工艺设备的运行状态；

（2）发流量、压力设定值；

（3）显示实时数据曲线和历史趋势曲线；

（4）油罐液位锁定功能及高液位、低液位和超液位的超限报警；

（5）模拟显示工艺流程状态；

（6）采集和处理主要工艺数据，实时进行显示、报警、存储、记录、打印并生成报表；

（7）系统时钟同步；

（8）系统的数据库管理；

（9）具备当前主流的通信协议，能可靠地与其他系统通信和交换数据。

平台软件尚应具备油罐液位、温度监测；油罐体积、质量计算；气象数据；动态工艺流程显示；屏蔽错误操作、实时数据库平台、现场监控流程图、罐区报表、定时和随机打印各类报表和报警内容、运行中定时对硬件自检和软件故障诊断、系统设置口令体系；工程师、操作员分层次操作、报警打印和记录。

2. 现场控制室和现场机柜室

现场控制室位于现场，用于安装所辖区域的操作、显示、报警等设备，是具有生产操作、过程控制、安全保护等功能的辅助生产建筑物。

现场机柜室位于现场，用于安装所辖区域的仪表、控制系统机柜及其他辅助设备，是具有过程控制、安全保护等功能的辅助生产建筑物。

储油区的现场控制室一般设置在大门值班室或者油泵房，现场机柜间一般设置在变配电所。铁路作业区现场的控制室和机柜室设置在油泵房，公路作业区现场的控制室和机柜室与业务室合建或单独设置。

第七节　安全防范系统

安全是目的，防范是手段。实时监测安全威胁，综合运用多种防范手段，构建综合防控体系，保护人身安全和财产安全，维护社会安全稳定。本节结合现行国家标准GB 55029—2022《安全防范工程通用规范》、GB 50348—2018《安全防范工程技术标准》和行业标准GA 1801.3—2022《国家战略储备库反恐怖防范要求　第3部分：成品油库》的相关规定，对电子防护系统和实体防护系统进行简述。

一、安全防范系统

从广义上说，安全防范是指作好准备和保护，以应对攻击或避免受害，从而使被保护对象处于没有危险、不受侵害、不出现事故的安全状态。我国在20世纪70年代末正式引入安防系统和工程概念，标志着我国安防行业的起步。改革开放后，安防行业在中国迅速发展，安全防范技术的应用越来越广泛。安全防范工程建设已成为构建社会安全综合治理体系的重要组成部分，它服务于社会安全，更服务于社会管理、国家治理体系和治理能力现代化建设。

（一）安全防范的基本要素

安全防范系统从应激的时间空间序列上，可以粗略地分为探测、延迟和反应三个步骤。

探测：对显性风险事件或（和）隐性风险事件的感知。

延迟：延长或（和）推迟风险事件发生的进程。

反应：为应对风险事件的发生所采取的行动。

通常将探测、延迟、反应称为安全防范系统的三要素。在同一空间时间内，在时间轴上，三者的对应关系应是如下表达，否则安防系统在具体的风险事件应对过程中就是失败，没有达到安全的目的，不能发挥安全防范的作用：

$$T_{探测}+T_{反应}\leqslant T_{延迟}$$

（二）风险等级和防护级别

防护对象（单位、部位、目标）是指由于面临风险而需对其进行保护的对象，通常包括某个单位、某个建（构）筑物或建（构）筑物群，或其内外的某个局部范围以及某个具体的实际目标，也称其为被保护对象。

风险等级是指存在于防护对象本身及其周围的、对其构成安全威胁的程度。防护级别是指为保障防护对象的安全所采取的防范措施的水平。防护对象的风险等级取决于防护对象由于不良事件的发生遭受损失的可能性及损失或影响程度。风险等级被防护级别所覆盖的程度就是常说的安全防护水平。安全防范系统的防护级别一定要与被防护对象的风险等级相适应。

各类建（构）筑物由于使用目的不同，面临的安全风险各异，同一建（构）筑物内不同的部位或区域，由于使用目的、所处位置、所容纳的物品等不同，其安全风险也不同。多年来，防护对象风险等级一般是由相关行政管理部门依据国家或部门的相关法令、法规、规章针对特定领域进行一定的界定，有的也可由防护对象的拥有者依据自身条件和外界环境做出自己的综合风险判断。

作为治安领域的风险识别，防护对象的拥有者也就是安全主体，需结合国家规定和社会治安状况等，从系统内外、组织内外等多个角度试着分解各种可能风险因素，进行综合性分析。如对于入侵行为，分析入侵行为可以从被保护目标、相关非被保护目标、进攻者的静态和动态特征分析（时、空、统计行为等）、相互之间的价值与期望差等做风险分析（识别）。

（三）安全防范的基本手段

安全防范系统的使用通常是保卫工作的重要组成部分，它的科学配置和良好使用在客观上可以增强保卫力量。为了保证及时发现、制止、减少各种社会治安危害的发生、蔓延和发展，安全防范系统从逻辑上或者从执行主体上看，所采用的基本手段通常有三种，可简单划分为人力防范、实体防范和技术防范。

人力防范：具有相应素质的人员有组织的防范、处置等安全管理行为，简称"人防"。

实体防范：利用天然屏障、建（构）筑物等人工屏障、器具、设备或其组合，延迟或阻止风险事件发生的防护手段，简称"物防"。

电子防范：利用传感、通信、计算机、信息处理及其控制、生物特征识别等技术，提高探测、延迟、反应能力的电子防护手段，又称"技防"。

（四）安全防范系统的纵深防护体系

为了保证防护目标的安全性，理论和实践中采用了用空间隔离和用空间纵深换取应对时间的策略，并且要求在同一时空范围内，探测时间和反应时间之和小于纵深换取的时间。通俗地讲，就是纵深防护理念。

纵深防护就是根据被防护对象所处的环境条件和安全管理的要求，对整个防范区域实施由外到里或由里到外层层设防的防护措施。纵深防护分为整体纵深防护和局部纵深防护两种类型。纵深防护体系就是兼有周界、监视区、防护区和禁区的防护体系（图2-20）。

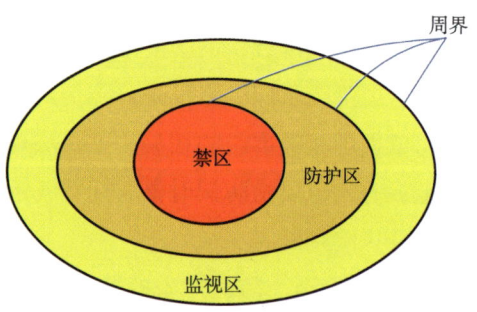

图2-20 安全防范系统的纵深防护体系

周界：需要进行实体防护或/和电子防护的某区域的边界。但人们通常专指最外侧的边界。

监视区：实体周界防护系统或/和电子周界防护系统所组成的周界警戒线与防护区边界之间的区域。

防护区：允许公众出入的、防护目标所在的区域或部位。

禁区：不允许未授权人员出入（或窥视）的防护区域或部位。

盲区：在警戒范围内，安全防范手段未能覆盖的区域。

（五）安全防范技术的专业体系

安全技术防范作为社会公共安全科学技术的一个分支，具有其相对独立的技术内容和专业体系。根据我国安全防范行业的技术现状和未来发展，将安全防范技术按照学科专业、产品属性和应用领域进行分类：

入侵与紧急报警技术；

视频监控技术；

出入口控制技术；

防爆安全检查技术；

实体防护技术；

信息传输技术；

移动目标反劫、防盗报警技术；

社区安全防范与社会救助应急报警技术；

安全防范网络与系统集成技术；

安全防范工程设计与施工技术。

由于安全防范技术是正在发展中的新兴技术领域，因此上述专业的划分只具有相对意义。实际上，上述各项专业技术本身，都涉及诸多不同的自然科学和技术的门类，它们之间既互相交叉又相互渗透，专业的界限变得越来越不明显，同一技术同时应用于不同专业的情况也会越来越多。

（六）安全防范技术特点

使用安全防范系统的目的是从各种背景环境中，发现异常或目标（或其他感兴趣的事情），根据预先的判定规则，发出报警，联动有关自动装置、发出指挥命令，从而做出一系列后续连锁反应。

1. 实用性和适用性

安全防范技术和产品的实用性体现在技术的功效明显，强调减少不必要的烦琐操作和控制，实施目标明确。适用性则代表了选择的技术和产品是恰当合理的，具有较好针对性，所谓物尽其用，满足安全防护的需要。在实际工程项目应用中，要保持与时俱进的风险意识，使得采用的产品和技术处于最佳实用和适用的状态。

2. 先进性

随着社会经济的发展、技术的进步，安全防范技术和产品会不断更新，从而得到更加有效、性能更优的安全防范技术和安全防范产品。

3. 多样性

针对各种安全防护场景，采取各种不同的探测控制手段，结合具体的管理思想，进行不同的响应方法。

4. 实时性

安全防范系统是一个实际应用系统，也被称作实战系统，其各类现场信息应及时在探测器或系统中得到响应，响应呈现给值班人员的信息应是与现场信息保持一致同步的。

5. 原始完整性

原始完整性是指安全防范系统或设备采集的数据保持采集现场原始场景特征的能力，即这些数据包含的信息与现场场景的投射特征保持最大一致性（主观评价）的程度。

在安全防范系统或其值班人员中获得的现场的信息应与现场的原始场景保持一致，特别是视频和音频信号，系统应提供原始完整性的措施保证，这也是作为法庭呈堂证供的基本条件。

二、油库安全防范体系

油库储存着大量的易燃和可燃液体，一旦被袭击破坏，将会产生极为严重的后果，储备油库属于防范恐怖袭击的重点目标。

储备油库的保护对象主要是储油设施、装卸输送设施、油品管理及财务信息。储油设施的风险等级最高，储油区为监控区，人工洞库、覆土油罐室、地面油罐组为禁区；装卸输送设施的风险等级次之，作业区为监控区，输油泵组、铁路栈桥、公路装车棚、趸船为禁区；油品管理及财务信息的风险等级最低（保密信息除外），办公楼为监控区，档案室、财务室为禁区。

储备油库的安全防范，主要包括治安防范和反恐防范，它是综合运用人力防范、实体防范、电子防范等多种手段，预防、延迟、阻止治安和暴恐事件（包括入侵、盗窃、抢劫、破坏、爆炸、暴力袭击等）的防范体系。

人力防范包括驻库警卫力量及执勤设施，储备油库内保人员及与周边企事业单位的联防机制。

实体防范系统是以安全防范为目的，综合利用天然屏障、人工屏障及防盗锁、柜等器具、设备构成的系统。实体防范应遵循安全性、耐久性、联动性、模块化、标准化等原则，根据保护对象的安全需求，针对防范对象及其威胁方式，按照纵深防护的原则，采取相应的实体防范措施延迟或阻止风险事件的发生。实体防范系统主要包括周界实体防护、建（构）筑物防护、实体装置、库外输油管道防护。

电子防范系统是以安全防范为目的，利用各种电子设备构成的系统，主要包括入侵和紧急报警、视频监控、出入口控制、访客管理、停车场管理、防爆安全检查、保安通讯、电子巡查等子系统。

通过配置相关硬件和软件，建设安全防范管理平台，对安全防范系统的各子系统及相关信息系统进行集成，实现实体防范系统、电子防范系统和人力防范资源的有机联动、信息的集中处理与共享应用、风险事件的综合研判、事件处置的指挥调度、系统和设备的统一管理与运行维护等功能。

三、电子防范系统

电子防范各子系统的基本配置包括前端、传输、信息处理（控制、管理）、显示（记录）四个单元构成。

在系统设计时，需要考虑安全性（如设备器材安全指标、信息安全、系统防破坏能力、电磁环境控制限值等）、电磁兼容性、可靠性、可维护性和环境适应性等因素。

（一）电子防范系统组成

1. 入侵和紧急报警子系统

入侵和紧急报警子系统是利用传感器技术和电子信息技术探测非法进入或试图非法进入设防区域的行为和由用户主动触发紧急报警装置发出报警信息、处理报警信息的电子系统。

入侵和紧急报警系统通常由前端设备通过选择适当类型的设备和安装位置，构成点、线、面、空间或其组合的综合防范系统。入侵和紧急报警系统按其性能分为四个安全等级，1级为最低等级，4级为最高等级。

周界围墙顶部采用蛇形刀刺网配合精确定位型振动光缆，振动光缆后端配合精确定位型光纤主机，实现±2m入侵定位精度。配套联动模块和电子地图模块，实现前端入侵报警、撤防、布防及电子地图功能，同时联动周界摄像机复核。

中心控制室、现场控制室、水电热设备机房等各安装室内型三鉴入侵报警探测器。

前端设备发出的所有报警信息通过传输系统发送至报警控制主机，报警主机对接收的所有信息进行处理，实时打印报警记录，发出声光报警，并从网络接口输出报警信息给多媒体监控计算机，在计算机电子地图上显示出报警部位并进行报警信息的存储记录，同时联动监控摄像机复核。

系统具备对隐蔽进入、强行闯入以及撬、挖、凿等入侵行为的探测与报警功能，具体如下。

（1）准确、及时地探测入侵行为或触发紧急报警装置，并发出入侵报警信号或紧急报警信号。

（2）入侵探测器和控制指示设备应具有防拆报警功能。

（3）当报警信号传输线被断路（短路）、探测器电源线被切断、系统设备出现故障时，控制指示设备应发出声、光报警信号。

（4）具有参数设置和用户权限设置功能。

（5）具有设防、撤防、旁路、胁迫报警等功能。

（6）对入侵、紧急、防拆、故障等报警信号准确指示。

（7）对操作、报警和警情处理等事件进行记录，且不可更改。

（8）单控制器系统报警响应时间不应超过2s。

（9）备用电源应能保证系统正常工作时间不少于8h。

2. 视频监控子系统

视频监控子系统，以前被称作视频安防监控系统或安防视频监控系统。它是利用视频技术探测、监视监控区域并实时显示、记录现场视频图像的电子系统。

视频监控系统由摄像机、前端设备箱、传输线路、视频综合平台（解码和大屏拼接控制）、发光二极管（LED）显示屏、存储设备和控制主机组成。

系统采用全网络数字化系统，摄像机均采用网络型数字摄像机（星光级或黑光级），室外摄像机一般采用光纤接口。固定式摄像机用于储油入口、汽车装车岛、油泵房（棚）、扫仓放空罐、大门等重要场所的定点监控；球形摄像机用于油罐顶部、铁路装卸栈桥、道路交叉口、周界围墙等的区域监控；半球形摄像机用于室内重点场所的监控。

视频信号均通过光缆传输至现场控制室接入交换机，再通过主干光缆接入监控中心安防核心交换机。

视频监控系统应根据视频图像采集、目标识别的需要和现场环境条件等因素，选择相应的设备，具备对监控区域和目标进行视频采集、传输、处理、控制、显示、存储与回放等功能，具体如下。

（1）系统的监控区域应有效覆盖保护区域、部位和目标，监视效果应满足场景监控或目标特征识别的需求。

（2）具备按照授权对前端视频采集设备进行实时控制，或进行工作状态调整的能力。

（3）具备按照授权实时调度指定视频信号到指定终端的能力。

（4）能实时显示系统内的所有视频图像。

（5）视频图像信息存储的时间不应少于30d，防范恐怖袭击重点目标的视频图像信息保存期限不应少于90d；有条件时，视频图像信息保存时间可按365d设计。

（6）具备设备管理、用户管理及日志管理等功能。

（7）人工智能（AI）视频分析技术。随着科学技术的发展，在条件具备时，也可采用人工智能（AI）视频分析技术，利用视频智能分析模型对实时视频进行智能识别和分析，如周界警戒及入侵检测、过线穿越检测、目标移动方向检测、目标消失和出现（遗留物）检测、人体行为分析、移动车辆识别、人脸识别、温度、烟雾火焰识别等；当检测到异常情况时，自动触发报警联动机制。

3. 出入口控制子系统

出入口控制子系统俗称门禁系统，它是利用自定义符识别和（或）生物特征等模式识别技术对出入口目标进行识别，并控制出入口执行机构启闭的电子系统。

出入口安装出入口控制装置。系统采取人车分流方式，分别设置车辆出入门和人员出入口。

（1）在人员出入口设置单通道电控摆闸，配置身份证识别、射频识别（RFID）读卡器、人脸生物识别模块及测温模块。

（2）车辆入口处设置道闸，大门的内、外侧分别设置控制主机（集成读卡器）、车辆感应线圈、车牌识别摄像机。门卫值班室设立分控室，门卫值班人员可通过分控电脑获得库内车辆及人员的出入信息，包括车辆信息、出入时间等。出入口信息通过网络接入监控中心集成控制平台。

（3）监控中心、机房、分控室、水电热设备机房等场所分别安装人脸识别-指纹门禁一体机（带出门按钮）和电磁锁。

根据通行对象进出各受控区的安全管理要求，选择适当类型的识读、控制与执行设备，具备凭证识别查验、进出授权、控制与管理等功能，具体要求如下。

①安装于受控区以外的部件应采取防拆保护措施。

②疏散通道的出入口控制点应满足紧急情况下人员不经凭证识读操作即可通行的要求。

③断电开启的出入口控制点配置备用电源，并应确保执行装置正常

工作时间不少于48h。

④当系统与其他非安防业务系统共用凭证或凭证为"一卡通"应用模式时，出入口控制系统应独立管理。

⑤执行装置的连接线缆位于该出入口的受控区以外的部分应封闭保护。

4. 访客管理子系统

访客管理子系统是楼寓对讲系统在油库出入口控制的一种应用模式，有联网型可视及非可视系统两种模式，主要由中心管理机、（可视）门口机、中间传输控制设备、系统电源、传输介质等部分组成。门口机通过对卡片特征信息、生物特征信息的识别，实现对人员出入的控制管理。

5. 停车场管理子系统

停车库（场）作为出入口控制系统的一种应用模式，在识读、控制、执行等方面的技术功能要求和指标方面，应符合出入口控制的相关规定。在通道功能设置方面要与其他停车场设施（通道形式、车位布置、标志标线）以及所针对的车辆种类（小型车辆、大型车辆等）、性质（固定车辆、临时车辆、储值车辆等）、流量（通行能力）等相协调、配套。使不同的出入口设备配置，满足不同的应用需求。

6. 防爆安全检查子系统

防爆安全检查子系统是一种对人员和车辆携带、物品夹带的爆炸物、武器和（或）其他违禁品进行探测和（或）报警的电子系统，具备对违禁品进行实时探测、显示、报警和记录的功能。防爆安全检查系统应由具有专业能力的安全检查人员操作。

安全检查对象包括进入保护单位或区域的人员、物品和车辆。安全检查检测的违禁品主要包括以下几类。

（1）武器类（枪支、管制刀具等）。

（2）爆炸类（弹药、爆破器材、烟火制品等）。

（3）易燃易爆物品类（氢气、天然气等压缩气体和液化石油气、氧气、水煤气等液化气体）。

（4）毒害品类（氰化物、汞、剧毒农药等剧毒化学品等）。

（5）腐蚀性物品类（盐酸、氢氧化钠、氢氧化钾、硫酸、硝酸等）以及放射性材料、化学毒气等。

安全检查设备、设施包括以下几种。

①手持式金属探测器。

②通过式金属探测门或成像式人体安全检查设备。

③微剂量X射线安全检查设备。
④痕量炸药探测仪。
⑤危险液体检查仪。
⑥车底成像安全检查设备等。

除此之外，防爆安全检查子系统配备防爆处置设施，包括防爆毯、防爆球或防爆罐等，配备数量可根据安全检查现场实际情况和需求来确定。

为防止进入被保护场所的人员、物品、车辆携带或夹带违禁品进入，在出入口专门设置安全检查区，在检查区内设置视频监控装置，实时监视安全检查现场情况，通过安全检查设备的探测、识别，配合人工专业检查，实现探测、发现并阻止禁限带物品进入保护单位或区域的目的。

在检查过程中产生的安全检查信息包括安全检查设备报警信息、安全检查图片信息、图像信息、安全检查区域视频图像信息等，可以在设备上存储，也可以拷贝到其他介质上存储，存储时间应大于或等于90d。

通常情况下，除行政管理区对内出入口外，其他出入口设置车底检测摄像机。门卫值班室配置金属探测安检门和X射线安检机，检查进库人员是否携带违禁品。

7. 保安通信子系统

保安通信包括有线电话和无线对讲两种通信方式。有线电话与业务调度电话合并建设，程控电话交换机设置于监控中心，在洞库主通道、覆土油罐室入口、地面油罐组周边，以及办公室、值班室、分控室设置有线电话机。无线对讲应申报无线通信专用频点，根据场地条件设置基地台和中继台，手持对讲设备应符合油库防爆要求。

8. 电子巡查子系统

电子巡查子系统是一种对巡查人员的巡查路线、方式及过程进行管理和控制的电子系统，分为在线式和离线式两种形态。随着技术的发展，系统产品形态出现了较大的变化，如通过移动通信技术使用手机、平板电脑等作为巡查终端，也是在线式电子巡查系统的一种应用形式。

电子巡查子系统具备巡查线路设置、巡查报警设置、巡查状态监测、统计报表、联动等功能。通过预先编制的巡查方案，实现对人员巡查的工作状态进行监督管理，在线式电子巡查系统能对不符合巡查方案的异常情况及时报警提示。

（二）安全防范系统集成

1. 集成（联网）

根据各类信息资源共享、交换的实际需要以及系统复杂程度，选择下列一种或多种系统集成（联网）方式。

（1）通过不同子系统设备之间的信号驱动实现的简单联动方式。

（2）通过不同子系统管理软件之间的通信实现的子系统联动方式。

（3）通过安全防范管理平台实现对安全防范各子系统以及其他子系统集中控制与管理的集成方式。

（4）通过对多级安全防范管理平台的互联，实现大范围、跨区域安全防范系统的级联方式。

（5）根据安全防范管理的需要，安全防范系统还可与其他业务系统进行集成、联网的综合应用方式。

2. 传输网络

传输网络依据传输技术的不同，可分为有线网络、无线网络及其混合网络。有线网络按照传输介质的不同，可分为光纤网络和电缆网络。目前，常见的主干传输网络优先采用独立设置的专用的互联网协议（IP）光纤网络。

安全防范系统宜采用专用传输网络，可采用专线方式或公共传输网络基础上的虚拟专网方式。高风险保护对象的安全防范系统应采用专用传输网络。

传输网络宜采用以监控中心为汇接（核心）点（根节点）的星形（树形）传输网络拓扑结构。系统传输的通信链路应满足系统的信息传输、交换和共享应用的需要，通信链路的指标包括传输衰耗、网络带宽、延时、延时抖动和丢包率等。

当有线传输不具备条件时，可采用具有相应安全措施的无线传输方式。

3. 安全防范管理平台

安全防范管理平台是安全防范系统集成与联网的核心，应具有集成管理、信息管理、用户管理、设备管理、联动控制、日志管理、数据统计、系统校时、预案管理、人机交互、联网共享、指挥调度、智能应用、系统运维、安全管控等功能。

（1）集成管理　对安全防范各子系统进行统一管理与控制，实现各子系统的高效协同工作。

（2）信息管理　实现系统中报警、视频图像等各类信息的存储管理、检索与回放等管理。

（3）用户管理　对系统用户进行创建、修改、删除和查询，对系统用户划分不同的操作和控制权限。

（4）设备管理　对安全防范系统设备的运行状态进行监测，对系统内设备进行统一编址、寻址、注册和认证等管理。

（5）联动控制　实现相关子系统间的联动，并以声和（或）光和（或）文字图形方式显示联动信息。

（6）日志管理　对系统用户的操作、系统运行状态等进行记录、查询、显示。

（7）数据统计　对系统数据进行统计、分析，生成相关报表。

（8）系统校时　对系统及设备的时钟进行自动校时，计时偏差应满足管理要求。

（9）预案管理　针对不同的报警或其他应急事件编制、执行不同的处置预案，并对预案的处置过程进行记录。

（10）人机交互　系统软件应提供清晰、简洁、友好的中文人机交互界面。

（11）联网共享　支持安全防范系统各级管理平台或分平台之间以及与非安防系统之间的联网，实现信息交换与共享；信息传输、交换、控制协议应符合国家现行相关标准的规定。

（12）指挥调度　支持通过对各类信息的综合掌控，实现对资源的统一调配和应急事件的快速处置。

（13）智能应用　宜支持通过对视音频信息的结构化分析、大数据处理等智能化手段，实现对关注目标的自动识别、风险态势的综合研判与预警。

（14）系统运维　宜支持对系统和设备的运行状态进行实时监控，对设备生命周期进行管理；及时发现故障，保障系统和设备的正常运行。

（15）安全管控　采取安全防控措施，保障系统、设备及传输网络的安全运行；宜支持对系统、设备及传输网络的安全监测与风险预警。

4. 信息共享应用模式

根据安全防范系统信息共享应用的实际需要，设置客户端和（或）分平台。客户端和（或）分平台宜基于系统专用传输网络进行规划设计。安全防范管理平台也可通过边界安全隔离措施与基于其他网络环境建设的安全防范系统和（或）其他业务系统实现信息的交换与共享。

5. 存储管理模式

根据集成方式、信息安全的需要确定系统中的信息存储模式，数据存储管理模式可分为分布存储分布管理、分布存储集中管理、传统集中存储集中管理、云存储管理等多种模式。

分布存储分布管理模式是指各子系统独立存储自身数据，独立管理界面，各自授权。

分布存储集中管理模式是指各子系统独立存储数据，独立管理，但可以提供统一的集成界面，集中管理所有数据。

传统集中存储集中管理模式是指对各子系统的数据集中一个地点存储、由统一的管理平台进行管理授权，各子系统可以直接控制各自所属的数据，但系统不可分割。

云存储是指通过集群应用、网格技术或分布式文件系统等方法，将网络中大量各种不同类型的存储设备通过应用软件集合起来协同工作，共同对外提供数据存储和业务访问功能的一个系统，保证数据的安全性，并合理调配存储空间。

云存储管理模式是指通过云存储架构对各子系统的数据进行统一存储管理。物理上，这些数据的存储地点可以集中在一起，也可以分布在多地，但数据的完整性一致性高，由统一的管理平台管理，具有更高的数据输入（I）/输出（O）能力，便于后续的大数据共享应用。各子系统可通过云存储专用接口对相关数据进行访问。

6. 系统供电

根据安全防范系统及其设备的分布特点、供电条件和安全保障需求，确定供电模式和保障措施。供电模式可以分为集中供电模式、本地供电模式和混合供电模式。

集中供电模式：对监控中心和前端负载统一提供电源，主电源或备用电源由监控中心统一接入，通过配电箱/柜和供电线缆将电能输送给安防系统前端负载，根据需要可在各局部区域进行再分配。

本地供电模式：可直接将系统各前端负载就近接入配电箱/柜，由供电线缆将电能输送给该部分安防负载设备。

混合供电模式：综合运用集中供电和本地供电的模式。

安全防范系统供电的保障措施主要是保障和提升供电的可靠性，它既可以用高可靠水平的可控主电源单一供电，也可以在主电源的基础上配置自备的备用电源，包括自备蓄电池、配备发电机等。

7. 接口协议

根据安全防范系统、设备互联互通以及信息共享应用的具体要求，确定系统接口以及信息传输、交换、控制协议。

接口协议通常包括各子系统前端设备与安全防范管理平台之间的接入协议、安全防范管理平台与其他系统之间的数据交换服务接口协议等。这些接口协议的统一是安全防范系统、设备互联互通以及信息共享应用的基础。

四、实体防护系统

（一）周界实体防护

周界实体防护是指针对保护对象外围周界所进行的实体防护，是安全防范纵深设计的第一道防线，主要包括周界实体屏障、出入口实体防护、车辆实体屏障、安防照明与警示标志等。

1. **周界实体屏障**

实体屏障一般分为天然屏障和人工屏障两大类。天然屏障是指能够阻止进入、妨碍穿越、遮挡视线等的自然屏障，如陡坡、沟壑等自然地貌和地形以及植被。人工屏障是指人工设计建设的、可以阻止进入、防撞、防爬、防破坏等的屏障，如围墙、栅栏、刺网等。

一般情况下，周界均设置外部高度不低于2.5m的实体围墙，围墙上方可设置防攀爬设施，如刺铁丝、刀刺网等，仅使用刺铁丝时至少3股及以上。穿越实体围墙的涵洞、孔洞等位置，应加强实体防护。

2. **出入口实体防护**

人员、车辆出入口宜分开设置。人员出入口应设置具有安检、接件、访客登记和备勤值守功能的门卫值班室。为了防止尾随，人员通道可选用适当类型的旋转门、三辊闸门或联动互锁门。

3. **车辆实体屏障**

在周界、出入口、建（构）筑物外广场等区域或部位设置被动式车辆实体屏障和主动式车辆实体屏障，以限制、禁止、阻挡车辆进入，防范车辆撞击和车辆炸弹袭击对保护对象的伤害，具有减速、吸能、阻停等防护功能。

被动式车辆实体屏障包括混凝土结构的墙体、柱体、水泥墩等。

主动式车辆实体屏障包括防撞平移大门、平开门、防撞升降柱、翻转平板路障机等。主动式车辆实体屏障可手、电动控制移动、升降、翻转，自由布防。

4. **安防照明与警示标志**

安防照明可起到威慑作用，可有效预防违法犯罪行为，同时也可增加安保人员的可视范围，同时提高电子防护系统的效力。通常选择连续照明、强光照明、警示照明、运动激活照明等安防照明措施。

警示标志通常用于警告限制进入、引导控制授权进入、阻止未经授权进入、排除意外进入保护区域，提示擅自侵入可能触发警报或者导致意外伤害。

（二）建（构）筑物防护

建（构）筑物的实体防护功能包括平面与空间布局、结构和门窗等内容。需要综合考虑建（构）筑物的功能、平面布置、建筑立面、建筑构造、结构强度等方面的因素，使建（构）筑物中的场地道路、景观、停车场、建筑内通道、房间、附属设施（管廊、管沟等）、门窗等充分发挥实体防护功能。

保护目标所在的部位或区域有防盗要求时，在门窗的设计与选型时，应按照现行国家标准采用相应安全级别的防盗安全门和相应防护能力的防盗窗；有防爆炸和（或）防弹和（或）防砸要求时，保护目标的门窗应采用具有相应防护能力和安全级别的材料和结构。举例如下。

门卫值班室与外界相邻的窗户应安装符合现行行业标准GA 844—2018《防砸透明材料》要求的防砸透明玻璃或设置防投掷网，对外出入口应设置防盗安全级别不低于现行国家标准GB 17565—2022《防盗安全门通用技术条件》中4级要求的防盗安全门。

安防监控中心出入口应设置防盗安全级别不低于GB 17565—2022中4级要求的防盗安全门。窗户应设置钢筋防护栏，或安装符合GA 844—2018要求的防砸透明玻璃。

信息机房、档案室应设置防盗安全级别不低于GB 17565—2022中3级要求的防盗安全门。

（三）实体装置

应根据保护目标的安全需求，合理配置具有防窥视、防砸、防撬、防弹、防爆炸等功能的实体装置；实体装置的安全等级应与其风险防护能力相适应。实体装置包括防盗保险柜（箱）、物品展示柜、防护罩、保护套管等。

（四）库外输油管道防护

库外输油管道的地上裸露区域应设置防攀爬设施和警示标志；埋地管道沿线应设置地面标志桩、警示标志等，阀门室（井）应设置实体防范设施。

第八节　常用设施设备维护保养

油库建设有各种各样设施设备，随着使用年限越来越长，其安全管理和使用风险也日益增加，因此设施设备维护保养是油库日常管理的重要内容，不可或缺，它关系着设施设备是否可以正常运行，关系油品的收发和储存工作是否可以正常开展。

一、储油设施设备

储油设施设备的维护保养分为日常维护保养、季维护保养和年维护保养，各种维护保养均应有记录并存档。

（一）日常维护

（1）罐体无渗漏，与油罐相连阀门完好，人孔、阀门及管路连接处牢固、密封可靠，开关状态符合工艺要求。

（2）检查维护好盘梯、平台、仪表接头、量油孔等处清洁卫生，做到无油污、鸟巢等杂物，通气孔防护网无脱落、无锈蚀。

（3）冬季定期检查清除呼吸阀阀瓣上的水珠、霜和冰，以防与其阀座间冻结。不应出现阀门卡住、结冻、安全网结冰、堵住呼吸阀的外部孔等情况；设有液压安全阀的油罐，应检查液压安全阀油位正常、液压油指标合格，检查呼吸阀进出口应无堵塞，安全阀、呼吸阀法兰与阻火器法兰连接完好。寒冷地区，冬季应及时清除外罩内外表面的霜和冰。

（4）液位计及高低位报警等完好，无异常。

（5）消防系统泡沫发生器内完好，无杂物。

（6）在特殊天气如雪、雨、风沙天气之后，按上述内容及时对储油设施设备进行维护保养。

（7）检查情况及时记录，发现的问题汇总上报，对影响安全运行的问题及时安排处理，其他问题安排保养或专项维修。

（二）季度维护

（1）日常维护保养的全部内容。

（2）进出油阀、排污阀、消防管道阀门等阀体漆面无脱落；填料函处无渗漏，做好阀杆的防腐润滑和防尘。

（3）检查罐顶表面和罐底边缘板的腐蚀情况，局部腐蚀部位重新防腐。

（4）消防泡沫发生器装置完整、无锈蚀、无阻塞。

（5）呼吸阀、安全阀、阻火器、排污阀维护保养内容，包括：

①检查呼吸阀的阀盘等部件状况，呼吸阀动作正常，确保安全；

②清理阻火器的杂物，清洗防火网（罩）；

③清理排污阀中杂物，保持畅通；

④对锈蚀的螺钉、螺栓进行保养或更换；

⑤必要时更换安全阀的密封油（推荐使用变压器油），并保持正常液位。

（6）油罐防雷接地、防静电设施完好。

（7）填写季维护保养记录，并归入油罐技术档案。

（三）年度维护

（1）季维护保养的全部内容。

（2）基础与罐底维护保养内容，包括：

①维护修补基础外缘顶面的散水坡，采取相应措施，该顶面不应积水；

②对基础进行沉降测量，测量结果不符合要求的，应及时上报修理；

③修补或修理、更换边缘板与基础顶面间密封胶或防水裙等密封，做到无裂缝、脱胶或损坏；

④罐底应无渗漏。

（3）罐壁维护保养内容，包括：

①每年对罐壁进行目视检查，如发现有疑似腐蚀部位，应对该部位做壁厚检测，评估后进行修复；

②罐壁板的几何形状和尺寸符合现行国家标准GB 50128—2014《立式圆筒形钢制焊接储罐施工规范》的相关要求。

（4）罐顶维护保养内容，包括：

①顶板间焊缝及罐顶附件焊缝不应有裂纹、开焊和穿孔；

②对中心板、每块瓜皮板及其肋板处进行坚固性检查；

③目测检查防腐涂层，对腐蚀严重部位进行测厚，必要时进行修补。

（5）附件。

①呼吸阀、安全阀、阻火器保养：按说明书要求校验呼吸阀压力，呼吸阀应开启灵活；安全阀保证正常油位，根据不同季节、地区定期换油；阻火器无杂物阻塞，防火网（罩）定期清理。

②盘梯、平台、防护栏杆应牢固、完整，无腐蚀，安全可靠。

③液位及温度检测仪表等附件完好。

（6）防雷接地　浮顶与罐体静电导出线安装牢固，齐全完整，无腐蚀现象。春秋两季检测接地电阻，电阻值宜小于4Ω。

（7）填写年维护保养记录，并归入油罐技术档案。

二、鹤管

（一）常规检查

1. 每日检查

（1）鹤管密封性能是否良好，是否有渗漏。

（2）防溢流防静电装置接线连接是否完好，连接跨接线螺栓是否牢固。

（3）扫仓管是否因风吹日晒硬化，是否满足使用条件。

（4）鹤管固定装置作用是否正常发挥，内、外臂是否在原位。

（5）完成阀门每日检查相关内容。

2. 每月检查

（1）完成每日检查内容。

（2）装卸油鹤管是否升降方便，转动灵活。

（3）所有穿线管、密封管是否严密、无松动。

（4）扫仓管接头密封垫是否老化失效。

（5）潜油泵泵头防护网是否完好、未堵塞。

（6）输油臂地脚螺丝是否牢固。

（7）锁紧装置手柄工作是否正常。

（8）输油臂防腐层是否完好。

3. 年度检查

（1）完成每日检查和每月检查内容。

（2）输油臂旋转接头是否需要更换。

（3）输油臂管壁腐蚀是否严重。

（二）维护与保养

旋转接头在正常情况下，长期内不必进行维护保养，一般使用1～2年可进行一次外观检查。如必须拆卸旋转接头，应注意保护好密封面，不得有任何损伤并保持清洁，否则将造成旋转接头的泄漏。使用2年左右应对旋转接头进行一次换油（润滑脂，牌号：ZL—3）。

每年应对弹簧缸平衡状态进行一次检修，并加入少量润滑脂，以保证装卸臂操作的灵活性。

（三）保养注意事项

牵引鹤管对位时，应用力均匀，避免撞击。作业完毕后，应将鹤管推回栈桥固定，以免发生意外事故，并将输油臂升至约60°的位置，使用平衡器处于放松状态。

三、阀门

阀门的维护保养分为日常维护和定期维护。

（一）日常维护

（1）应保持阀体及附件的清洁。

（2）检查阀门的油杯、油嘴、阀杆螺纹和阀杆螺母及传动机构的润滑情况，及时加注合格润滑油（脂）。

（3）检查阀门填料压盖、阀盖与阀体连接及阀门法兰等处有无渗漏。

（4）检查支架和各连接处的螺栓应连接紧固，阀门防腐完好。

（5）阀门的填料压盖不宜压得过紧，应以阀杆开关运动灵活为准。

（6）阀门在使用过程中，不宜带压更换或添加填料密封。

（7）阀门显示屏、指示灯等应无故障。

（8）裸露在外的阀杆螺纹要保持清洁，宜用符合要求的机械油进行防护，并加保护套进行保护。

（9）不应在阀门全关位置对阀体螺栓进行高温下紧固。

（10）检查阀门如发现损坏应及时修补。

（二）定期维护

（1）定期对阀门的手动机构，电动、液动、气动执行机构及附件进行检查和测试，保证阀门正常运行。

（2）定期清理阀门的气动和液动系统，入冬前应对阀体进行排污。

（3）对于长期关闭状态下的阀门，阀体内存油容易受热膨胀，宜定期打开阀盖丝堵泄压。

（4）冬季应注意阀门的防冻，及时排净停用阀门和管道里的积水。

（5）按说明书规定定期更换电动阀减速箱中的润滑油（脂）。

（6）定期清理或更换动力源过滤器的滤芯。

（7）定期对阀门执行机构的仪表接线盒进行严密性和防爆性检查。

（8）采用相对位置编码器的电动执行机构应定期更换电池，周期不大于3年。

（9）远控操作的阀门，应定期进行远控开关操作功能的测试。

四、消防设施

消防设施设备的巡检、维护、保养和检测可参照现行行业标准SH/T 3218—2022《石油化工消防设施维护保养技术标准》和现行国家标准GB 50974—2014《消防给水及消火栓系统技术规范》的有关规定执行。

五、油库完整性管理

油库完整性是指油库的设施设备处于安全可靠的服役状态，主要要求包括设施设备在结构和功能上是完整的；油库处于风险可控状态；油库的状态可满足当前安全运行要求。

完整性评价是指通过对油库设施的数据收集、检验检测、风险预警，采取基于风险的检测或测试技术，获取设施设备本体完整性信息，结合材料与结构可靠性等分析，对油库安全性和适用性进行全面评价，确定油库当前完整性状态的过程。

油库完整性管理流程见图2-21。

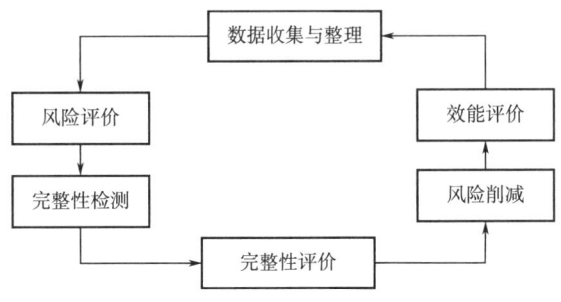

图2-21 油库完整性管理流程

（一）完整性检测

1. 检测对象

检测对象包括油罐、工艺管道、特种设备、动设备等。对于油罐的检测按照现行国家标准GB 50128—2014《立式圆筒形钢制焊接储罐施工规范》及现行行业标准SY/T 5921—2017《立式圆筒形钢制焊接油罐操作维护修理规范》执行；工艺管道的检测按照现行特种设备安全技术规范TSG D7005—2018《压力管道定期检验规则　工业管道》执行；消防设施管道的检测按照现行国家标准GB 50974—2014《消防给水及消火栓系统技术规范》执行；仪表电气系统的检测按照现行国家标准GB/T 25921—2010《电气和仪表回路检验规范》执行。

2. 检测形式

油库设施设备完整性检测包括日常检测、定期检测和专项检测。

（1）日常检测　日常检测分为日常巡检和年度检查，包括检查油罐外观、结构以及附件情况是否满足安全使用的要求以及有无可能影响使用的腐蚀、宏观缺陷或环境因素，以目视检查为主，必要时辅以壁厚测定等方法。日常检测的检测内容可参照储油设施设备维护保养的内容。实施定期检测的年份可不再进行年度检查。

（2）定期检测　定期检测分为在线检测和开罐检测。

油罐在线检测是指不清除罐内介质，人员在罐外对油罐实施内外部检验的方式，用以确定油罐是否需要维修以及维修的优先顺序，延长油罐的检修周期等。检测内容包括但不限于油罐主体及附件宏观检查、基础沉降检测、几何形体检测、测厚等内容。可采用声发射检测或其他纳入国家标准或行业标准的可靠检测方法。

开罐检测是在油罐停运、清洗且具备人员进入检测的条件后，对油罐主体、基础、附件等设施设备进行的检测，其检测内容包括但不限于宏观检查、基础沉降检测、几何形体检测、管体腐蚀检测、厚度测定、焊缝无损检测、附件检查等。可采用漏磁、超声、射线、磁粉渗透等检测方法或其他纳入国家标准或行业标准的可靠检测方法。

开罐检测周期宜为5~7年，经过在线可靠检测分析评价油罐状况，根据评价结果，开罐检测周期可适当延长或缩短。

（3）专项检测　补偿器检测是指针对油罐补偿器本体及附件进行的外观检查、高程及壁厚测量等，可根据油罐管理及使用单位情况定期开展，具体检测按照现行国家标准GB/T 1452—2018《夹层结构平拉强度试验方法》及GB/T 12777—2019《金属波纹管膨胀节通用技术条件》执行。

防火堤检测主要包括防火堤的结构及功能的完整性、合规性等内容，具体内容参见现行国家标准GB 50351—2014《储罐区防火堤设计规范》。

3.工艺管道检测

（1）日常检查

①巡视检查：油库每日对工艺管道进行巡检，重点检查管道本体与管件的外观结构的完好性，做好异常记录，每日至少1次。

②监控检测：对工艺道重点部位和曾发生事故的部位，应制定监控措施，监控手段不限于宏观检查、超声测厚等。

（2）周期性检测

①年度检查的具体要求：由管道使用方或者有资质的检验机构按照现行特种设备安全技术规范TSG D7005—2018《压力管道定期检验规则 工业管道》的相关规定，进行综合性在线检查，每年至少1次，并做好检查记录。

年度检查的内容包括但不限于安全管理情况检查、管道运行状况检查、壁厚测定、电阻值测量、接地电阻值测量、安全附件与仪表检查；检查记录应定期存档。

②定期检验：油库的工艺管道定期检验周期按照TSG D7005—2018《压力管道定期检验规则 工业管道》相关要求执行，重点检测部位包括运行频次较低的管段、盲封头、相对位置低洼处管段、出现过泄漏的管段、应力集中以及突变管段等需要作为检测的重点部位。检测对象包括焊缝、管道本体、管件、补偿器等。

4.动设备（泵）检测

动设备的监测宜采用状态监测与故障诊断的方法，通过安装应力、应变、加速度、位移等传感器，监测动设备的动态性能，并建立故障库，对动设备的运行状态提前进行诊断及预警。

泵机组及阀门检查以宏观检查为主，主要检查泵机组有无异常震动、密封及油位状态等；主要检查阀门防腐是否完好、是否存在渗漏以及电控系统运行状况等。

（二）完整性评价

油库完整性评价包括油罐罐体和基础、工艺管道、动设备系统（泵）、自动化及仪表、阴极保护、防腐涂层、防雷防静电设施等完整性评价，必要时进行合于使用评价。油罐应在投用后6年内完成首次完整性评价，再评价时间间隔根据上一次评价结果确定。

1.罐体、附件及基础完整性评价

（1）油罐本体及基础　油罐顶板、壁板、底板和罐基础的在线检验、开罐检验及结果完整性评价按现行国家标准GB/T 30578—2014《常压储罐基于风险的检验及评价》的相关要求进行。

（2）呼吸阀　常压油罐用呼吸阀每年至少进行一次检验，检验内容包括外观检查、开启压力、通气量和泄漏量试验等。呼吸阀的外观应无异常锈蚀、泄漏和杂物堵塞；呼吸阀的开启压力、通气量和泄漏量应满足设计要求。

2. 密封系统完整性评价

密封系统完整性评价按现行国家标准GB/T 37327—2019《常压储罐完整性管理》的相关要求进行。

3. 工艺管道完整性评价

工艺管道的全面检验按照工艺管道检测要求进行。检验完成后，评价机构应当结合管道检测情况进行完整评价，并且确定管道许用参数与下次检测日期。对检测中发现的危害管道完整性的超标缺陷进行剩余强度评价，并根据剩余强度评价结果提出运行维护意见。

4. 动设备（泵）完整性评价

油库动设备主要包括泵等，宜采用可靠性的评价方法，针对动设备的运行特性、振动特性采取监测与故障诊断的方法进行。

5. 自动化及仪表系统完整性评价

自动化及仪表系统包括油库设施远传的液位仪表、温度仪表、压力仪表、流量仪表、调节阀、切断阀、可燃气体和有毒气体报警器、火灾报警器及相应的控制系统等。检验内容主要包括外观检查、清洁检查、泄漏检测（密封性检测）、示值检测、附属部件检测、供电检测，接线检测等。

自动化及仪表系统完整性评价的具体内容及要求参见现行国家标准GB/T 37327—2019《常压储罐完整性管理》。

6. 阴极保护完整性评价

油库阴极保护系统的完整性评价包括油罐罐底的阴极保护、库区的区域阴极保护以及罐内部的阴极保护等评价内容。阴极保护系统主要的测试内容包括土壤腐蚀性能检测、电性能测试、阴极保护系统测试、防腐涂层性能测量、阳地床电位检测、杂散电流测试、防腐涂层电阻测试、罐内部的检测等。具体的评价方法参见现行国家标准GB/T 37327—2019《常压储罐完整性管理》、GB/T 21246—2020《埋地钢质管道阴极保护参数测量方法》、GB/T 35508—2017《场站内区域性阴极保护》。

7. 防腐涂层完整性评价

防腐涂层完整性评价包括油罐及工艺管道的防腐涂层质量检测，具体方法参见现行国家标准GB/T 37327—2019《常压储罐完整性管理》。

8. 防雷防静电设施完整性评价

防雷防静电设施完整性评价包括外观检查、接地体的接地电阻测试、避雷网和避雷带以及浪涌保护器测试。检验以外观检查为主，检验过程中发现异常情况应进行修理或更换。投入使用后的防雷防静电装置应定期进行检验。易燃易爆环境下的防雷防静电装置接地电阻每半年检测一次，每年雷雨季节前，由具有相应资质的检验单位对接地电阻进行全面检测。具体的评价方法参见现行国家标准GB 50737—2011《石油储备库设计规范》。

第三章
成品油出入库作业管理

　　油品出入库作业是成品油库管理中的重要环节,是油库正常运行中最为频繁、安全生产风险较高的业务生产活动。采取何种方式出入库取决于油库的规模布局、发运流向和发运方式,以及当地交通条件和自然条件等,本章简述了油库常见的四种出入库作业流程与安全措施。由于油品本身属于危险化学品,加强油品出入库作业管理,确保完成日常和紧急收发任务,是作业人员必须熟悉掌握的专业知识。

第一节　铁路出入库作业流程

对于内陆的大部分油库，铁路运输是其主要的运输方式之一，具有运输能力强、覆盖范围广、受自然环境影响小、安全性高等特点。因此，在成品油库出入库作业中，铁路收发油作业仍然是最主要的作业形式。

一、作业准备

（1）作业区、储油区防雷接地、静电接地设施须完好有效。

（2）各岗位作业人员对输储油设施设备进行巡查巡检，对故障的输储油设施设备、消防器材等进行维修或更换；准备盲板、紧急封堵管夹等应急设备工具，做好应急抢修抢险准备。

（3）确认出入库油品的品名、牌号、数量以及铁路罐车数量、工艺流程和作业油罐。

（4）业务部门联系车站协商铁路罐车到站及取送车事宜；检查专用线及接地装置、信号灯、道口、行车标识、停车位置等是否具备通行入库条件；准备防溜装置；道口看护人员提前检查道口安全情况，机车进出时严禁车辆和行人闯入道口。

（5）各岗位准备结束后，向现场作业指挥汇报准备情况，现场作业指挥组织对所有岗位的准备情况进行复核确认。

（6）填写作业凭证报油库领导签发后，送交现场作业指挥组织实施作业。

二、作业实施

（一）铁路入库作业

1. 铁路罐车接运交接

铁路罐车到达专用线后，协助铁路工作人员对好车位。车辆停稳后，放置防溜装置，核对运单车号、品名和牌号，与铁路部门进行车况交接。作业前，必须连接静电接地线。

2. 数量验收

按照现行国家标准规定的方法，通过逐车采集油高、水高、油温和密度等数据，计算油品数量。如果原发数量与站台计量结果之差小于双方约定运输损耗定额（不超过现行国家标准）与互不找补幅度之和时，以站台计量数作为交接数量；如果原发数量与站台计量结果之差大于双方约定运输损耗定额与互不找补幅度之和时，要会同油品供应商或承运方，做好文字和图片的记录，向铁路部门索取货运证明，作为索赔依据。

3. 质量验收

逐车检查油品外观、水分、杂质情况，按照现行国家标准GB/T 4756—2015《石油液体手工取样法》的相关规定，手工取样进行化验。化验结果不满足相应油品国家标准的要求时，不得卸车收油。

4. 铁路罐车分组

按照输油泵流量等工艺参数综合确定单批次同时收油作业的罐车数量，然后对罐车进行分组，按组依次进行卸油。

5. 收油

装卸鹤管插入作业罐车底部；司泵工、输油工、巡管员以及油罐区计量员等岗位作业人员按照收油工艺流程依次开启作业区域内的相关阀门。

启动潜油泵和输油泵。收油作业开始后，各岗位作业人员各司其职，密切注意输油泵、电机、真空表、压力表的运行情况；观察罐车液面下降情况、作业油罐液面上升情况及油罐罐体情况；对输油管道沿线进行巡查。因故中途暂时停泵时，应当关闭相关阀门。

6. 关阀停泵

当最后一节罐车即将抽完时，缓慢关小输油泵出口阀门；当真空压力表指针归零时，迅速关闭输油泵出口阀门，立即停泵。现场作业指挥通知油罐区计量员等岗位作业人员关闭相关阀门。

7. 扫仓

当一组罐车收油完毕后，关闭装卸鹤管阀门，启动扫仓泵，将罐车底油收集至扫仓放空罐。扫仓作业前应确认扫仓放空罐有足够空余容量，扫仓作业中应密切注意罐内液面上升情况，防止发生溢油事故。

（二）铁路出库作业

1. 铁路罐车接运交接

铁路罐车到达专用线后，协助铁路工作人员对好车位。车辆停稳后，放置防溜装置，核对运单车号、品名和牌号，与铁路部门进行车况交接。作业前，必须连接静电接地线。

2. 铁路罐车检查

检查每节罐车外观和附件等是否满足发油作业要求；检查罐车内清洁情况是否满足发运油品质量要求。

3. 铁路罐车分组

按照输油泵流量或者自流发油流量等工艺参数综合确定单批次同时发油作业的罐车数量，然后对罐车进行分组，按组依次进行发油。

4. 发油

装卸鹤管插入作业罐车底部；司泵工、输油工、巡管员以及油罐区计量员等岗位作业人员按照发油工艺流程依次开启作业区域内的相关阀门。

自流发油时，依次打开相关阀门开始灌装；发油采用泵送方式时，启动输油泵。发油作业开始后，在鹤管浸没于油品之前，控制发油初始流速；各岗位作业人员各司其职，密切注意输油泵、电机、真空表、压力表的运行情况；观察罐车液面上升情况、实时关注作业油罐液面下降情况及油罐罐体情况；对输油管道沿线进行巡查。当罐车油品液面接近安全高度时，按程序打开下节罐车鹤管阀门。

5. 关阀停泵

根据中国国家铁路集团有限公司制定的《铁路危险货物运输管理规则》中对非气体类液体危险货物的体积和重量允许充装量的要求，铁路罐车充装量上限不大于95%，下限不小于83%。当最后一节罐车油品液位接近安全高度（允许充装量）时，缓慢关小鹤管和输油泵出口阀门；当油品液面达到安全高度时，立即关阀停泵。现场作业指挥通知油罐区计量员等岗位作业人员关闭相关阀门。

三、作业收尾

（一）设施设备复位

作业结束后，关闭所有油泵、阀门，设施设备相关器材复位。

（二）计量和施封

罐车收油结束后，作业油罐至少静置2h，油库计量员确认油品接收数量。罐车发油结束后，至少静置15min，对罐车进行计量；逐车检查，关闭油罐车盖，拧紧螺栓，逐车施封，打印发油计量单。罐车计量数与作业油罐油品变化的数量进行比对，数量不相符时及时查明原因。

（三）放空管道

出入库作业结束后，如需要放空输油管道，须检查与该管道连接的所有阀门启闭状态，确认无误后，打开放空罐阀门和管道补气阀对管道进行放空，较低位置处不能自流放空的管段，应启动扫仓泵或放空泵进行抽吸排空。管道放空后应及时关闭管道补气阀和放空罐阀门。

（四）现场登记检查

出入库作业结束后，各岗位作业人员及时填写作业记录，对作业现场检查清理，向现场作业指挥报告有关情况。

（五）作业总结

现场作业指挥进行作业讲评，指出存在问题，研究改进措施，并向油库领导报告作业完成情况。

（六）统计报告

对收发油数量、作业情况进行汇总，填报相关报表。

第二节 公路出入库作业流程

公路出入库作业是油库与外界发生业务往来的主要方式之一。相对其他作业方式，公路运输最大的优势在于灵活、适应力强、周转快，可小批量配送，缺点是运价高、不适合长距离、大批量运输，且由于作业时外来人员和车辆多、品种多、操作频繁，安全风险较高。

一、作业准备

（1）作业区、储油区防雷接地、静电接地设施须完好有效。

（2）各岗位作业人员对作业设施设备进行巡查巡检，对故障的输储油设施设备、消防器材等进行维修或更换；准备盲板、紧急封堵管夹等应急设备工具，做好应急抢修抢险准备。

（3）确认出入库油品的品名、牌号、数量以及汽车油罐车数量、工艺流程和作业油罐。

（4）汽车油罐车辆须取得机动车行车证和由特种设备检测机构出具

的道路运输液体危险货物罐式车辆常压罐体委托检验报告。驾驶员、押运员须取得国家规定的从业资格等相关资质。

（5）各岗位准备结束后，向现场作业指挥汇报准备情况，现场作业指挥组织对所有岗位的准备情况进行复核确认。

（6）填写作业凭证报油库领导签发后，送交现场作业指挥组织实施作业。

二、作业实施

（一）公路入库作业

1. 入场登记

对油罐车、驾驶员等人员资质逐一核实检查，确保相关资质相符、有效并登记。

2. 检查引导

车辆进入公路作业区时，进出人员按规定要求着装；检查油罐车渗油、防火罩配戴和静电接地等情况。油罐车按照规定路线驶入相应作业车位后，督促驾驶员拉手刹、车辆熄火、车钥匙放入指定位置；油库作业人员放置警戒设施，垫好防溜三角垫木；核对油品品种和数量，确认流量计起止数。

3. 数量验收

一般采用流量计或地磅交接方式。

4. 质量验收

按照现行国家标准GB/T 4756—2015《石油液体手工取样法》要求，逐车检查油品外观、水分、杂质情况，取样进行化验。化验结果不符合国家标准的要求时，不得卸车收油。

5. 收油

（1）连接卸油装置　停车到位后，连接防静电装置，并确保油罐车、接地等电位。连接油罐车与卸油装置，开启卸油工艺阀门，开启油罐阀门，做好卸油作业准备。

（2）卸车　确认车辆停稳，防静电连接正确。油泵、管道、油罐阀门开启正确，卸油品种与所用设备一致，卸油胶管连接正确、严密后，下达作业指令；开启油罐车及接口卸油阀门，开启输油泵，开始卸油。

（3）卸油过程中，密切观察连接胶管、输油泵运行及油罐液面上升情况，防止漏油、溢油。

6. 关阀停泵

油罐车收油完毕后，关阀停泵；断开耐油胶管和静电接地线，引导油罐车离开现场。

（二）公路出库作业

1. 资质检查

审核提货单、制作发油单：对油罐车、驾驶员等人员资质逐一核实检查，确保相关资质相符、有效并登记。审核提油车辆携带的提货方单据，确认无误后制作油库统一编码的发油通知单，交提货车辆。

2. 车辆入场检查

检查油罐车配戴防火罩、静电接地等情况。油罐车按照规定路线，驶入相应油品发货位。指挥车辆对好货位后督促油罐车驾驶员拉起手刹，车辆熄火，设立警戒设施，督促驾驶员将罐车钥匙放置指定位置，垫好防溜三角垫木，接好静电接地装置，检查车体、车况、容量，确认卸油阀关闭、无罐底油，核对油品品种、数量，确定流量计起止数，确认具备装油条件。

3. 发油

（1）上部灌装　将鹤管插入油罐车底部，按规定放置好防溢油装置。在鹤管浸没于油品之前，控制发油初始流速；发油时，应注意观察油罐车油面上升情况，临近发油结束时，应关小阀门，控制流速，直到发油结束。装车结束至少2min后方可打开鹤管放气阀，拔出鹤管，鹤管油空后收起鹤管并套上接油桶，盖好油罐车盖。

（2）下部灌装　装油前依次连接气相管、液相管，作业人员和驾驶员共同确认后，依次打开油罐车气相口、液相口阀门，开启装油阀门。装油结束后，依次关闭油罐车液相口、气相口阀门，随后拆除油罐车液相管、气相管，复位固定。

4. 计量和施封

一般采用流量计交接，以流量计数量为发油数量。油罐车驾驶员在发油单上签字确认，对油罐车人孔和各阀门施封。

5. 作业完毕

卸下静电接地线，引导油罐车离开现场。

三、作业收尾

（一）设备归位、现场检查

作业结束后各岗位将设备器材复位，填写作业记录，清理作业现场，及时向现场作业指挥报告有关情况。

（二）统计收发油数量

及时核对、确认当日收发油数量和油罐存油数量。

（三）放空管道

作业结束后，如需要放空管道，确认与该管道连接的所有阀门关闭后，打开放空罐阀门放空管道；对不能自流放空的较低位置，应启动扫槽泵排空。放空管道后应及时关闭管道排气阀和放空罐阀门。

（四）作业总结

现场作业指挥进行作业讲评，指出存在问题，研究改进措施。并向油库领导报告作业完成情况。

（五）统计报告

对收发油数量、作业情况进行汇总，填报相关报表。

第三节 管道出入库作业流程

管道输送具有运量大、连续性强、能耗少、运行费用低等不同于其他运输方式的独特优势，可以提高基础设施运行效率，未来会成为成品油输送重要的运输方式。

一、作业准备

（1）各岗位人员对设施设备进行巡查巡检，对故障的输储油设施设备、消防器材等进行维修或更换；准备盲板、紧急封堵管夹等应急设备工具，做好应急抢修抢险准备。

（2）管输启输前，油库与站场根据管输计划通知单，确认启输条件，详尽对接工艺情况，确定启输的时间、下载油品的品名、牌号、下载流量、下载总量。

（3）主动向站场了解本批次下载是否存在混油回掺作业，若有混油回掺作业，需根据混油比例和本批次油品《质量检验报告》的质量指标情况，制定回掺方案并严格执行。

（4）对作业油罐进行前尺计量作业；抄录流量计底数，双方签字确认数据。

（5）作业前，站库双方应共同对罐内油品取样化验、留样封存，出现质量纠纷时以收油前后封存油样进行溯源。

（6）站场根据指令导通主输流程中除进站阀以外的其他阀门，复核油库进油油罐的进油阀门状态，导通下载流程中除下载切割阀外的其他阀门全部打开。

（7）油库检查并确认管道阀门、油罐等输油工艺开启正确，会同管输站填写启输条件确认表。

（8）各岗位准备结束后，向现场作业指挥汇报准备情况，现场作业指挥组织对所有岗位的准备情况进行复核确认。

（9）填写作业凭证报油库领导签发后，送交现场作业指挥组织实施作业。

二、作业实施

（一）管道入库作业

（1）管输站开阀输油，打开进站阀，油品下载切割阀。

（2）启输完成，开始分输下载操作。

（3）通过液位监控系统确认作业油罐已正常进油，确认管道、阀门无渗漏等异常现象。

（4）化验　管输开始后按双方规定的时间节点，双方共同在管输管道的取样口采样、签字封存。

（5）巡查　各岗位按规定巡检时间、路线、内容进行巡检，防止管道泄漏。巡查内容包括阀井、管沟、罐室，重点包括阀门、法兰、呼吸阀、人孔。

（6）记录读数　输油过程按照商议的时间节点，双方共同核对流量计读数、记录管输输油流量计记录表。

（7）液位监控　定时通过液位监控系统监控作业油罐液位变化情

况，防止油罐液位超高，根据管输油计划及时安排转罐收油。

（8）入库停输前准备　接到准备停输的指令后，现场作业指挥通知全部作业人员到达现场，做好停输准备。

（9）停止下载操作步骤　接到停输指令，油库依次关闭管道沿途阀门、油罐阀门。

（二）管道出库作业

（1）反输加压操作步骤　打开反输阀门，泵出口阀开至10%，启泵，电流稳定后全开泵出口阀。

（2）输油过程中，站场和油库按照双方商议的时间节点，共同核对流量计读数，填写管输输油流量计记录表。

（3）化验　管输开始后按双方规定的时间节点，双方共同在管输管道的取样口采样、签字封存。

（4）巡查　各岗位按规定巡检时间、路线、内容进行巡检，防止管道泄漏。巡查内容包括阀井、管沟、罐室。重点检查阀门、法兰、呼吸阀、人孔。

（5）液位监控　定时通过液位监控系统监控作业油罐液位变化情况，根据管输油计划及时安排转罐发油。

（6）反输停输前准备　接到准备停输的指令后，现场作业指挥通知全部作业人员到达现场，做好停输准备。

（7）停止反输加压操作步骤　接到指令后，油库依次关闭管道沿途阀门、油罐阀门。

三、作业收尾

（1）管输作业结束后，双方人员一起记录好计量流量计读数并签字确认。

（2）油罐计量检后尺　根据双方约定方式进行后尺计量，并签字确认。

（3）质量化验　管输下载结束后应对作业油罐内油品进行取样、化验。

（4）数量交接　以站场开具的《油品计量凭证》进行交接，或以协商的交接方式（油罐交接）进行交接。

（5）各岗位作业人员填写作业记录，及时向现场作业指挥报告有关情况。

（6）作业总结　现场作业指挥进行作业讲评，指出存在问题，研究改进措施，并向油库领导报告作业完成情况。

（7）统计报告　对收发油数量、作业情况进行汇总，填报相关报表。

第四节　水路出入库作业流程

在沿海、沿江和沿河地区，成品油水路运输数量占了很大比例，是目前国内大部分炼厂资源调配到大型成品油油库运输的主要方式之一，具有运输量大、运输成本低等特点。在成品油一次出厂运输中占有重要地位。

一、作业准备

（1）水运作业区、储油区防雷接地、静电接地设施应完好有效。

（2）各岗位作业人员对设施设备进行巡查巡检，对故障的输储油设施设备、消防器材等进行维修或更换；准备盲板、紧急封堵管夹等应急设备工具，做好应急抢修抢险准备。

（3）确认业务计划　按作业计划核对船名、出入库油品品名、牌号和数量、发货时间、作业油罐。

（4）船舶靠泊　提前办理油轮靠泊申报手续，油船靠泊码头时作业人员现场就位，指挥船舶靠港，协助系缆、对位，布设好围油栏；准备相关工具，布设登船踏板或登船梯，并加设安全网。

（5）安全检查　检查船舶安全条件，按照《船岸安全检查表》逐项核对，双方签订《安全装卸油协议》。

（6）防护要求　码头作业人员应穿着救生衣、防静电工作服，佩戴安全帽等劳动防护用品上岗。

二、作业实施

（一）水路入库作业

1. 数量验收

常用的计量方式有以下三种：

（1）岸罐计量　根据作业要求，进行油罐前尺计量作业；作业结束后，再次计量作业油罐，计算收油数量，填写《量油原始记录》。

（2）流量计计量　作业前，抄写流量计起始数；作业结束后，抄写流量计终止数。

（3）油船计量　检查铅封、计量油船。按照现行国家标准规定的方法，通过逐舱采集油高、水高、油温和密度等数据，计算油品数量，填写《量油原始记录》。

质量流量计和岸罐计量方式误差小，操作方便，一般采用这两种方式。

如果原发数量与计量结果之差小于现行国家标准GB/T 11085—1989《散装液态石油产品损耗》或合同协议规定的运输损耗定额时，以计量数作为实际到库数；如果原发数量与计量结果之差大于现行国家标准或合同协议规定的运输损耗定额时，要会同油品供应商或承运方，做好文字和图片的记录，作为索赔依据。

2. 质量验收

按照现行国家标准GB/T 4756—2015《石油液体手工取样法》要求，逐仓检查油品外观、水分、杂质情况，取样进行化验。化验结果不符合国家标准的要求时，不得卸船收油。

3. 签发作业凭证

数质量确认无误后，填写作业凭证报油库领导签发后，送交现场作业指挥组织实施作业。

4. 导通入库流程

相关岗位作业人员按顺序连接静电接地设施、输油软管（输油臂），按照作业通知单，开通收油流程。

5. 复核

各岗位准备结束后，向现场作业指挥汇报准备情况，现场作业指挥组织对所有岗位的准备情况进行复核确认。

6. 启泵

通知船方开泵卸油，检查确认卸油作业流程、油罐液位显示正常方可提速卸油。

7. 巡查

相关岗位作业人员按规定巡检时间、路线、内容进行巡检，防止管道泄漏。

8. 液位监控

通过液位监控系统巡查收油罐液位变化情况，监控收油流速、压力变化情况；根据收油计划及时安排转罐收油，防止油罐溢油。

（二）水路出库作业

1. 验仓

相关岗位作业人员按照拟装油品出库管理要求验舱，船岸双方签字认可。

2. 取样化验

从作业油罐进行采样、化验，整理、记录检测和化验数据。

3. 签发作业凭证

验仓和油品化验结果确认无误后，填写作业凭证报油库领导签发后，送交现场作业指挥组织实施作业。

4. 发油数量确认

（1）油罐计量　发油前及发油后，根据要求进行油罐计量作业，确认计量数据，核算发油数量。

（2）流量计计量　发油前及发油后，抄写流量计起始码和终止码，并签字确认。

5. 导通工艺

相关岗位作业人员按顺序连接静电接地设施、发油输油臂或软管，按照作业通知单要求导通工艺流程开启码头发油作业阀门。

6. 复核

现场作业指挥会同作业人员确认各项措施已落实，并对作业流程进行复核确认。

7. 发油

通知库方作业人员进行发油作业，同时通知船方开始发油，应注意控制发油初始流速。

8. 巡查

各岗位作业人员应按规定的巡检时间、路线、内容进行巡检，防止管道泄漏。

9. 液位监控

定时巡查发油罐液位变化情况，根据发油计划及时安排转罐发油，防止油罐抽空。

10. 发油结束

（1）取样铅封　发油结束后，按要求在发油口取样、铅封，签字确认。

（2）单据交接　对发运单和出库作业凭证的数据进行复核，制作水路发货凭单，将随船油样和质量检验报告一并交给船方。

三、作业收尾

（一）设备复位

作业结束后，各岗位人员应将设备复位，填写作业记录，并清理现场，及时向现场作业指挥报告有关情况。

（二）船舶离岸

收回围油栏、安全网、扶梯等，解除系缆，指挥船舶离港。

（三）作业总结

现场作业指挥进行作业讲评，指出存在问题，研究改进措施，并向油库领导报告作业完成情况。

（四）统计报告

对收发油数量、作业情况进行汇总，填报相关报表。

第五节　出入库作业安全措施

由于油品本身固有的危险因素和出入库作业涉及岗位多、战线长等特点，使得安全工作稍有疏忽就有可能酿成事故。要从技术上和管理上采取有力措施，控制和消除各种不安全因素，加强油品收发作业安全管理，保证油品输转作业顺利进行。

一、作业场所防火防爆安全措施

（1）机车运送油品对位后要脱钩固定（安放止轮器），调整空重阀，防止溜车。

（2）油船停靠时要减速，抛锚和拉锚链时应冲水润湿和加垫。

（3）汽车入库要戴防火罩，静电接地拖刷应可靠触地。

（4）检查绝缘法兰和绝缘轨缝的可靠性，防止杂散电流窜入作业线。同一作业线和同一码头的各种装卸设备的防静电接地应为等电位。

（5）作业人员应穿戴防静电服装和鞋帽，使用防爆工具，移动照明应使用防爆灯具。

（6）鹤管或输油臂装油时要插入罐车底部，作业中作业人员应坚守岗位。

（7）在出油口淹没前的初始阶段，铁路罐车和油船的装油速度要控制在1m/s以下。

二、防止跑冒油安全措施

（1）在装卸和倒装油品作业之前，应仔细检查管道连接是否牢固严密；检查液位报警装置和联锁设备是否处于良好状态。

（2）输油作业时要巡查管道，注意观察罐内的进油情况，现场指挥员定时了解各岗位作业情况。

（3）长时间停止作业时，应放空输油管道，防止升温时胀裂管道。

（4）作业间隙，应检查相关阀门有无渗漏，并认真检查有无不安全因素。

（5）油船上的缆绳禁止挂在管道及阀门上，防止拉断油管，损坏阀门。码头与油船连接的胶管应有足够的长度，以免由于水面的涨落、船身起伏，拉断胶管。

（6）油罐进油或油罐之间相互倒装油品时，应对拟装油罐装油高度进行准确的测量，计算出实际的装油高度，以免装油时发生冒油事故。当油面接近安全高度时，应减慢流速，及时换罐。

（7）装油容量应严格控制在安全高度之内，装油过满会使油品在容器内因温度升高膨胀而从容器中冒出。

（8）维修油罐、阀门、管道及其附件时，修理人员要与有关人员密切联系。离开现场或暂时停止修理时，应将拆开的管道用盲板封堵，并就修理情况与有关人员进行书面交接；修理结束后，应经技术人员或值班员检查无误后，方可恢复使用。

（9）对严寒地区的油罐、管道、阀门等，在严冬季节到来之前，应充分做好防冻准备工作，如放尽罐底及管道内的水分，以防气温骤变而使容器、管道、阀门等冻裂或折断。

（10）对容易遭受山洪、暴雨影响的油罐、管道，应采取防洪等安全措施。油库应定期维修，并使用管理好所有阀门，使阀门保持技术状况完好。

三、防止混油安全措施

混油是指两种或两种以上不同牌号的油品混装在一起，轻则降质，重则变质。混油虽不造成数量的损失，但造成油品质量的下降。防止混油的安全措施有以下几条。

（1）接收铁路罐车（油船）油品时，要认真核对证件，逐车（舱）检查油品品名、牌号、车号、铅封等，经测量和化验合格后方可卸油。发油时，应逐罐检查是否存在其他不同品种或残油，严禁不同品名、牌号的油品混装。

（2）同一条管道的罐组，严禁混装不同品种、牌号的油品。如因设备有限，必须混装时，应先将管道冲洗干净，并在管道的有关连接处用盲板隔开。

（3）保持阀门严密，防止罐与罐窜油。油品腾空后，按规定对故障阀门进行维修或更换。

（4）在发油、倒罐作业中，发现有混油疑点或已经混油时，应立即停止作业，并将混油单独存放，待化验和上级主管部门批准后再作处理。

（5）进行收发油作业时，严禁擅自离岗，参加作业的人员不宜中途更换；如需更换，须就整个作业有关情况和注意事项与接替人员妥善交接。

（6）加强技术培训，严禁技术不熟练的人或他人操作泵房阀门。

四、油品计量作业安全措施

（1）应严格按照计量操作规程进行作业。

（2）通路梯、罐梯、平台和栏杆应维护保持结构上的安全状态。

（3）为便于上罐时手扶油罐盘梯栏杆，计量员所用器具应装包携带。

（4）应选用防爆型照明灯或手电筒。

（5）计量员作业时，应站在量油孔上风口位置；当罐内压力较高时，需要先行释放罐内压力，缓慢开启量油孔。

（6）计量员接受职业卫生、消防灭火和应急处置等培训。

（7）作业时，计量员应按规定穿戴防静电工作服、鞋、帽和口罩等防护用品。

（8）在油罐顶进行计量操作时，应采取防跌落措施。

（9）在工作场所，如有油品散落在容器顶上，应立即擦拭干净。工作中，擦拭过计量器具和已浸油的物质或废棉纱不可乱放，应集中放置在指定容器中，做好安全处理。

五、油库收发油作业安全措施

（1）收油作业前，应尽可能地把油罐底部的水和杂质除净；测量油罐空余容量，禁止边收边测量。收油时，接收油品的数量不能超过油罐的安全容量，防止发生冒油事故。

（2）收发、输转油品时，操作人员应平稳而缓慢地开启油罐或管道上的有关阀门，输送方向复核准确无误后，再启动油泵。

（3）作业过程中，要严格遵守操作规程，仔细检查油罐及呼吸阀等附属设备的运行情况，防止油罐变形损坏或发生跑油、冒油、漏油、混油事故。严禁从油罐上部注入油品。

（4）收油过程中，安排专人负责油罐的检查工作，及时观察油面的高度，准确掌握进油情况，防止油罐或管道发生跑油或冒油事故。当发现液位异常时，应采取措施，查明原因，立即消除。必要时应关阀停泵，待故障排除后再继续作业。

（5）为了防止静电危害，保证铁路和公路发油作业安全，在装车鹤管浸没于油品之前，鹤管内油品初始流速不能大于1m/s，浸没于油品后，鹤管内油品流速不能大于4.5m/s。

（6）待罐内油品充分静置后，方可进行检尺、测温和采样作业。此外，检尺、测温和采样工具还需作可靠的静电接地。严禁在进油时进行检尺、测温和采样。

六、油罐收发油作业注意事项

（一）油罐收油操作安全注意事项

（1）油罐收油作业前应检查通气管路是否正常、呼吸阀和旁通阀是否启闭灵活，避免罐内压力超过允许值而发生油罐翘底、破裂事故。

（2）根据油罐内油品的油高，计算该油罐的空余容量及该批次进出油的数量。

（3）收油完毕，及时关闭有关管道上的阀门，收回号牌并上锁，打开胀油管上的阀门。

（二）油罐发油操作安全注意事项

（1）作业前应检查通气管路是否正常、呼吸阀是否灵活，洞式油罐应及时打开油气管阀门和单向进气阀，避免罐内真空度超过允许值而发生油罐吸瘪事故。

（2）选择最佳工艺，正确操作。按流程要求，核对罐号、阀门号，确认无误后方可开启作业油罐及流程上的有关阀门，关闭胀油管阀门。

（3）及时巡检，随时观测液位变化，以掌握发油情况和设备运行情况。发油临近结束时，罐区各岗位之间要密切配合，防止泵抽空；内浮顶油罐油位应保持规定的最低安全高度。

（4）发油完毕，关闭发油罐和流程上有关的阀门，打开胀油管阀门。计量员做好发油后的计量工作，填写记录。

（三）内浮顶油罐作业安全注意事项

（1）作业期间，浮盘运行不允许超过高高液位，也不宜低于低低液位。浮盘超过高高液位时，可能会碰上消防泡沫发生器罐内组件，造成卡盘变形；浮盘低于低液位时，自动呼吸阀打开，会在浮盘下部形成气相空间，易造成爆炸事故。

（2）内浮顶罐的输转流量应与浮盘的允许升降速度相适应。

（3）浮盘高度在低于落地高度时，油罐进出油管内的油品流速应控制在1m/s以下，避免流速过快对浮盘产生冲击，保证浮盘升降平稳。

（四）卧式油罐操作安全注意事项

（1）油面高度不正常下降（或上升）时，应迅速查明原因，及时处理。

（2）在收发油作业前，要对油罐及其附属设备进行必要的检查。作业过程中，安排专人负责油罐的检查工作，监视液位是否正常，及时掌握进油情况。当发现情况不正常时，应迅速查明原因，采取应对措施，消除故障，必要时应关阀停泵，待排除故障后再继续作业。

（3）对于作业的卧式油罐，收发油作业前必须测量罐内的油面高度，计算出罐中存油量，确定需要从该罐排空的油品数量，以免作业完成放空管道油品时，造成溢油事故。

第四章

成品油数量管理

　　成品油数量管理的内容和目的是准确掌握入库、储存和出库各环节的油品数量,掌握油库运行中油品损耗情况,提升油品管理水平。本章重点介绍油品计量计算基础知识、数量损耗管理及相关措施。通过采集油品油高、水高、温度和密度以及设备流量等数据,得出油品数量,用于收储、动用和轮换时进行交接结算。

第一节 油品计量基础知识

油品计量是通过特定的测量手段确定油品数量的过程，是实现度量单位统一和量值准确可靠的关键环节。油品计量的准确性取决于计量设备、计量人员、计量时间和环境条件等因素。本节介绍法定计量单位、常见计量器具和计量容器的计量技术要求等基础知识。

一、基本概念

计量、检定、校准是测量领域中三个密切相关但又有所区别的概念，共同构成了确保测量准确性和可靠性的基础体系。

（一）计量的特性

计量是实现单位统一、量值准确可靠的活动。计量具有准确性、一致性、溯源性等特性。

1. 准确性

准确性是指测量结果与被测量真值的一致程度。由于受到多种环境因素的影响，现实生活中的测量是存在误差的，但是这个误差的区间必须在合理范围之内，因此在测量时不仅要给出被测量的值，还应给出该量值允许的误差范围，这样的测量结果才更接近于真值。

2. 一致性

一致性是指在统一计量单位、符合有关计量要求和规范的前提下，不分时间、地点，也不分何人用何种仪器使用何种方法，只要符合测量的相关要求，得到的测量结果就应在设定的范围内，体现出一致性。

3. 溯源性

溯源性是指任何一个计量结果，都能通过一条具有规定不确定度的连续比较链，与规定的计量基准进行溯源，通常是与国家或国际测量基准联系起来的特性。计量溯源是从事计量活动确保单位统一和量值准确可靠的重要途径，即测量结果都有依据，可以追溯到国家基准，乃至国际基准。

（二）检定与校准

1. 检定

检定是查明和确认计量器具符合法定要求的程序，包括对计量器具的外观检查、计量性能测试等多个环节。检定分为强制检定和非强制检定两种，根据《中华人民共和国计量法》的相关规定，对列入强制检定目录的工作计量器具，实行强制检定，未按照规定申请检定或者检定不合格的，不得使用；对强制检定目录以外的工作计量器具，使用单位应自行定期检定或者送其他计量检定机构检定。

检定是一种具有法制性的行为，计量检定必须执行计量检定规程。国家计量检定规程作为计量器具特性评定和法制管理的计量技术法规，规定了计量性能、法制计量控制要求、检定条件、检定方法以及检定周期等内容，并对计量器具作出合格与否的判定。经检定符合要求的计量器具，须出具《检定证书》；检定不符合要求的计量器具，须出具《检定结果通知书》，并注明不合格项目。

在实际工作中，使用单位应制定具体的检定管理办法和规章制度，规定本单位管理的计量器具明细目录及相应的检定周期，确保计量器具的量值准确、计量性能合格。

2. 校准

校准是在规定条件下，为确定测量仪器或测量系统所指示的量值，或实物量具的量值，与对应的由标准所复现的量值之间关系的一组操作，主要目的是确定测量设备的示值误差。校准结果可给出被测量的示值，也可提供确定示值的修正值等信息，以获得更准确的测量值。

3. 不同点

（1）校准不具法制性，是主体自愿溯源行为；检定具有法制性，是法制计量管理范畴的执行行为。

（2）校准主要用以确定计量器具的示值误差，目的是提高测量设备的准确性；检定是对计量器具的计量性能及技术要求的全面评定，主要是为了保证计量器具的合法使用，确保其在规定的误差范围内，符合法律法规的要求。

（3）校准的依据是校准规范、校准方法，可以是国家制定的统一规定，也可以是行业标准或者使用单位内部制定的；检定的依据必须是国家计量检定规程。

（4）校准不判断计量器具合格与否，只提供测量设备的修正信息，使用者可据此对测量结果进行修正，确定测量器具特性是否符合要求，通常是发校准证书或校准报告；检定要对所检的计量器具做出合格与否的判定，出具检定证书或检定不合格结果通知书，合格的计量器具可以正常使用，不合格的需要进行处理。

(三)法定计量单位

国际单位制的建立和维护就是计量的重要组成部分。国际单位制单位包括基本单位、辅助单位以及具有专门名称的导出单位。衡量长度的米(m)、质量的千克(kg)、时间的秒(s)、电流的安培(A)、热力学温度的开尔文(K)等基本单位的定义,都是通过精确的计量实验来实现的。

我国实行法定计量单位制度,确保国家计量单位制的统一和全国量值传递的统一准确可靠。具体内容和使用方法可见《中华人民共和国法定计量单位》和《中华人民共和国法定计量单位使用方法》。

油品计量中常用的单位如下。

(1)长度单位　米(m)、分米(dm)、厘米(cm)、毫米(mm)。

换算关系:1m=10dm=100cm=1000mm。

(2)体积单位　立方米(m^3)、立方分米(dm^3)、立方厘米(cm^3)、升(L)。

换算关系:$1m^3=1000L=1000dm^3=1000000cm^3$。

(3)温度单位　摄氏度(℃)。

(4)质量单位　吨(t)、千克(kg)、克(g)。

换算关系:1t=1000kg=1000000g。

(5)密度单位　千克每立方米(kg/m^3)、克每立方厘米(g/cm^3)。

换算关系:$1kg/m^3=0.001g/cm^3$,$1g/cm^3=1000kg/m^3$。如成品油中对车用柴油密度常表述为$0.8324g/cm^3$或$832.4kg/m^3$。

二、常见测量器具及技术要求

油品计量时通常会使用量油尺、测水尺、温度计、石油密度计等测量器具。

(一)量油尺

量油尺是由具有资质的实验室校准合格、具有已知精度的尺带和尺砣的组合体,用于测量容器内油品液面高度(下基准点至液面的垂直距离)或空高(上基准点至液面的垂直距离)。

1.结构

量油尺由尺砣、尺架、尺带、挂钩、摇柄、手柄等部件构成(图4-1)。尺砣一般由黄铜或其他耐油防爆且密度合适的材料制成。成品油的黏度较小，一般选用轻型尺砣（质量0.7kg）的测深量油尺。用挂钩将尺砣连接在尺带上，砣身呈圆柱形或棱柱形，下端呈圆台形，测深量油尺的零点在尺砣底端，测空量油尺的零点在尺砣的中部。所以，尺砣和旋转闭合的转动钩必须固定摇柄，不能调换或松动。尺架上装有鼓轮和轴，轴的一端连接摇柄。摇柄的作用是将尺带卷在鼓轮上，摇柄上刻有量油尺的标称长度。

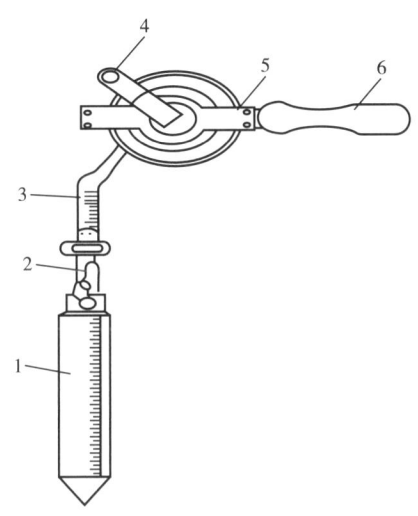

1—尺砣；2—挂钩；3—尺带；4—摇柄；5—尺架；6—手柄。
图4-1 量油尺

2. 主要技术要求

量油尺技术要求符合现行国家标准GB/T 13236—2011《石油和液体石油产品储罐液位手工测量设备》的有关规定。

（1）尺带材质　碳的质量分数约为0.8%；抗拉强度为1600～1850N/mm^2；线膨胀系数为$(11\pm1)\times10^{-6}℃^{-1}$。

（2）涂层　为保护尺带，应采用合适的抗腐蚀材料作为涂层，但不应使尺带成为绝缘体。

（3）悬挂装置　采用永久固定（如铆接）道尺带前端的悬挂装置，将测深尺砣或测水尺连接到尺带上。悬挂装置应带有防止测深尺砣或测水尺意外脱落的装置。

（4）尺寸　建议长度为5m、10m、15m、20m、25m、30m、40m和50m。

（5）刻度　刻度标记应均匀清晰，最大宽度不超过0.5mm，垂直于尺带的边缘；尺带上的作出的刻度标记应永久不变且不可擦除，标记工艺不能使尺带成为电绝缘体，而且标记刻度的技术应可以防止溶剂对刻线的破坏；刻度标记的长度应与测量单位相对应，宽度不至于降低测量精度。

（6）准确度　对于新制造的尺带和测深尺砣的组合体，从测深尺砣零点基准到30m刻度标记，尺带任一长度的最大允许误差不应超过±1.5mm；使用中的尺带和测深尺砣的组合体在30m内的最大允许误差不应超过±2.0mm。

3. 使用要求

使用量油尺前，应注意检查量油尺是否合格，必须符合以下规定：

（1）尺带不许扭折、弯曲及镶接；

（2）刻度线、数字应清晰；

（3）尺砣尖部无损坏；

（4）有检定周期内的修正值表；

（5）根据被测油品的黏度，选用不同类型量油尺，使用量油尺前应校对零点，并检查尺与挂钩是否连接牢固；

（6）量油尺使用后应擦净，收卷好，放在固定的尺架上。

（二）测水尺

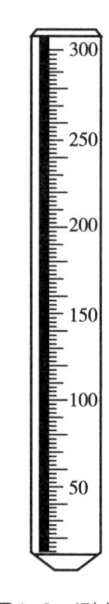

图4-2　测水尺

测水尺是测量容器底部游离水高度的计量器具，它需要连接到尺带上，与示水膏组合使用（图4-2）。测水尺技术要求符合现行国家标准GB/T 13236—2011《石油和液体石油产品储罐液位手工测量设备》的有关规定。其主要技术要求如下。

（1）材质　外部框架和导电隔离件应由不打火花的合适材料制成（如铜）。

（2）结构　应方便示水膏的使用；测水尺的顶部结构可以牢固地固紧尺带，而且不应损害测水尺的测量精度。

（3）质量　测水尺的质量至少应为0.6kg，在使用中确保拉紧尺带。

（4）刻度　测水尺应从其最底部开始刻度，可以在多个面上刻度，通常只在一面刻度，刻度标记应垂直于尺面的边缘；刻度应位于零点基准以上相同的高度。

（5）准确度　测水尺的整个工作长度（通常为350mm）上，应按厘米和毫米刻度。从零点基准到刻度尺上任意点的距离，最大允许误差应不超过±0.5mm。

（三）温度计

1. 种类

（1）膨胀式温度计　利用感温（如水银）物体随温度的变化而膨胀

或收缩的原理制成，当油面温度升高，液体膨胀上升，如玻璃液体温度计（图4-3）。特点是读数直观、使用方便、价格便宜。一般适用于对测量精度要求不是很高且油温变化较慢的场景。

（2）电阻式温度计　利用电阻随温度变化特性来测量温度的仪器，原理主要是基于金属或半导体材料的电阻。对多数金属导体来说，电阻值随温度升高而增大。半导体电阻则相反，随温度增高而减小。传感器根据石油温度变化改变电阻，并通过电路传输到显示器。相比于膨胀式温度计，精度更高、响应更快，适用于油罐、石油加工设备等。

（3）热电偶温度计　根据不同温度的两个接点电位不等产生电动势（热电势），通过测量热电势变化的大小来判断温度的高低。

（4）辐射式高温计　利用测量物体热辐射强度的原理制作的，如光学温度计。

（5）压力式温度计　利用温度变化后工作物质的压力变化测量温度的，它的结构与压力表相似。

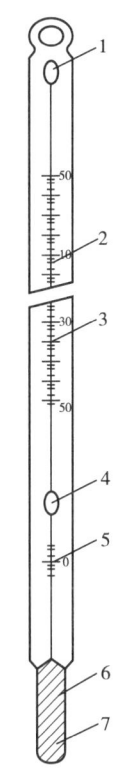

1—安全泡；2—毛细管；3—主刻度；4—中间泡；5—辅刻线；6—感温液体；7—感温泡。

图4-3　玻璃液体温度计

在日常计量工作中，主要使用玻璃液体温度计和便携式电子温度计（PET），便携式电子温度计一般为电阻式温度计。

玻璃液体温度计按感温泡与感温液柱所呈的角度可分为直型和角型温度计；按结构可分为棒式温度计和内标式温度计；按分度值可分为高精密温度计和普通温度计；按感温泡和感温液柱在被测介质内浸没深度可分为全浸式和局浸式温度计。

使用全浸温度计测温时，温度计示值以下的部分应全部浸在测温介质内，特殊情况下无法全浸时，可用下式修正。

$$\Delta t = Rn(t-t_1)$$

式中　Δt ——露出液柱的温度修正值，℃；

　　　R ——感温液体的膨胀系数（水银为0.00016），℃$^{-1}$；

　　　n ——露出液柱的度数（修正到整数度），℃；

　　　t ——被测介质的实际温度，℃；

　　　t_1 ——借助辅助温度计测出的露出液柱平均温度，℃。

玻璃液体温度计的玻璃应光洁透明，不得有裂痕和影响强度的缺陷，刻线应清晰，数字清楚，毛细管内的液柱不得中断。

便携式电子温度计是利用温度的变化引起传感元件阻值的变化，经转换电路转换成电压变化量，驱动数码显示电路显示温度值。它具有结构简单、准确度高、测温范围广的特点。便携式电子温度计可以作为精确的测量装置使用，测量罐内一个或几个点的油品温度，也可作为标准温度计使用，检验其他温度测量装置（固定安装）的准确度。

2. 主要技术要求

（1）玻璃液体温度计　石油产品试验用玻璃液体温度计应符合现行国家标准GB/T 514—2005《石油产品试验用玻璃液体温度计技术条件》和国家计量检定规程JJG 130—2011《工作用玻璃液体温度计》的技术要求。由于水银有危害，可首先使用满足实际需要准确度和分辨力的酒精玻璃温度计；最小分度值不大于0.2℃，最大允许误差为±0.3℃；玻璃棒内的毛细管液体柱不中断、不自流；玻璃棒应光滑透明，无裂痕、斑点、气泡、气线等影响读数的缺陷；温度计的刻线和数字应清晰；全浸式温度计应有"全浸"标志，局浸式温度计应有浸没标志或浸没深度；检定证书应在有效检定周期内。

（2）便携式电子温度计　应当适用于所使用的危险区域，具有本质安全或防爆特性；最低分辨力应为0.1℃；在-10~35℃范围内的准确度应在±0.2℃以内，在-25~-10℃以及35~100℃范围内的准确度应在±0.3℃以内；显示器的数字应清晰醒目。感温元件到测量仪器的连接电缆可长期浸泡在石油产品中，长度覆盖可能使用温度计的整个油罐深度，它可以按照每米间隔标记或按毫米刻度，便于将温度计降落到需要测温的液深位置；由于半导体温度计可能存在零点漂移，误差可能会由半导体自动发热引起，因此基于半导体的便携式电子温度计通常应配有零点调整装置；检定证书应在有效检定周期内。

（3）温度计修正值使用方法　经过检定合格的温度计的检定证书都会附有修正值表，在使用时应采用线性插值法（内插法）[①]计算出测量温度所对应的修正值，与测量结果相加即可。

（四）石油密度计

1. 测量原理

石油密度计是一种在液体中能垂直自由漂浮，由其浸没于液体中的

---

① 线性内插法是根据一组已知的未知函数自变量的值和它相对应的函数值，利用等比关系去求未知函数其他值的近似计算方法，是一种求未知函数逼近数值的求解方法。

深度来直接测量液体密度的仪器。当玻璃浮计在液体中平衡时,可由标尺刻度显示的浸没深度直接得到液体密度。

2. 仪器结构

石油密度计由干管、刻度标尺、躯体、压载室组成,上部是直径均匀的干管,刻度标尺紧贴于干管内,中部是空心的玻璃圆柱体躯体,下部是用玻璃隔板制成且充满金属丸的压载室。液体密度越大,密度计浸没的部分就越少;液体密度越小,浸没部分就越多,所以密度计的示值从下至上逐渐减少(图4-4)。

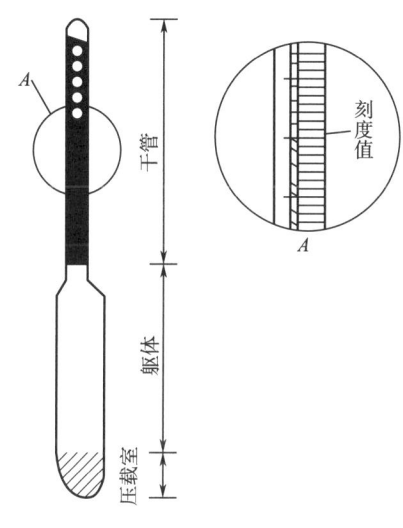

图4-4 石油密度计

3. 主要技术要求

石油密度计应符合现行行业标准SH/T 0316 1998《石油密度计技术条件》的技术要求,其测量范围及允许误差见表4-1。

表4-1 石油密度计测量范围及允许误差

系列	测量范围		每支密度计范围		任一点的最大允许误差	
	kg/m³	g/cm³	kg/m³	g/cm³	kg/m³	g/cm³
SY-02	600 ~ 1100	0.6 ~ 1.1	20	0.020	±0.2	±0.0002
SY-05	600 ~ 1100	0.6 ~ 1.1	50	0.050	±0.3	±0.0003
SY-10	600 ~ 1100	0.6 ~ 1.1	50	0.050	±1.0	±0.0010

4. 使用要求

成品油计量时,应使用SY-02型或SY-05型的密度计,最小分度值为0.0002g/cm³或0.0005g/cm³，并符合以下规定：

（1）密度计的玻璃光洁、透明、无裂痕和其他影响读数的缺陷；

（2）密度计的分度标尺刻线和数字清晰，标尺纸条牢固贴于干管内壁；

（3）密度计的金属弹丸不得有明显移动；

（4）检定证书在有效检定周期内。

（五）测量器具检定要求

常见测量器具的检定要求见表4-2。

表4-2 常见测量器具检定要求

名称	检定依据	检定周期
量油尺 测水尺	JJG 4—2015《钢卷尺》	一般为半年，最长不超过1年
温度计	JJG 130—2011《工作用玻璃液体温度计》	工作用玻璃液体温度计的检定周期可根据使用情况确定，一般为12个月
石油密度计	JJG 42—2023《工作玻璃浮计》	检定周期为1年，但根据其使用及稳定性等情况可为2年

三、常见计量容器及技术要求

成品油在储存、运输环节用于计量的容器主要有金属油罐、铁路罐车、汽车油罐车、油船等。

（一）金属油罐

油罐是储运单元中的重要设备，也是收发交接、贸易结算的重要计量器具。

1. 技术要求

金属油罐的通用技术符合现行国家计量检定规程JJG 168—2018《立式金属罐容量》的有关规定。油罐检定后，量油孔、计量板及下尺槽不得拆卸、转动、改装或改变位置，有所改变须征得检定部门同意并按规程重新进行检定。

2. 容量表使用方法

容量表是反映量器（具有一定容积并可作为计量器具的容器）内高度和容量对应关系的表格，它是根据不同形状容器的检定规程，以容器的结构形状、几何尺寸、附件体积等为依据，经过实际测量、计算后编制出来的。容量表反映了在20℃时，空容器在基准点范围内任一垂直高度下的有效容量，一般以分米、厘米为单位，按序排列编制，不足分米的（如立式罐在某一区间内，单位高度的容积不变），可单列厘米毫米容量表，也可以用线性差值法计算出容积。

（1）立式油罐 立式油罐容量表主要包括分米容量表（主表）、厘米毫米容量表（小数表）和静压力容量修正表三部分。另外还会对容量表的使用做出一些必要的说明，如容量表总页数、静压力容量修正、罐壁温度修正、计量使用液位高度、油罐最小测量容量等。

油量实际计算时，根据测量并修正后的液位高度，查找容量表即可计算出油品的体积。具体方法：首先，根据液位高度查出分米容量表中所对应的容量值；其次，根据液位高度查出厘米毫米容量表中对应的容量值；最后，根据液位高度查静压力修正量表，可以通过线性差值法计算得到液位高度对应的压力修正值。静压力容量修正表若是采用水在4℃时的密度（$1g/cm^3$）编制的，在使用时应将相应的静压力容量修正值乘于储存液体密度与4℃时水的密度（$1g/cm^3$）的比值，得其修正值。

为了计算方便，一般使用标准密度代替油品密度进行静压力修正值的计算，两种取值方式产生的计量误差可以忽略。取ρ_t和ρ_{20}计算油罐静压容量增大时，所得的容量之差只占总容量的0.00165%。

（2）浮顶罐 浮顶罐容量表的编制形式和方法与立式金属罐相同，只是在容量表检定证书说明一栏中应注明浮顶质量（kg）、浮顶最低液面起浮高度（mm）和非计量区间。使用浮顶罐容量表时，应注意油品交接计量时的液位一定要避开非计量区间，因为在这一区间内，浮顶在油罐中的状态似浮非浮，难以确定浮顶在油罐中排开液体的体积和质量。

计量时的液位高于浮顶最低起浮高度（非计量区间的上限）时，液位下的容量表体积减去浮顶排开油罐中油品在实际温度下的体积，才是油罐实际液位下油品的表载体积。

液位低于非计量区间下限时，浮顶已落在罐底支架上，液面在浮顶以下，此时容量表的使用同立式罐。一般情况下，当浮顶完全起浮时，采取除浮顶质量的方法计算油量，不扣除浮顶的排油体积。因为当油温变化时，油的密度ρ_t和体积V都有变化，所以浮顶的排油体积也有改变,但是浮顶的排油质量不变,始终等于浮顶的质量,完全符合我国石油贸易计量的要求(计量结果以质量单位结算)。

(二)铁路罐车

现阶段,铁路罐车仍然是成品油运输使用最多的载体,它既是运输工具,也是计量容器。

1. 技术要求

给出铁路罐车容积的实际值。在标记容积的83%以上,容积测量结果的扩展不确定度应满足以下要求:几何测量法,$U_r \leq 4 \times 10^{-3}$ ($k=2$);三维激光扫描法,$U_r \leq 3 \times 10^{-3}$ ($k=2$);容量比较法,$U_r \leq 2 \times 10^{-3}$ ($k=2$)。罐体应无严重损坏和变形,车辆附件使用正常、无缺失,人孔盖启闭灵活、可以进行铅封。国家铁路罐车容积计量站作为国家市场监督管理总局授权建立的国家专业计量站,负责全国范围内铁路罐车容积(含液化气体铁路罐车容积)强制检定、罐式集装箱容积检定;铁路罐车投入使用前和使用中必须经国家铁路罐车容积计量站或分站进行周期检定,并出具罐体容积表号和有效检定证书。

2. 容积表使用方法

铁路罐车容积表由基础表和系数表两个部分组成。使用时,根据罐车车体上印刷的表号确定使用的容积表,如罐车的表号是A523,应使用A500–A599表格;罐车的表号是B085,应使用B000–B099表格。查表方法:首先根据罐内油品高度,在容积表中查得基础容积V_j和系数K,然后将系数K和罐车表号后二位数相乘(如罐车表号是A523,后二位为23),最后将乘得结果与基础容积V_j相加,这就是计算后的铁路罐车容积V。计算公式:

$$V = V_j + Kb$$

式中　V——铁路罐车容积,L;

　　　V_j——液高下的查表容积,L;

　　　K——系数;

　　　b——表号后二位数。

通过国家铁路罐车容积计量软件,只需输入铁路罐车车号、车型、容积表号和测量出来的油水高度、油温、密度等参数即可得出该车装油质量,现已普及应用在各个成品油库计量工作中。

(三)汽车油罐车

汽车油罐车是公路运输散装轻质油的特种专用车,由车体、罐体、和附属设备组成，其油罐容量检定合格后，可作为计量器具用于油品交换和贸易结算。

1. 技术要求

汽车油罐车的油罐容量测量结果的扩展不确定度不大于0.25%，（$k=2$）。罐体应无渗漏变形，罐内洁净，罐体上的呼吸阀、人孔、垫圈、放油管、放油阀、排污阀、接地线以及油泵和灭火器等附属设备应齐全完好，汽车油罐车的设计、制造、安装和使用均应符合易燃易爆石油化工产品的有关安全规定。汽车油罐车使用前和使用中需经过当地技术监督部门授权的法定计量检定机构进行周期检定，出具罐容表和有效检定证书。

2. 容量表使用方法

汽车油罐车一般由1~4个油仓组成，均有计量基准点。用于油品交接计量的汽车油罐车须有经检定部门检定合格的证书和罐车容量表。罐车容量表分为"按空高"或"按实高"两种，高度间隔分为毫米、厘米两种：按毫米间隔编制的容量表，可直接根据高度查出油品体积；按厘米间隔编制的容量表，则要按照线性插值法计算出高度对应的油品体积。

汽车油罐车容量表的使用同卧式罐。汽车油罐计量的停车场应坚实、平整，坡度不大于0.5（5/1000）。

（四）油船

油船是散装油品的水运工具，可分为油轮和油驳。油轮有动力设备，可以自航，一般均有输油、扫舱、加热，以及消防设施等；油驳不带动力设备，必须依靠拖船牵引，并利用油库的油泵和加热设备装卸和加热油品。大型油轮载重数万吨，油驳载重较小，一般只有几百吨至几千吨。

1. 技术要求

检定结果的扩展不确定度要求：小型舱不大于0.3%，$P=0.95$；大型规则舱不大于0.2%，$P=0.95$；大型不规则舱不大于0.4%，$P=0.95$。油船和油驳使用前必须经过国家船舶舱容积计量站进行周期检定，并出具油轮或油驳的舱容表和有效检定证书。

2. 容积表使用方法

（1）小型油轮、油驳舱容表　小型油轮、油驳舱容表是在船舱量油孔的指定检尺位置的垂直高度上，从舱底基准点起，以1cm间隔累加至安全高度的一列高度与容积的对应值。计量时按照实际油高查舱容表，一般不作倾斜修正。有时，为了排列和使用方便，油轮、油驳舱容表只给出各段的起讫点、高差、部分容积、毫米容积和累计容积，计算容积时，取低于油高最近的讫点对应的累计容积，再加上油高和这个讫点的高差与该段每毫米容积的乘积。

（2）大型油轮舱容表　大型油轮舱容大，若计量孔不在液货舱中心，装油后船体会有不同程度的纵倾，会造成计量误差。大型油轮的液货舱一般是按空距和水平状态编制的，舱容表上注明了舱容总高（参照高度），以及与空距对应的实际高度，为了修正装油后和编容积表时船体状态不一致造成的误差，液位下的表载容积需要用纵倾修正值[①]修正。

（五）计量容器检定要求

常用计量容器的检定要求见表4-3。

表4-3　常用计量容器检定要求

名称	检定依据	检定周期
立式油罐	JJG 168—2018《立式金属罐容量》	首次检定一般不超过2年，后续检定一般不超过4年。若罐体发生严重变形、大修后或检定结果受到怀疑时，须重新进行检定
卧式油罐	JJG 266—2018《卧式金属罐容量》	首次检定一般不超过2年，后续检定一般不超过4年
铁路罐车	JJG 140—2018《铁路罐车容积》	轻油类铁路罐车检定周期一般不超过5年
汽车油罐车	JJG 133—2016《汽车油罐车容量》	首次检定与第一次后续检定间隔一般不超过1年；之后的后续检定周期一般为2年；若发生罐体变形、位移或改变其内部结构，按新油罐首次检定处理
油船	JJG 702—2005《船舶液货计量舱容量》	一般不超过3年，对于载重量大于或等于3000t的油船可延长至6年。油舱改建、严重变形或计量基准点发生变化时应申请进行后续检定

---

① 纵倾修正值表将倾斜状态下测量的高度修正到水平状态时的高度。

第二节　油品计量计算方法

油品的计量可以按照油品在计量过程中所处的状态分为静态计量和动态计量两大类。油品静态计量是对静止状态容器内的油品进行测量，并通过计算得到油品数量的过程，各类储油容器的静态计量方法基本相似，主要区别在于计量器具和所装油品品种的不同。油品处于运动状态下的计量方式称为油品动态计量，一般是指油品在管道运输过程中通过流量计测量计算得到油品数量的过程。

一、油品静态计量

油品处于静止状态下的计量方式称为油品静态计量。现阶段，国家成品油储备库的计量采用以人工测量为主、自动计量为参考的模式。油品静态计量包括容器计量和衡器计量两大部分。容器计量的基本方法是用油品在容器内的体积，乘以油品密度得到油品的质量；衡器计量的基本方法是利用各种称量原理确定作用在物体上的重力，除以重力加速度得到油品的质量。

（一）油水高度测量

高度测量操作应按照现行国家标准GB/T 13894—2023《石油和液体石油产品　液位测量　手工法》执行。

1. 检实尺

对于轻质油品应进行实尺检测。检尺操作时，操作人员应站在上风向，一手握尺带，小心地沿着计量孔的下尺槽下尺，确保尺砣不要摆动，另一手拇指和食指轻轻地固定下尺位置，使尺带下伸；当尺砣接近油面时缓慢放尺，以免破坏油面的平稳；当下尺深度接近参照高度时，用摇柄卡住尺带，手腕缓缓下移，手感尺砣触底后核对下尺深度（下尺深度应等于参照高度，即核实参照高度），以确认尺砣触底。对于轻质油品，可立即提尺读数，取液痕最靠近的刻度值；对于黏油，稍停留3~5s后提尺读数。读数时可稍摆动尺带，借助光线折射读取油痕的毫米数，先读小数、再读大数，即倒着读，先读毫米再依次读厘米、分米、米，正着报出测量高度值（米、分米、厘米、毫米）。轻质油品易挥发，读数应迅速。若尺带油痕不明显，可在油痕附近的尺带上涂示油膏。应当连续测量2次，当读数误差不大于1mm时，取第1次的读数，超过时应重新检尺。

2. 检空尺

检空尺一般用于原油、重质燃料油、重质润滑油等的计量。在轻质油品不具备检实尺条件的情况下，也可以检空尺。待油面稳定后，操作人员站在容器顶部计量孔的上风向，一手握尺，小心地沿参照点的下尺槽下尺；下尺时尺砣不要摆动，尺砣接近油面时缓慢下尺，以防破坏油面平稳。当尺砣和部分尺带进入油层后，卡住尺带，用另一手指压住尺带，对准量油孔的上计量基准点停留不少于5s后，读取与上计量基准点相重合的尺带刻线示值L。L值最好是整数，否则可将尺带继续下伸，使L值的刻线读数是厘米以上的整数。提尺后读取尺带的浸油深度L_1，$(L-L_1)$即为空间高度（空距）。容器的总高减去空间高度，即为容器内油面的高度。表达式：

$$H_1 = H - (L - L_1)$$

式中　H_1——油面高度，m；

　　　H——容器参照高度，m；

　　　L——尺带下尺高度示值，m；

　　　L_1——浸油深度，m。

空距应连续测量2次，读数误差不得超过2mm。若2次读数误差不超过1mm时，取第一次测量值；若超过1mm时，取两个测量值的平均值；若连续测量两次误差超过2mm，应重新检尺。

液位测量方法见图4-5。

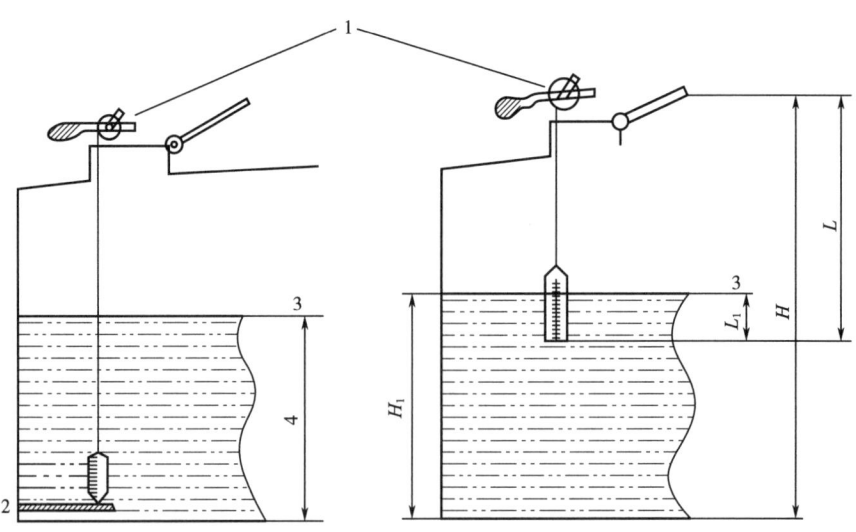

1—量油尺；2—基准板；3—液面；4—液深。

图4-5　液位测量方法

3. 水高测量

在测量容器底部水的高度时需将量水尺擦净，在估计水位的高度范围，均匀地涂上一层薄薄的试水膏，然后将量水尺在容器量油孔的指定下尺槽降落到容器内，直至轻轻地接触罐底。保持水尺垂直，一般来说，轻油浸没3~5s、重质油浸没10~30s，将量水尺提起，在试水膏变色处读数，即为容器内底水高度。

当容器内底部水高度超过300mm时，可以用测深量油尺代替量水尺，并将示水膏涂在量油尺上或将示水纸夹到量油尺上，用于测量高液位水高数值。

（二）油品温度测量

油品温度测量操作应按照现行国家标准GB/T 8927—2008《石油和液体石油产品温度测量法 手工法》的有关规定执行。测量容器内油品高度后，应立即测量油温，但不可在测量液面检尺操作前测油品温度，因为先测温会造成容器内液面扰动，使检尺不准，且检尺后才可确定测温点的位置。

1. 测量准备

测温设备可选用便携式电子温度计和油罐取样法测温装置。便携式电子温度计应选择可覆盖预期最低和最高温度范围，最低分辨力为0.1℃，准确度符合要求的产品。

油罐取样法测温装置可以选择以下两种。

（1）杯盒温度计 选择一支适合容器及温度范围的全浸水银温度计（分辨力不低于0.2℃）放入杯盒中，盒子容量至少为100mL，其几何尺寸能保证感温泡到杯壁的最近距离不小于10mm，感温泡在杯底以上（25±5）mm。

（2）充溢盒温度计 充溢盒由200mL及以上容量的圆筒和刚性连接到筒体的温度计保护管构成，选择一支适合容器内温度范围的全浸水银温度计（分辨力不低于0.2℃）放在保护管内，感温泡底部应在盒底下以上（25±3）mm的位置。

2. 测量位置

将测温设备放入容器内指定的一个或多个测温部位，具体位置根据液面高度来确定，表4-4所示为测温点位置选取和最少数目的具体要求，适用于测量接近环境温度的常压罐（油品温度与环境温度的差小于15℃）和与环境温度无关的常压保温罐罐内的液体测温。

表4-4　不同油品深度下的测温位置和最少数目

油品深度/m	最少测量点数	测量位置
>4.5	3	上部、中部、下部
3.0~4.5	2	上部、下部
<3.0	1	中部

（1）立式圆筒形金属罐　按照相当于油品深度的1/6、1/2和5/6依次计算出上部、中部和下部的位置进行测温，取各位置测量温度的算术平均值，作为罐内油品平均温度。在油面以下小于150mm或液层底部以上小于150mm的位置，不应进行温度测量。

对油品的上部、中部、下部测温时，如果其中有一点温度与平均温度相差大于1℃，则必须在上部和中部、中部和下部测温点之间各加测一点，取5点的算术平均值作为油品平均温度。

同样，油品深度分上部、下部测温时，如果其中有一点温度与平均温度相差大于1℃，则必须在上部和下部测温点之间加测一点，取3点的算术平均值作为油品平均温度。

（2）卧式圆筒形金属罐　在充满或接近充满的卧式圆筒形罐中，应在相当于油品深度的1/6、1/2和5/6的上部、中部、下部三个位置进行温度测量，并按每部位所测温度t（$3t_{上部}+4t_{中部}+3t_{下部}$）/10计算加权平均温度，作为罐内的平均温度。

部分充满的卧式圆筒罐，需要在总油品体积的1/6、1/2和5/6的高度进行测量，其对应高度可以通过油罐容积表查到。按规定读取记录的各点温度取算术平均值作为罐内液体的平均温度。当罐内液体深度小于2m时，只需在对应油品体积一半的高度测量一点温度，取该点温度作为罐内液体的平均温度。

（3）铁路罐车与汽车油罐车　测量一节铁路罐车或一辆汽车油罐车时，经双方协商一致，在罐体测量中部一点（即一半液体体积所对应的液深处），按规定读取记录温度即可作为罐内液体的平均温度。

测量多节铁路罐车时，通常应在每节罐车罐体中部（按如上所述）测量温度。当为多节罐车运载来自同油罐的非加热油品时，经双方协商一致，可随机选择至少10%（最少3节罐车）的罐车测温，各罐车测量温度的算术平均值，作为该批次罐车平均温度。测温时要求所有罐车处于相同环境条件、具有相同标称容量，并且全部为保温罐或全部为裸罐。

所有罐车装同种油品时，可以采用每个罐车测量的平均温度单独计量，也可以使用体积加权法计算总平均温度，进行整体计量。体积加权法就是将每罐车油品的平均温度乘以它所装的体积，再进行加总，然后除以总体积。由此计算的体积加权平均值修约到0.1℃，作为该批油品的平均温度。

（4）油船　测温位置及最小数目与立式圆筒形金属罐相同。根据油品分层情况，经双方协商一致，可适当增加测量点数，以各点测量温度的算术平均值作为油船内液体的平均温度。

3. 测量方法

采用便携式电子温度计，由油罐量油孔直接放入测温的部位。测温停留时间以温度数字显示相对稳定为准。

采用杯盒温度计测温的，按标准要求选择一个液深测温部位，让杯盒在该位置按要求停留足够长时间（表4-5），使其与周围油品达到温度平衡。也可在指定位置大约0.3m的区间高度内反复提放温度计，可以适当减少浸没时间。从油品中提出杯盒温度计应注意保护，避免受到不利气候的影响，按规定读取并记录温度。当取出杯盒读取温度时，杯盒应保持充满状态，而且读数应迅速，温度计读至0.1℃。

表4-5　杯盒温度计建议停留时间

油品标准密度 /（kg/m³）	杯盒运动时浸没时间 /min	杯盒静止时浸没时间 /min
< 775	5	10
775 ~ 825	5	15
825 ~ 875	12	25
875 ~ 925	20	45
> 925	45	80

采用充溢盒温度计在进入油面时应先进行初步充溢，然后按要求选择一个液深测温部位，放到指定位置后，在大约0.3m的区间高度反复提放充溢盒，充溢至少2min。在提放期间，应注意避免急拉操作绳，防止充溢盒过早关闭。当温度达到平衡时，急拉操作绳，关闭充溢盒按规定读取并记录温度。迅速读数，温度计读至0.1℃。

（三）油品密度测量

1. 取样操作依据

油品取样分为手工取样和自动取样。

手工取样操作应按照现行国家标准GB/T 4756—2015《石油液体手工取样法》的有关规定执行。该标准规定了从固定罐、铁路罐车、汽车油罐车、船舶、桶、听、泵送液体管线或加油机油枪采集液体或半液体烃类、油罐残留物和沉积物样品的手工取样法。该标准适用于在常压或接近常压的油罐中储存的或管线输送的，在常温到200℃范围内以液体形式储运的石油产品、原油及中间产品的取样。

自动取样法应符合现行国家标准GB/T 27867—2011《石油液体管线自动取样法》的有关规定。该标准适用于管输油品的连续自动取样。

手工管线取样法适用于均匀液体，其组成和品质不随时间发生明显变化；自动取样是从管道中连续或重复地提取多个小样，由此保证该批量液体的任何组成变化都能反映到所采集的样品中。

2. 取样准备及要求

（1）取样准备 试样容器是用于储存和运送试样的接收器，容积一般为0.25~5L，可以是玻璃瓶、塑料瓶（不能用于储存油品）、带金属盖的瓶或听，应有合适的塞盖、帽或阀密封试样。其中，软木塞不能反复用于不同类型的油品，听和瓶子的螺旋帽应配有软木或其他耐腐蚀材料的垫片，垫片只能使用一次。手工点样取样器可选用取样笼或加重的取样器等，见图4-6和图4-7。

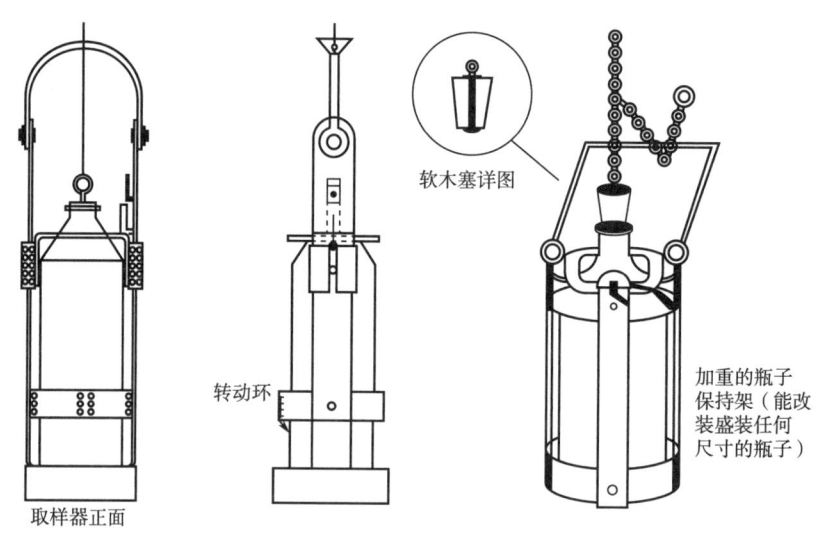

图4-6 取样笼

（2）取样位置 为取得代表性试样应按表4-6规定执行。对于大型卧式圆筒形和椭圆形油罐的取样可按表4-7的规定进行。

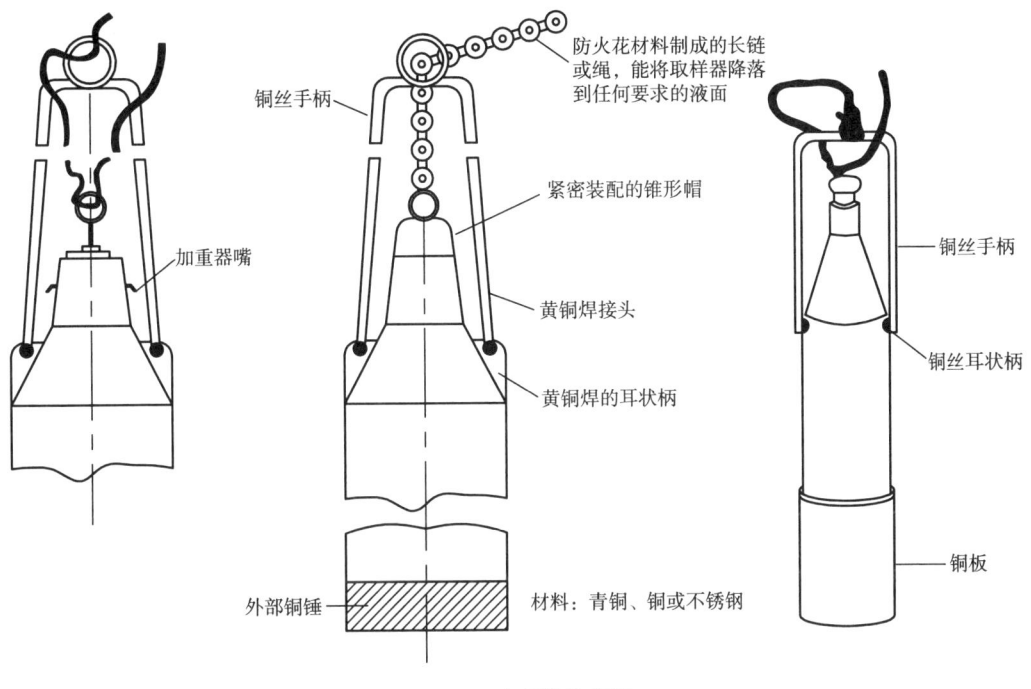

图4-7 加重的取样器

表4-6 取样部位及取样分数

类别	容器名称	取样部位	取样份数	取样容器数
均匀油品	立罐液面3m以上，油船舱（每舱）	上部：顶液面下1/6处 中部：液面深度1/2处 下部：顶液面下5/6处	各取一份按等体积1∶1∶1混合成平均	油船舱 2～8个取2个 9～15个取3个 16～25个取5个
均匀油品	立罐液面低于3m，卧罐容器小于60m³，铁路罐车（每罐车）	中部：液面深度1/2处	各取一份	铁路罐车，必须包括首车 2～8个取2个 9～15个取3个 16～25个取5个 26～50个取8个
非均匀油品	立罐	出口液面向上每米间隔取样	每份分别试验	

注：取样容器数根据现行国家标准GB/T 4756—2015《石油液体手工取样法》中表4样品数编码和表5一次取样方案综合后列出。

表4-7 卧式圆筒形油罐的取样

液体深度（直径百分数）/%	取样位置（罐底以上直径的百分数）/%			组合样（各部分的比例）		
	上部	中部	下部	上部	中部	下部
100	80	50	20	3	4	3
90	75	50	20	3	4	3
80	70	50	20	2	5	3
70	—	50	20	—	6	4
60	—	50	20	—	5	5
50	—	40	20	—	4	6
40	—	—	20	—	—	10
30	—	—	15	—	—	10
20	—	—	10	—	—	10
10	—	—	5	—	—	10

注："—"表示无须取样或无相应样品。

3. 取样方法及操作注意事项

（1）不应从未打孔的静止管、导向柱或立管中采取样品，因为未打孔管中的内含物一般不能代表油罐中相同深度或管外相对位置的内含物。

（2）取样时，首先用待取样的油品冲洗取样器一次，再按照取样规定的部位、比例和上部、中部、下部的次序取样，以免取样时扰动较深一层液面。取样时，降落取样器（或瓶和笼）直到取样器口达到要求的深度，用适当的方法打开塞子，在要求的液面处保持取样器直到充满为止。

（3）为了防止油品受热膨胀溢出，试样容器应有足够的容量，取样结束时至少留有10%的无油空间（不可将取满容器的试样再倒出，造成试样无代表性）。

（4）试样取回后，应分装在两个清洁干燥的瓶子里密封好，供试样分析和仲裁使用。贴好标签，注明取样地点、容器（罐）号、日期、油品名称、牌号和试样类型等。

（5）表4-6中油船取样数是指装同种油品的油船个数和随机取样舱的个数。

（6）装油品的铁路罐车取样数是指装有同种油品的铁路罐车数和随机取样的油品罐车数，但必须包括同样品种的首车。

（7）管道内油品的手工取样，可以分为流量比例样和时间比例样，推荐使用流量比例样，取样应在适宜的管道取样装置进行。取样前，要用被取样的油品冲洗样品管道和装有阀的连接件，然后再将样品放进样品容器中。流量比例样和时间比例样分别按照表4-8和表4-9规定从取样口取样，取样后以相等的体积掺合成一份组合样。

表4-8 流量比例样

输油数量 /m³	取样规定
不超过 1000	在输油开始时[①]和结束时[②]各 1 次
超过 1000	在输油开始时 1 次，以后每隔 1000m³ 1 次

注：①输油开始时，指罐内油品流到取样口10min。
②输油结束时，指停止输油前10min。
下表同。

表4-9 时间比例样

输油时间 /h	取样规定
不超过 1	在输油开始时[①]和结束时[②]各 1 次
1～2	在输油开始、中间和结束时各 1 次
超过 2	在输油开始时 1 次，以后每隔 1h 1 次

（8）管道自动取样执行现行国家标准GB/T 27867—2011《石油液体管线自动取样法》，自动取样设备应符合标准中的规定。

4. 密度测量

密度测量应按照现行国家标准GB/T 1884—2000《原油和液体石油产品密度实验室测定法（密度计法）》执行。

（1）测量操作

①将被测油样充分混合（也称为均化），尽可能代表整个被测定的油品。样品应在原来容器和密闭系统中混合，注意保持样品的完整性。

②在试验温度下，把均匀的试样转移到温度稳定、清洁的密度计量筒中，避免试样飞溅和生成空气泡，过程中要尽量减少轻组分的挥发。

③用一片清洁的滤纸除去试样表面上形成的气泡。

④把装有试样的量筒垂直放在没有空气流动的地方，在整个试验期间环境温度变化应不大于2℃。当环境温度变化大于±2℃时，应使用恒温水浴。由于季节和天气多变，一般都采用恒温水浴。

⑤用合适的温度计或搅拌棒作垂直旋转运动搅拌试样，使整个量筒中试样的密度和温度达到均匀。记录温度至0.1℃，并从量筒中取出温

度计或搅拌棒（也可将温度计本身加上一个挂钩，挂在量筒边上）。

⑥把合适的密度计放入油品中，达到平衡位置时放开，让其自由漂浮，要注意避免弄湿液面以上干管。把密度计按到平衡点以下1mm或2mm处，再让它回到平衡位置，观察弯月面形状改变，如果弯月面形状改变，应重新清洗密度计干管，再重复此项操作。

⑦对于不透明的黏稠液体，要等待密度计慢慢地沉入液体中；对于透明低黏度液体，要将石油密度计压入试样约两个刻度，再放开，在放开时要轻轻转动一下密度计，用充分的时间使其能在离开量筒壁的地方静止，达到平衡，自由漂浮，并让所有气泡升到表面，读数前要除去所有气泡。

⑧当密度计离开量筒壁自由漂浮并静止时，按下列方法读取密度计刻度值，读到最接近刻度间隔的1/5。

测定透明液体，应先将眼睛放在稍低于液面的位置，慢慢地升到表面，先看到一个不正的椭圆，然后变成一条与密度计刻度相切的直线（图4-8）。密度计读数为液体的水平面与密度计刻度相切的那一点。

测定不透明液体，应将眼睛放在稍高于液面的位置观察（图4-9）。密度计读数为液体上弯月面与密度计刻度相切的那一点。

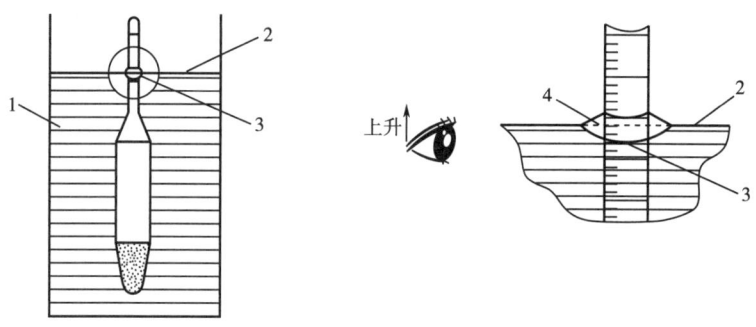

1—液体；2—液体的水平面；3—弯月面的底；4—读数点。

图4-8　透明液体的密度计刻度读数

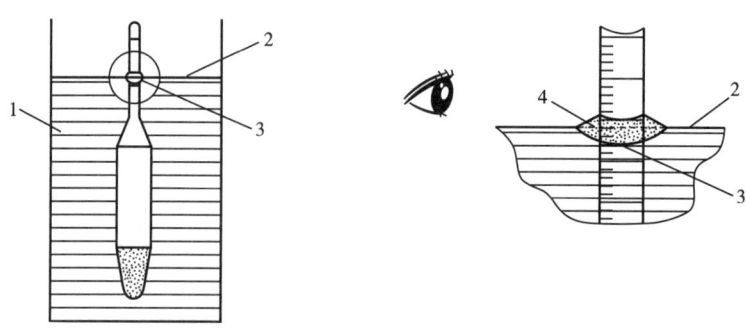

1—液体；2—液体的水平面；3—弯月面的底；4—读数点。

图4-9　不透明液体的密度计刻度读数

⑨记录密度计读数后，立即小心地取出密度计，并用温度计垂直搅拌试样，记录温度至0.1℃。如果这个温度与开始记录的试验温度相差大于0.5℃，应重新读取密度计和温度计读数。直到温度变化稳定在±0.5℃以内。如果不能稳定则再重新进行测定操作。如两次记录温度相差小于0.5℃，取第一次测量的温度为试验温度。

（2）密度计算

①将观察的温度计试验温度按检定证书给出的修正值进行修正，记录至0.1℃，即为试验温度。

②由于密度计是按液体下弯月面检定的，对不透明液体，要按弯月面修正值对观察到的密度计读数做弯月面修正。

③按检定证书给出的修正值对密度计读数进行差值修正后，记录到$0.1kg/m^3$（$0.0001g/cm^3$）。

不透明液体密度的修正应先做弯月面修正，再做检定修正值的修正，顺序不可颠倒。密度计检定证书上给出的修正值是在相同温度下被检密度计和标准密度计读数的差值，它只与两支密度计的玻璃膨胀系数有关，与试验温度无关。

在做了以上修正后，其修正结果为油品的视密度[①]。

④根据视密度和试验温度查现行国家标准GB/T 1885—1998《石油计量表》，石油产品查表59B，把油品的视密度换算到20℃时的标准密度。

（四）油品质量计算

1. 标准密度的换算

在容器内取得代表性试样后进行密度测定，得到的是测定温度下的密度计读数，按密度计检定证书给出的修正值进行修正后，即得到试验温度（视温度）和视密度。它不能直接用于计算油品质量，需借助GB/T 1885—1998《石油计量表》中表59"标准密度表"，根据油品的种类，试样的试验温度和视密度查得标准密度[②]。当标准密度的单位为kg/m^3时，保留1位小数；当单位为g/cm^3时保留4位小数。

已知某种油品在某一试验温度（视温度）下的视密度，换算标准密度的步骤：

（1）根据油品类别选择油品的标准密度表，石油产品的标准密度表表号为表59B；

---

① 用密度计测定密度时，在某一温度下所观察到的密度计读数。
② 石油及石油产品在标准温度（我国规定为20℃）下的密度。

（2）确定已知视密度所在标准密度表中的视密度区间，并根据试验温度确定被查找的标准密度所在的表页；

（3）在视密度行中查找已知的视密度值，在温度栏中找到已知的试验温度值。该视密度值所在列与试验温度值所在行交叉点上的数，即为该油品的标准密度。

如果已知的视密度值正好介于视密度行中两个相邻视密度值之间，则可以采用线性插值法确定标准密度，但温度值不内插，用较接近的温度值查表。

当采用线性插值法计算标准密度时，计算公式如下：

$$\rho_{20} = \rho_{基} + \frac{\rho_{上} - \rho_{下}}{\rho'_{上} - \rho'_{下}} \times (\rho'_t - \rho'_{基})$$

式中 $\rho_{基}$——$\rho_{上}$ 和 $\rho_{下}$ 两者之中与 $\rho'_{基}$ 对应的表载标准密度值；

$\rho_{上}-\rho_{下}$——试验温度 t 所在行与 $\rho'_{上}-\rho'_{下}$ 所在列交叉点上的表载两个相邻上限和下限标准密度值；

$\rho'_{上}-\rho'_{下}$——介于被查视密度 ρ' 值的两个相邻上限和下限视密度值；

$\rho'_{基}$——$\rho'_{上}-\rho'_{下}$ 中与 ρ' 较接近的视密度值。

[例] 汽油试样试验温度22.1℃，视密度为723.4kg/m³，求汽油的标准密度 ρ_{20}？

解：查GB/T 1885—1998表59B：

试样视密度723.4kg/m³ 在视密度（纵列）723.0kg/m³ 和725.0kg/m³ 之间；试验温度22.1℃就近靠取22.0℃（横行）；纵横交点得到标准密度上限、下限表载数值为724.8和726.8。

则汽油标准密度：

$$\rho_{20} = \rho_{基} + \frac{\rho_{上} - \rho_{下}}{\rho'_{上} - \rho'_{下}} \times (\rho'_t - \rho'_{基})$$

$$= 724.8 + \frac{726.8 - 724.8}{725.0 - 723.0} \times (723.4 - 723.0)$$

$$= 725.2 (\text{kg/m}^3)$$

2. 标准体积的换算

计算油品数量时，需将计量温度（容器内油品的温度）下的油品体积换算为20℃的标准体积，才能与标准密度相乘求出油品质量。换算的方法是使用油品体积修正系数VCF进行修正，即：

$$V_{20} = V_t \times \text{VCF}$$

体积修正系数VCF可以通过GB/T 1885—1998《石油计量表》中表60"体积修正系数表"，依据油品的计量温度 t 和标准密度 ρ_{20} 查找，VCF的换算中需保留5位小数。

已知某种油品的标准密度和计量温度，查找、换算体积修正系数VCF的步骤如下。

（1）根据油品类别选择油品的体积修正系数表，石油产品的体积修正系数表表号为表60B。

（2）确定已知标准密度所在体积修正系数表中的标准密度区间，并根据计量温度确定被查找的体积修正系数所在的表页。

（3）在标准密度行中查找已知的标准密度值，在温度栏中找到油品的计量温度值，该标准密度值所在列与计量温度值所在行交叉点上的数即为该油品的体积修正系数。

如果已知的标准密度值正好介于标准密度行中两个相邻标准密度值之间，则可以采用线性插值法确定体积修正系数，而温度值不内插，仅以较接近的温度值查表。

当采用线性插值法确定体积修正系数时，计算公式如下：

$$VCF = VCF_{基} + \frac{VCF_{上} - VCF_{下}}{\rho_{上} - \rho_{下}} \times (\rho_{20} - \rho_{基})$$

式中 $\rho_{上}$、$\rho_{下}$——与被查标准密度ρ_{20}值相邻的上限和下限两个标准密度值；

$VCF_{上}$、$VCF_{下}$——计量温度所在行与$\rho_{上}$、$\rho_{下}$所在列交叉点上的表载两个相邻上限和下限体积修正系数值；

$\rho_{基}$——$\rho_{上}$和$\rho_{下}$中与被查标准密度ρ_{20}值较接近的标准密度值；

$VCF_{基}$——$VCF_{上}$和$VCF_{下}$两者之中与$\rho_{基}$对应的那个表载体积修正系数值。

3. 容器内油品油量计算

（1）立式金属罐静态油量计算 立式金属罐静态油量计算有三个正在执行的标准和规范，分别是GB/T 19779—2005《石油和液体石油产品油量计算 静态计量》、GB/T 9110—1988《原油立式金属罐计量 油量计量方法》、JJF 1014—2024《罐内石油和液体石油产品油量计量技术规范》。

目前，成品油库油品一般采用GB/T 19779—2005作为油量计算方法。

①计算步骤

a. 根据对液位进行温度修正后的高度查油罐容量表，得到在此液位下的表载体积V'_B。

b. 根据罐底明水高度（原则上应对水高作线膨胀系数修正，但因影响较小可忽略）查油罐容量表，得到罐底明水体积V_S。

c. 计算装油后油罐所受压力，容量增大值ΔV_P。

根据修正后的液位高度查静压力容量修正表，得到液位高度下装水的静压力容量增大值ΔV_{SP}，再乘以罐内计量温度下的相对密度，得到在该液位高度下，装油品时的静压力容量增大值ΔV_P，单位准确至升，即

$$\Delta V = \Delta V_{SP} \times d_4^t$$

$$d_4^t = \frac{\rho_t}{\rho_e} = \frac{\rho_{20} \mathrm{VCF}}{1}$$

式中　d_4^t——罐内油品计量温度下的密度和4℃纯水密度的比值（纯水密度取1kg/L）；

　　　ρ_t——油品在计量温度下的密度，kg/m³；

　　　ρ_{20}——油品的标准密度，kg/m³；

　　　VCF——油品的体积修正系数；

　　　ρ_e——编制油罐静压力修正表时采用的标定液密度，通常4℃水为1kg/L。

d. 计算油罐内总表载体积。

$$V_B = V'_B + \Delta V_P - V_S$$

$$= V'_B + \Delta V_{SP} \times d \frac{\rho_{20} \mathrm{VCF}}{1} - V_S$$

e. 将罐内液位高度下的表载体积，修正到罐壁平均温度下的实际体积，L（保温罐与非保温罐罐壁温度按不同要求确定）。

f. 计算标准体积准确到升，$V_{20} = V_t \times \mathrm{VCF}$，其中VCF取值至小数点后第五位。

g. 计算油品在空气中的毛油质量m'，准确至kg。

h. 若为浮顶油罐应扣除浮顶质量（因浮盘排开的是毛油体积量，因此要在此扣除）。

i. 计算油罐内油品纯油质量$m = m'(1-W)$。

② 油量计算公式

a. 保温油罐。

$$m = \{(V_B + \Delta V_{SP} \times d_4^t - V_S) \times [1 + 2\alpha(t-20)] \times \mathrm{VCF}(\rho_{20} - 1.1) - G\}(1 - W_S)$$

或将$(\rho_{20} - 1.1)$用因数$\rho_{20} \cdot F_a$代替。

式中　m——罐内纯油在空气中的质量，kg；

　　　V_B——罐内液位高度下的表载体积，m³；

V_S ——罐内明水高度下的表载体积，m^3；

d_4^t ——罐内油品计量温度下的密度和4℃纯水密度的比值（纯水密度取1kg/L）；

ΔV_{SP}——罐内液位高度下装水引起的静压力容积增大值，m^3；

α ——油罐材质体积线胀系数（碳钢材质一般取 $\alpha=0.000012$），1/℃；

t ——罐壁温度（用罐内油温代替），℃；

VCF——体积修正系数；

ρ_{20} ——罐内油品标准密度，kg/m^3；

F_a ——空气浮力修正系数；

G ——油罐浮顶质量，kg；

W_S ——罐内油品的含水率，%。

量油尺应进行温度修正。

$$h_i = h_0[1+\alpha_尺(t-20)]$$

式中 h_i ——修正后的实高，mm；

h_0 ——测量实高，mm；

$\alpha_尺$ ——尺带的线膨胀系数；

t ——被测液体的温度，℃。

该公式是立式保温金属罐油量计算的综合计算式，它适用于储存含水原油外浮顶罐内油品油量计算。若罐内油品不含水，视W_S=0；若罐内无罐底明水，视V_S=0；若储存罐是一般的立罐（无浮顶），视G=0。按相关公式计算浮顶罐内油品质量时，严禁浮顶在非计量区（不可计量段）计量，即浮顶必须完全浮起来以后才能计量，或者浮顶完全由支柱支撑（即液体完全与浮顶不接触）时再进行计算。当浮顶完全由支柱支撑时不扣浮盘质量。

浮顶罐油品交接计量最好使浮顶的起浮状态在交接前后保持一致，以避免浮顶本身的状态变化给油品计量结果带来误差。

b. 非保温油罐。轻油罐一般不加保温层，油罐周围设防火墙。保温油罐和非保温油罐油量计算的差别在于罐壁温度变化对罐壳胀缩的影响，从而使油品体积随罐体变化而变化。保温罐的壁温可用罐内油温代替。非保温油罐的内壁受油温t_y影响，外壁也受外界环境温度t_q影响，由于环境温度比较复杂，非保温油罐的罐壁温度难以准确测定。

按照现行国家计量检定规程JJG 168—2018《立式金属罐容量》的有关规定，非保温油罐的罐壁温度为：

$$t = [(7 \times t_y) + t_q]/8$$

油量计算公式见上页"a.保温油罐"。

或将 ($\rho_{20}-1.1$) 用因数 $\rho_{20} \cdot F_a$ 代替。

式中 α——罐壁材质线膨胀系数，低碳钢材质取 α=0.000012。

量油尺应进行温度修正。

（2）其他类型油罐的油量计算 铁路罐车、卧式油罐、汽车油罐车等油量的计算同立式金属油罐一样，主要的不同就在于油品表载体积（容器容积表）的算法和是否考虑静压力膨胀系数的影响。

油船的计量总体积（V_{to}）应考虑纵倾和/或横倾修正，根据油船舱容表不同配置，可以通过以下三种方式查表得到：

①如果纵倾和（或）横倾修正是体积调正量，则首先用测量空高或实高查表得到V_{to}，将纵倾和（或）横倾修正值加到V_{to}中可得到经过纵倾和（或）横倾修正的V_t；

②可由经过纵倾和（或）横倾修正的空高或实高查表得到V_t；

③有些舱容表给出了相同检尺高度随不同纵倾变化的V_{to}值，可用测量空高及油船纵倾查表得到V_t。

目前国内外尚没有要求对舱容进行静压力修正。游离水的体积，用游离水的实高或空高查油舱容积表即可得到，如果游离水接触到全部舱壁，可如前所述进行纵倾和（或）横倾的修正；如果游离水没有接触到全部舱壁，船舱中的液体以楔形体积存在，则上述修正方法不再适用。楔形体积计算公式参照GB/T 19779—2005中附录D。

［例］某油库有一非保温汽油罐液面检尺高为11.525m，罐内温度t_y=24.7℃，ρ_{20}=724.5kg/m³，环境温度22℃，求罐内油量是多少？

解：①检尺高温度修正。

$$h = h' \times [1+a(t_y-20)]$$
$$=11.525 \times [1+0.000012 \times (24.7-20)]$$
$$=11.526 \text{（m）}$$

查油罐容量表，液位高11.520m时，表载体积为1897.767m³。

再查10.800～11.720m区间毫米容量表，6mm表载体积为0.991m³。

表载体积V'_B=1897.767+0.991=1898.758（m³）。

② 根据ρ_{20}=724.5kg/m³，t_y=24.7℃，查GB/T 1885—1998中表60"体积修正系数表"，温度就近靠取24.75℃，查得VCF=0.9940。

③求油品静压力容量增大值ΔV_P。

根据h=11.526m，查油罐静压力表：11.526m在11.50和11.60之间，用比例内插计算[①]。

[①] 有时为了简化运算，也可以不作内插计算。

$$\Delta V_{sp} = \Delta V_{下} + \frac{\Delta V_{上} - \Delta V_{下}}{h_{上} - h_{下}} \times (h_{实} - h_{下})$$

$$\Delta V_{sp} = 1.342 + \frac{1.365 - 1.342}{11.60 - 11.50} \times (11.526 - 11.50)$$

$$= 1.342 + 0.006$$

$$= 1.348 \ (m^3)$$

$$\Delta V_P = \Delta V_{sp} \times d_4^t = 1.348 \times 1000724.5 \times 0.9940 = 0.971 \ (m^3)$$

④实际油品体积 V_t。

$$V_B = V_B^t + \Delta V_p - V_s = 1898.758 + 0.971 - 0 = 1899.729 \ (m^3)$$

$$t = (7 \times t_y + t_g) \div 8$$
$$= (7 \times 24.7 + 22) \div 8$$
$$= 24.4 \ (\text{℃})$$

$$V_t = V_B \times [1 + 2a(t-20)] \ 1899.729 \times [1 + 2 \times 0.000012 \times (24.4-20)] = 1899.9296 \ (m^3)$$

⑤油品质量 m。

$$V_{20} = V_t \times \text{VCF}$$
$$= 1899.9296 \times 0.9940$$
$$= 1888.530 \ (m^3)$$

$$m = V_{20}(\rho_{20} - 1.1) = 1888.530 \times (724.5 - 1.1)$$
$$= 1366163 \ (kg)$$
$$= 1366.163 \ (t)$$

二、油品动态计量

油品处于运动状态下的计量方式称为油品动态计量，是指对连续通过计量器具的石油及石油产品的数量（体积或质量）进行计量的过程。目前储备油库主要使用流量计作为动态计量器具。流量计能指示和记录某瞬时流体的流量值，累积某段时间间隔内流体的总量值，可以测量体积流量或质量流量。目前，油品动态计量的油量计算方法执行现行国家标准GB/T 9109.5—2017《石油和液体石油产品动态计量 第5部分：油量计算》的有关规定。

（一）常见流量计结构原理及特性

1. 体积流量计

（1）概念 体积流量计又称排量流量计（positive displacement flow meter，PDF），经测量元件将流体连续地分割成固定体积的单元流体，根据测量元件的动作次数得到总量,即容积分界法。

$$Q=kNV_0$$

式中　k ——与流量计结构有关的系数;

N ——测量元件的转数;

V_0 ——固定体积。

常见的体积流量计有椭圆齿轮流量计（奥巴尔流量计,Oval gear flow meter）、腰轮流量计（罗茨流量计,Roots flow meter）、刮板流量计（sliding-vane flow meter）等。

（2）结构原理　流量计结构原理如图4-10所示。

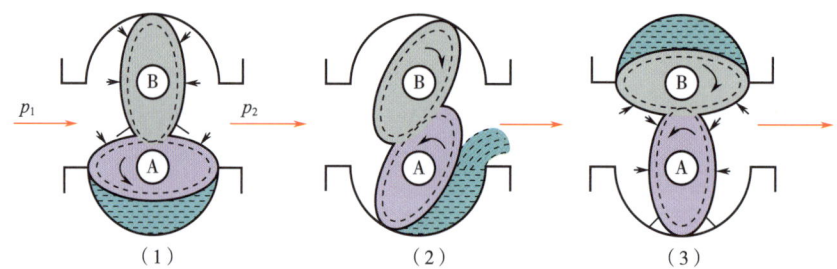

（1）$p_1 > p_2$,A 为主动轮,B 为从动轮;（2）A、B 均为主动轮;
（3）B 为主动轮,A 为从动轮。

图4-10　体积流量计结构原理（椭圆齿轮流量计）

（3）优缺点　容积式流量计优缺点如表4-10所示。

表4-10　容积式流量计优缺点

优点	①安装无前后直管段要求; ②计量准确度高,工业级容积式流量计准确度可达0.2级; ③可测量高黏度流体; ④可将转动部件转动次数直接传递给计数器,无需外部能源即可直接获得流体总量
缺点	①机械结构复杂,存在机械摩擦,体积庞大; ②对油品的洁净度要求高,需前置过滤器; ③油品需单向流动; ④不能直接测得质量流量,需测量密度值进行换算

2.质量流量计

最具代表性的质量流量计是科里奥利质量流量计（Coriolis mass flow meter,CMF）,质量流量计显示的是流体在真空中的质量,同时,可以显示密度、体积流量等参数。

（1）基本工作原理 "科里奥利力"（Fc）指在匀角速度转动参照系中的运动物体，除惯性离心力外，所附加的另一种惯性力（图4-11）。

$$Fc=2mv×\omega$$

式中 m——质点的质量，kg；

v——物体的运动速度，m/s；

ω——转动参照系的角速度，rad/s。

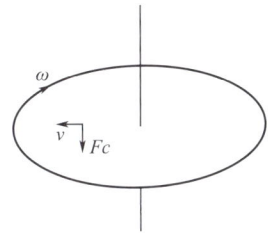

图4-11 "科里奥利力"原理

（2）设备构造 流量测量管在电磁系统驱动下，以其固有频率作周期性振动（流体不流动）（图4-12）。

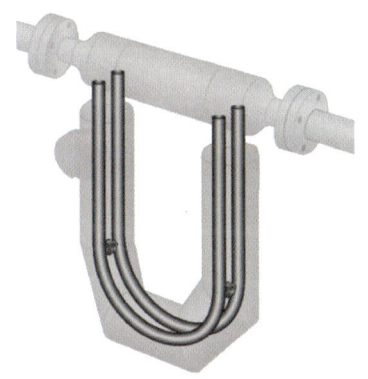

图4-12 科里奥利质量流量计测量管

流体流动在测量管上产生科里奥利力（图4-13）。

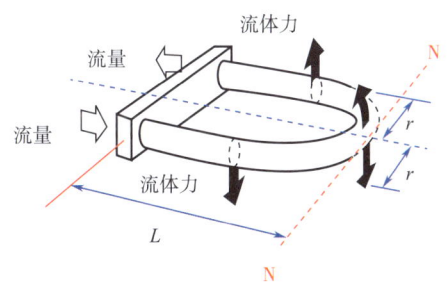

图4-13 流量在科里奥利质量流量计产生流体力

（3）优缺点　质量流量计的优缺点如表4-11所示。

表4-11　质量流量计优缺点

优点	①准确度高，可直接测得质量流量； ②无可动部件，计量流程中的阻力件对该流量计计量的准确度影响基本可忽略，即该流量计不需要设置前后直管段，节省安装空间； ③可做多参数测量（密度、温度等）；测量准确度不受密度、黏度等流体物性影响
缺点	①零点不稳定，形成零点漂移，因零点漂移导致传感元件存在问题，在流量下限测量时对准确度影响大； ②流体中气体含量超过一定值会对测量值有很大影响，测量准确度会受测量管内壁磨损腐蚀、沉积结垢影响； ③对外界振动干扰较为敏感； ④不宜用于大口径测量，大口径科里奥利质量流量计的成本会急剧上升

（二）流量计计量计算方法

1. 基本误差法的动态油量计算

油量计算是计量环节的最终结果，该结果作为油品贸易双方财务结算的依据，也是单位内部经济管理成本核算的依据，必须确保计算方法科学、计算结果准确。由于静态计量和动态计量所采用的计量器具不同，油量计算的方法也不同。

（1）采用质量流量计的油量计算　从质量流量计的工作原理看，质量流量计的示值是真空的质量值，现行国家计量检定规程JJG 1038—2008《科里奥利质量流量计》规定，质量流量计的检定考虑了空气浮力的影响，对称量出的质量的标准值进行了空气浮力修正。将修正到真空中的示值与流量计的示值进行比较，进而计算基本误差。因此，采用质量流量计作为油品贸易结算计量时，必须对质量流量计的示值进行空气浮力修正，在此介绍两种计算方法。

方法一：现行国家标准GB/T 1885—1998《石油计量表》计算公式（流量计系数MF为1.0000）。

从质量流量计的示值可得到：

$$V_{20} = \frac{m_g}{\rho_{20}}$$

油品在空气中的毛质量：

$$m_{gw} = V_{20} \times (\rho_{20} - 1.1)$$

因为 $V_{20} = \dfrac{m_g}{\rho_{20}}$

所以 $m_{gw} = \dfrac{m_g}{\rho_{20}} \times (\rho_{20} - 1.1) = \left(m_g - \dfrac{1.1 m_g}{\rho_{20}}\right) = m_g\left(1 - \dfrac{1.1}{\rho_{20}}\right)$

油品在空气中的净质量：

$$m_{nw} = \left(m_g - \dfrac{1.1 m_g}{\rho_{20}}\right) \times C_W = m_g\left(1 - \dfrac{1.1}{\rho_{20}}\right) \times C_W$$

若质量流量计读数是计量期间流量计在t_1时刻累计的脉冲数N_{t1}和在t_2时刻累计的脉冲数N_{t2}，则：

$$m_g = \dfrac{N_{t2} - N_{t1}}{K}$$

式中　m_{gw}——油品在空气中的毛质量，t或kg；

　　　m_{nw}——油品在空气中的净质量，即油品结算商业质量，t或kg；

　　　m_g——质量流量计示值累计质量，t或kg；

　　　ρ_{20}——油品的标准密度，kg/m³；

　　　C_W——油品含水系数，$C_W=1-W$，其中W为油品含水量的质量分数；

　　　K——仪表系数。

方法二：采用空气浮力系数F_a进行计算。

油品在空气中的毛质量：

$$m_{gw} = m_g \times F_a$$

油品在空气中的净质量：

$$m_{gw} = m_g \times F_a \times C_W$$

式中　F_a——石油真空中质量换算到空气中质量的换算系数，可查GB/T 9109.5—2017中附录E"空气浮力修正系数表"。

处理质量流量计检定的数据时，要将用电子秤称出的质量按当地的空气浮力修正，与质量流量计的示值进行比对，才能判断质量流量计的示值偏差大小以及质量流量计是否合格。各地的空气浮力修正值与当地的海拔、温度、湿度等有关，所以不同地方的修正值有所差异。但在贸易交接中对空气浮力的修正，在GB/T 1885—1998中被人为确定为1.1kg/m³，或查GB/T 9109.5—2017，采用空气浮力系数F_a进行修正。

(2) 采用体积式流量计的油量计算

①计算公式：根据现行国家标准GB/T 9109.5—2017《石油和液体石油产品动态计量 第5部分：油量计算》，对流量计计量的体积值进行温度压力修正（在基本误差的前提下MF视为1.0000），计算公式如下。

在标准参比条件下空气中的毛油标准体积V_{gs}：

$$V_{gs}=V_t\times(MF\times C_{tl}\times C_{pl})$$

在标准参比条件下空气中的净油标准体积V_{ns}：

$$V_{ns}=[V_t\times(MF\times C_{tl}\times C_{pl})]\times C_{SW}\quad(C_{SW}在此处是油品体积含水修正系数）$$

因为MF=1.0000

所以 $V_{ns}=[V_t\times(C_{tl}\times C_{pl})]\times C_{SW}=V_t\times(C_{tl}\times C_{pl}\times C_{SW})$

油品在空气中的毛质量：

$$m_{gw}=V_{gs}\times(\rho_{20}-1.1)=V_t\times(\rho_{20}-1.1)\times(C_{tl}\times C_{pl})$$

油品在空气中的净质量：

$$m_{nw}=V_{ns}\times(\rho_{20}-1.1)=V_t\times(\rho_{20}-1.1)\times(C_{tl}\times C_{pl}\times C_{SW})$$

或者 $\quad m_{nw}=V_{ns}\times\rho_{20}\times F_a=V_t\times\rho_{20}\times F_a\times(C_{tl}\times C_{pl}\times C_{SW})$

式中 m_{gw}——油品在空气中的毛质量，t；

m_{nw}——油品在空气中的净质量，t；

V_t——在计量温度 t 下，流量计表头累积体积值，m³，即流量计表头结束读数减去开始读数；

ρ_{20}——油品的标准密度，kg/m³，根据测得的油品视密度ρ_t和实验温度 t' 查GB/T 1885—1998中表59；

C_{tl}——油品体积温度修正系数（简称温度修正系数），即VCF，根据油品计量温度 t 和标准密度值ρ_{20}查GB/T 1885—1998中表60；

C_{pl}——油品体积压力修正系数（简称压力修正系数），可按GB/T 9109.5—2017附录B进行计算；

C_W——油品含水系数，C_{SW}=1-SW；

SW——油品中水的体积分数，%；

F_a——石油真空中质量换算到空气中质量的换算系数，可查GB/T 9109.5—2017中附录E。

②油品体积压力修正系数C_{pl}：油品体积压力修正系数的计算方法，可查GB/T 9109.5—2017中附录B，其计算公式：

$$C_{pl}=1/[1-(P-P_e)]\times F$$

式中 C_{pl}——油品体积压力修正系数;

P——油品计量压力(流量计表压),kPa;

P_e——油品计量温度下蒸气压,当蒸气压不大于101.325kPa时,设$P_e=0$;

F——油品压缩系数,1/kPa。

油品压缩系数F值也可按下式计算:

$$F = e^x \times 10^{-6}$$

$$x = -1.62080 + [21.592t + 0.5 \times (\pm 1.0)] \times 10^{-5} + [87096.0 / \rho_{15}^2 + 0.5 \times (\pm 1.0)] \times 10^{-5} + [420.92t / \rho_{15}^2 + 0.5 \times (\pm 1.0)] \times 10^{-5}$$

e^x计算值应由下式准确到0.001:

$$(e^x \times 1000 + 0.5) \times 0.001$$

式中 F——油品压缩系数,1/kPa;

t——油品计量的温度,℃;

ρ_{15}——油品在15℃时的密度(查换算表),g/cm³;

(± 1.0)——当$t \geq 0$时,为+1.0;当$t<0$时,为-1.0。

由20℃时的标准密度换算成15℃时的密度,可查GB/T 9109.5—2017中附录D。

油品的压缩系数也可查GB/T 9109.5—2017中附录C表C.1"15℃时密度所对应的烃压缩系数表"或查GB/T 21450—2008得到。

③计量参数读取规则见表4-12。

表4-12 标准规定油量计算中相关量应保留的小数位数

序号	量和符号	单位	小数位数
1	体积(V_t、V_{gs}、V_{ns}、V_{SW})	L	×××.×
		m³	×××.×××
2	质量(m_{g}、m_{gm}、m_{nm})	kg	××××.×
		t	×××.×××
3	密度(ρ_t、ρ_{20}、ρ_{15})	g/cm³	×.××××
		kg/m³	×××.×
4	计量压力(表压)(P)	kPa	×××.×××
		MPa	××.××
5	计量温度、实验温度(t、t')	℃	×.××

续表

序号	量和符号	单位	小数位数
6	流量计系数（MF）	—	x.xxxx
7	温度修正系数（C_{tl}）	1/℃	x.xxxx
8	压力修正系数（C_{pl}）	kPa^{-1}	x.xxxx
9	压缩系数（F）	10^{-6}kPa^{-1}	x.xxx
10	空气浮力修正系数（F_a）	—	x.xxxx
11	含水百分数（SW）	%	x.xx
12	含水修正系数（C_{sw}）	—	x.xxxx
13	质量换算系数（F_w）	kg/m^3	xxx.x

2. 流量计系数法的油量计算

流量的约定真值[①]与流量计示值的比称为流量计系数，由有资质计量检定单位对流量计进行周期检定时提供。使用流量计系数对流量示值进行修正，可消除已知的计量误差，比基本误差法更科学、更准确。如长输管道系统，流量计运行相对较稳定，流量变化范围较小，用于贸易交接的流量计准确度等级[②]优于0.2级，流量计的误差也较小。

采用流量计系数法时，应根据流量计计量时间段内平均流量对应的流量计系数计算。流量计系数公式：

流量计系数：

$$MF = V_{t实}/V_t$$

式中　$V_{t实}$——流量计在计量温度t下实际通过的体积流量，m^3；

　　　V_t——在计量温度t下，流量计表头显示的体积流量，m^3；

　　　MF——流量计系数。

因此，在标准参比条件下空气中的毛油标准体积V_{gs}的计算公式：

$$V_{gs} = V_t \times (MF \times C_{tl} \times C_{pl})$$

在标准参比条件下空气中的净油标准体积V_{ns}的计算公式：

$$V_{ns} = [V_t \times (MF \times C_{tl} \times C_{pl})] \times C_{SW} \text{（这里的}C_{SW}\text{应是质量含水修正系数）}$$

[①] 流量计在计量温度t下，实际通过的体积流量，一般是标准器的值。

[②] 流量计准确度等级可划分为0.1级、0.15级、0.2级、0.25级、0.3级、0.5级、1.0级、1.5级、2.0级。数字越小，准确度等级越高。

油品在空气中的毛质量：

$$m_{\text{gw}} = V_{\text{gs}} \times (\rho_{20} - 1.1) = V_t \times (\rho_{20} - 1.1) \times (\text{MF} \times C_{\text{tl}} \times C_{\text{pl}})$$

油品在空气中的净质量：

$$m_{\text{nw}} = V_{\text{ns}} \times (\rho_{20} - 1.1) = V_t \times (\rho_{20} - 1.1) \times (\text{MF} \times C_{\text{tl}} \times C_{\text{pl}} \times C_{\text{SW}})$$

或者 $m_{\text{nw}} = V_{\text{ns}} \times \rho_{20} \times F_{\text{a}} = V_t \times \rho_{20} \times F_{\text{a}} \times (\text{MF} \times C_{\text{tl}} \times C_{\text{pl}} \times C_{\text{SW}})$

式中 m_{gw}——油品在空气中的毛质量，t；

m_{nw}——油品在空气中的净质量，t；

V_t——在计量温度 t 下，流量计累积体积值，m³，即结束时流量计表头读数减去开始读数；

ρ_{20}——油品的标准密度，kg/m³，根据测得油品的视密度 ρ_t，和实验温度 t' 查 GB/T 1885—1998 中表 59；

C_{tl}——油品体积温度修正系数（简称温度修正系数），即 VCF，以计量温度 t 和油品标准密度值 ρ_{20}，查 GB/T 1885—1998 中表 60；

C_{pl}——油品体积压力修正系数（简称压力修正系数），可按 GB/T 9109.5—2017 中附录 B 进行计算；

C_{SW}——油品含水系数，$C_{\text{SW}}=1-\text{SW}$；

SW——油品含水质量百分数，%；

F_{a}——石油真空中质量换算到空气中质量的换算系数，可查 GB/T 9109.5—2017 中附录 E。

采用质量流量计时，计算公式：

油品在真空中的毛质量：

$$m_{\text{gm}} = m_{\text{g}} \times \text{MF}$$

油品在空气中的毛质量：

$$m_{\text{gw}} = m_{\text{g}} \times \text{MF} \times F_{\text{a}}$$

油品在空气中的净质量：

$$m_{\text{nw}} = m_{\text{g}} \times \text{MF} \times F_{\text{a}} \times C_{\text{SW}}$$

油品含水量计算公式：

$$m_{\text{SW}} = m_{\text{gw}} \times \text{SW} = m_{\text{g}} \times \text{MF} \times F_{\text{a}} \times \text{SW}$$

式中 MF——流量计系数；

F_{a}——石油从真空中质量换算到空气中质量的换算系数；

C_{SW}——油品含水系数，$C_{\text{SW}}=1-\text{SW}$；

SW——油品水的体积分数，%。

由于流量计各个工作点的流量计系数（MF）不相同，在进行流量计系数修正时，应根据流量计在每个流量值下的流量计系数计算。在油品长输管道中，流量计的瞬时流量是有波动的，因此采用在平均流量下的流量计系数进行修正。

[例]某流量计测得汽油流量为856.903m^3/h，油温为24℃，汽油标准密度ρ_{20}=725.0kg/m^3，流量计系数为1.0010。求汽油的质量。

解：由ρ_{20}=725.0kg/m^3，t=24℃，查GB/T 1885—1998中表60B。

ρ_{20}=725.0kg/m^3，在724.0和726.0之间，油温24℃。

用内插法，求得VCF=0.9949。

$m_{nw}=V_t \times \text{VCF} \times (\rho_{20}-1.1) = 856.903 \times 0.9949 \times (725-1.1) = 617148.5$（kg）

用流量计系数修正后的准确质量：

$m = m_{nw} \times \text{MF} = 617148.5 \times 1.0010 \approx 617766$（kg）=617.766（t）

（三）影响流量计误差的因素

虽然用流量计计量油品操作方便、节省人力，但如果计量工具选型或使用不当，会造成很大误差。影响流量计误差的因素主要有以下几点。

1. 压力

在发油过程中，流量计使用必须在一定的压力条件下进行。流体入口与出口间形成的压力差影响计量准确性。流体黏度越大压力差越大，压力损失随流体流量的增大而增加，压力差越大则泄漏量越大，因此，应选用不超过流量计规定压力和流量范围的流量计，且应平稳操作，切勿急剧开关阀门。

2. 黏度

黏度是流体对流动所表现的阻力，是流体的内摩擦力。被测油品的黏度对流量计的准确性会产生影响，不同结构的流量计受影响程度不同，流体黏度越大，转动转子要消耗的能量就更大，产生极大的压力差，加重转子壳体等的磨损，从而降低计量精度。

3. 温度

温度变化会引起油品黏度性能曲线的改变和体积的变化，同时还引起仪表计量室的容积和转子与壳体之间的回隙变化，从而影响流量仪表的计量精度和正常工作状态。

4. 流量

在流量较小时，由于流量计进出口的压差小，转子转速低，泄漏量大，误差较大；在大流量时，由于转子的回转力矩大，转速高，也造成泄漏量大，误差也较大。当流量在某一确定范围内，流量计量与转子转数成比例关系，泄漏量小，误差较小且平稳，所以为了保证流量计处在最佳工作状态，要选择流量范围适当的流量计。

5. 空气

若管道内有空气，管内空气受液体压力推动流量仪表的转子空转，使得计数器数字与实际流量不符、计量不准。因此，在流量计前端应安装油气分离器（消气器）来减小空气对计量的影响。

6. 介质

介质因素指液体的性质、密度、黏度等。例如，流量仪表出厂校正时计量的是水，实际使用时计量的是石油产品；或者校正时计量的是柴油，使用时计量的是汽油，都会影响流量仪表的计量精度。

7. 磨损

流量仪表的使用时间过长，机械传动部分会有磨损，因此要注意流量仪表的使用寿命，定期更换。油品不净会加快磨损，直接影响精度，因此仪表前端应安装过滤器，并定期清除杂质、更换滤网。

（四）流量计的运行及维护

1. 通用要求

（1）接通流量计仪表电源，并记录投运时间。

（2）观察流量计、附属设备及其连接管线应不渗不漏。

（3）对于计量油品的流量计，打开消气器的排气阀，观察消气器排出气体后又接着排出油品，应立即关闭排气阀，停运计量系统对应的消气器，并对其进行检修。

（4）观察过滤器前后压差，当过滤器前后压差超过其最大压差的80%时，应及时清洗过滤器；即使过滤器前后压差不超，也至少每半年对过滤器进行一次检查、清洗。如滤网损坏或脱落，则应更换或进行加固处理。

（5）定期检查消气器排气管，如消气器排气功能失灵，应停运检修。

（6）多台流量计并联运行时，宜保持每台流量计的流量均衡，并在正常的流量范围内（最大流量的30%～70%）运行。

（7）流量计停运前记录流量计进、出口的压力和温度值。停运时应缓慢关闭流量计的出口阀，待流量计停运后，记录流量计累积计数器数值，关闭仪表电源并记录停运时间。

（8）在流量计停运后，当管道内油品温度低于凝点时，应及时排出流量计内残存油品；流量计所在回路的出口阀门及消气器、过滤器的排污阀、扫线阀等相关阀门应处于关闭状态。对有伴热的流量计系统，或太阳直晒可能造成温度上升的系统，在停运后，应采取防止热膨胀憋压的相应措施。

（9）应根据检定数据对流量计性能进行分析，确定是否继续使用。

2. 液体容积式流量计

（1）缓慢打开流量计出口阀，使出口保持一定的背压，观察流量计、附属温度、压力仪表运行是否正常，同时监听流量计的运转有无杂音，如运转无异常，调节流量在所需的范围。

（2）观察流量计、过滤器的前后压差，如压差已达额定最大压差，且进、出口阀门确已打开，压力并不超过流量计正常工作压力时，流量计仍没有启动运转，则应停止投运，立即关闭流量计的进出口阀门，待查明原因排除故障后，继续投运。

（3）定期巡检流量计、压力表、温度计等仪表及附属的过滤器、消气器等设备，记录流量计表头数、运行压力、温度等有关参数及状态。

（4）监听流量计的运转是否有杂音，查看计数器有无卡字、记数不连续等现象，如发现异常应及时通知有关方，停运待停流量计。

（5）当流量计配有远传型二次仪表时，应定期对机械表头累计数与二次仪表累计数（未经流量计系数修正）进行核对，两者数值应保持一致，否则应查找原因。

（6）被计量的油品黏度变化较大时，应重新检定流量计，对于同一种油品，流量计运行时油品的温度应与检定时的温度尽量一致，温差不宜超过5℃，否则应重新检定流量计。

（7）在流量计运行过程中，应避免流量急剧变化，并使被测介质充满流量计腔体。

（8）停运应按输油工艺要求及相关安全要求进行。

（9）流量计在运行过程中一旦发生故障不能继续使用，应进行检查，若零部件损坏则应更换。

（10）计量黏度变化不大的油品时，连续两次周期检定均超差，或连续三次检定均需经过调整容差调整器才能合格的流量计应安排修理。修理后的流量计经检定合格的应缩短检定周期，两个检定周期内性能稳定的，可恢复原检定周期；修理后经检定不合格，则应降级使用或报废。

（11）应定期检查流量计表头油杯中的润滑油，当油量减少到油杯容量的1/4时，应及时添加。对带有直角油杯的表头，每8h加注一次润滑油。出轴密封应根据流量计出厂说明书要求定期加注润滑脂。

（12）对流量计表头齿轮传动部分，每年宜进行一次清洗、检查、润滑、调试，调试好后再装到流量计主体上。

（13）对容差调整器应一年检查一次，并对齿轮传动部分进行清洗润滑。

3. 质量流量计

（1）缓慢打开流量计出口阀和流量调节阀，使出口保持一定的压力，观察流量计、附属温度、压力仪表运行正常，流量计的运转无杂音，调节流量在所需的范围。流量计运行时出口压力不低于下列公式所得的最小背压。

$$p_b = 2\Delta p + 1.25 p_e$$

式中　p_b——最小背压，Pa；

　　　Δp——通过流量计在最大流速下的压力降，Pa；

　　　p_e——介质在操作温度下的饱和蒸气压，Pa。

（2）流量计运行时应注意检查流量计前后压差，流量计前后压差不宜超过0.1MPa。

（3）对有伴热系统的流量计，应定期检查电伴热系统是否完好，可根据实际情况确定是否投运。

（4）当运行流量计出现故障时，应立即记录流量计出现故障的时间和相关参数。

（5）随时查看流量变送器菜单各工作参数是否正常。

（6）定期检查传感器、核心处理器及流量变送器和它们的安装支架，管道连接件及电缆接线是否有损伤、腐蚀、松动或雨后进水的现象。

（7）流量计出现故障时，应查看流量变送器报警代码，分析故障原因，及时处理。

（8）连续两次周期检定均超差，或连续三次检定均需经过调整精度调整器才能合格的流量计应安排修理。修理后的流量计经检定合格的，应缩短检定周期；两个检定周期内性能稳定的，可恢复原检定周期；修理后经检定不合格，则应降级使用或报废。

（五）流量计检定规程及检定周期

流量计在运行过程中，一些内外部因素会造成测量误差增大。例如，椭圆齿轮流量计测量元件长时间处在旋转运行状态，旋转部分的齿轮会产生磨损，同时数显仪表的元件也会老化。为防止流量计出现不确定的风险误差，国家市场监督管理总局专门发布了一系列流量计检定规程或计量技术规范，规定了计量器具的检定周期（表4-13）。

表4-13　各种流量计检定规程及检定周期

名称	检定依据	检定周期
椭圆齿轮流量计		
腰轮流量计	JJG 667—2010《液体容积式流量计》	对准确度等级不低于0.5级的，检定周期为半年，其他为1年
刮板流量计		
双转子流量计		
涡轮流量计	JJG 1037—2008《涡轮流量计》	准确度等级不低于0.5级的，检定周期为1年，其他为2年
涡街流量计	JJG 1029—2007《涡街流量计》	一般不超过2年
超声流量计	JJG 1030—2007《超声流量计》	一般不超过2年
电磁流量计	JJG 1033—2007《电磁流量计》	准确度等级为0.2级及优于0.2级的，检定周期为1年；准确度等级低于0.2级的，检定周期为2年
科里奥利质量流量计	JJG 1038—2008《科里奥利质量流量计》	优于0.5级的一般不超1年，0.5级及以下的一般不超过2年
体积管	JJG 209—2010《体积管》	对于首次检定、后续检定中复现性检定不合格，以及在上一次检定结束后至本次检定结束前，进行过有可能改变体积管标准容积操作的体积管，其检定周期为1年；对于其他进行后续检定的体积管，检定周期不超过3年
标准金属量器	JJG 259—2005《标准金属量器》	首次检定后，第一个检定周期一般不超过1年；之后一等金属量器后续检定周期一般不超过3年，其他等级的后续检定周期一般不超过2年

第三节　油品计量差量分析

计量的油品种类繁多，不同工况条件下油品的物理性质变化很大，操作人员的水平各有不同，各种内外部因素都会对计量准确性产生影响。因此，计量员需要了解和研究油品计量产生误差的原因，认真分析并采取有效措施，尽量减少和降低误差。

一、误差理论基础

误差存在于一切科学实验和测量过程中，一切测量结果都带有误差。测量误差是指测得的量值减去参考量值。

（一）误差的来源

1. 器具误差

（1）标准器的误差　标准器是提供标准量值传递的器具，往往指的是承装油品的标准容器，它们的标称值与其自带的客观量值之间会有差异，从而使标准器自身就带有误差。

（2）仪器、仪表设备的误差　计量仪器仪表因受到设计原理、制造与安装、调整与使用等多方面影响会产生误差。

（3）附属配件的误差　在测量过程中使用的各种辅助器具均属测量附件，如电学测量中的转移开关、电源及连接导线等均会引起误差。

2. 环境误差

在实际测量过程中，温度、湿度、气压、介质等客观环境偏离了规定的参比条件，导致各种环境因素与器具测量所要求的标准状态不一致，引起的误差便是环境误差。

3. 人员误差

计量员由于受分辨能力、视觉差异、反应速度、固有习惯和操作熟练程度的影响，以及计量员因疲劳或一时疏忽等生理、心理原因所造成的误差称为人员误差。如读数误差、照准误差等。

4. 方法误差

采用近似的或不同的测量方法、计算方法而引起的误差称为方法误差。

（二）减小误差的方法

为了尽量减小误差对测定结果的影响，可以使用以下方法。

1. 减小系统误差

（1）研判分析法　计量人员要对所用器具、环境条件、使用方法等可能产生的系统误差进行研判分析，预判可能会产生系统误差的一切因素，并采取相应的方法来消除或抵消影响。

（2）检定修正法　计量人员要使用经国家计量检定规程检定合格有

效、符合计量准确度要求的计量器具，根据其修正值，对测量出来的结果进行修正。

（3）正负抵消法　在对同一量值反复两次测量，通过改变测量中的某些条件，如测量方向等，使前后两次测量的系统误差大小相等、符号相反，取两次测量结果的平均值即可消除系统误差。

2. 减小随机误差

实际测量时可以多次测量，采用增加重复测量次数的方法来消除随机误差对测量结果的影响，测量次数越多，其算术平均值就越接近于实际值。

3. 消除疏失误差

计量人员写错、读错、记错、误操作或有环境干扰的客观因素下，会出现与实际值差别较大的情况，这类疏失误差严重歪曲了测量结果，因此包含有疏失误差的测量结果应抛弃不用。

二、油品体积差量分析

（一）立式金属罐计量油品时体积量差分析

（1）油罐容量表误差造成的体积量差。
（2）因油高、水高、温度测量误差造成的量差。
（3）非保温油罐罐壁温度测量误差造成的体积量差。
（4）油罐储油后因液体静压力的增大造成的体积量差。
（5）部分油品结蜡于罐内壁，造成的体积量差。
（6）油罐底变形或者油罐相关阀门的开关情况造成的体积量差。
（7）计算不正确造成的体积量差。

（二）油船、油轮、油驳计量油品时体积量差分析

（1）舱容表误差造成的体积量差。
（2）油船上油高测量误差造成的体积量差。
（3）船舱测温偏差大造成的体积量差。
（4）舱底残余油量难以准确测量和估计造成的体积量差。
（5）修正计算不正确造成的体积量差。

（三）铁路罐车计量油品时的体积量差分析

（1）铁路罐车容积表误差造成的体积量差。

（2）由于计量人员工作疏忽，在油料计算时，使用的铁路罐车容积表与铁路罐车车体上打印的容积表号不一致，造成较大的体积量差。

（3）铁路罐车装油后，未对量油尺和罐体容积进行温度修正，造成的体积量差。

（4）铁路罐车检定时未考虑装油后罐体变形，造成的体积量差。

（5）铁路罐车装油后，油品液面稳定时间不足，液面不稳定，检尺产生误差也造成体积量差。铁路罐车装油后液面稳定时间：轻质油为15min以上；重质油为30min以上。实际操作中，可以适当延长液面稳定时间。

（6）铁路罐车在装运原油和高黏度油品时会挂壁，由于卸油不净，会造成体积量差。

（7）铁路罐车铅封被破坏或不完整，造成不明原因油品数量减少，直接造成体积量差。

（四）流量计计量油品时的体积量差分析

（1）流量计的准确度等级、制造加工的质量以及配套设备的运行状况所引起的体积量差。

（2）被测油品本身物理性质变化（密度、黏度）以及计量工况的变化所引起的体积量差。

（3）流量计检定中存在的问题，直接影响流量计计量的准确度。

（4）流量计读数不准造成的体积量差。

（5）流量计铅封被破坏，可能因人为地调整了某些部件，造成流量计测量不准。

（6）流量计管道有的配有副线，有的因为扫线需要还有回油线，要注意将这些阀门关严，如果存在内漏，会造成流量计测量不准。

（7）计算过程中要根据计量温度、压力进行标准修正计算，准确取舍相关参数，否则会造成流量计测量的误差。

三、油品密度差量分析

（一）取样代表性造成的密度测量量差

油品含水时，沉淀时间较短或管道压力过大会形成多种水油混合状态，有油包水、水包油、溶解水、游离水等，取得的样品代表性较差，造成密度和含水量测定不准确。

（二）密度分析时所用仪器和操作不规范造成的密度测量量差

（1）选用的玻璃密度计型号不符合要求，玻璃水银温度计分度值不合理，或者选用仪器未按周期进行检定会造成密度测量量差。

（2）配备的恒温水浴与密度计量筒不匹配，使试样不能完全浸没在恒温浴液体表面以下，会造成密度测量量差。

（3）在试验过程中，未能把油样品加热到能充分流动的状态，或温度过高会造成密度测量量差。

（4）读数方法不正确，会导致密度测量量差。

四、油品温度差量分析

一般来说，油品动态作业时与外界的热交换量相比油品本身的热容量较小，可以忽略不计。因此，当容器里有存油，再输入温度不同的另一批油，混合以后的油温应该是原先两批油品温度的加权平均值。如果混合后的实际油温与之相差较大，应检查是否存在差错并进行必要的处理。一般油温发生差错可能有以下原因。

（1）读错温度或测温盒提起、温度计读数的速度太慢。

（2）温度计失准（如水银柱断裂、玻璃破裂、超期使用等）。

（3）温度计未放在规定的测温位置进行测量。

（4）未使用或者未正确使用温度计证书上给出的检定修正值。

（5）量油口开在不适当的位置，如量油口离罐壁太近使测得的温度受到外界影响较大，不能反映罐内真实的温度。

第四节　油品数量损耗管理

油品损耗是指油品数量减少的现象，它会造成较大经济损失，导致油品质量下降，溢出的油气还会污染环境，形成潜在的火灾风险。因此，加强油品损耗管理，是成品油计量的一项重要工作。

一、油品损耗类型

油品损耗按照油品物理形态变化可分为蒸发损耗和残漏损耗。在油库运行过程中，油品损耗主要来自蒸发损耗。

（一）蒸发损耗

蒸发损耗是指在气密性良好的容器内按规定的操作规程进行装卸、储存、输转等作业时，由于油品表面气化而造成数量的减少，它是由油品易蒸发的物理性质决定的。蒸发损耗属于自然损耗，它是缓慢持续发生的，因此，在一定数量范围内的损失是合理的。蒸发损耗按照发生原因可分为自然通风损耗、油罐大小呼吸损耗、空容器装油损耗和清罐损耗。由于蒸发损耗存在于成品油储备的各个操作环节，因此它是油品损耗的主要表现形式。

蒸发损耗大小与装油高度、油品密度、蒸发面积、液面压力、容器密封性、环境温度和油品温度有直接关系，不同地区、不同油品、不同季节和不同作业环境下油品蒸发损耗也会不同。

1. 自然通风损耗

自然通风损耗主要是由于油罐密封不严造成的，如金属的自然锈蚀穿孔、呼吸阀阀盘失灵以及量油孔、透光孔漏气等。如果油罐存在多个孔隙，就会因空气流动而形成自然通风，空气从一个孔隙吸入而油气从另一孔隙被排出。油气排出和空气吸入，会降低油罐内的油气浓度，从而加剧油品蒸发。这种由于气体自然对流造成的油品损耗，称为自然通风损耗。

由于产生自然通风损耗的原因既有设备问题，也有管理问题，因此，只要加强日常管理，及时检查、保养、维修设备，自然通风损耗是可以避免的。

2. 油罐大呼吸损耗

油罐大呼吸损耗是指油罐在收发作业时，由于油品液面升降变化引起罐内气体空间体积改变而产生的损耗。

油罐收油时，罐内油品液面上升，挤压气体空间造成上部气体压缩，导致气体压力增加而产生排气；发油时，罐内油品液面下降，气体空间体积增大而压力减小，空气被吸入罐内，填补因发油而多出来的气体空间，吸入的空气使罐内油气浓度降低，加剧油品蒸发。

影响大呼吸损耗的主要因素：

（1）油品性质　密度越小，轻质馏分越多，损耗越大；沸点越低，损耗越大。

（2）作业流速　进出油速度越快，损耗越大，反之越小。

（3）油罐周转次数　油罐收发越频繁，则大呼吸损耗越大。

除此之外，大呼吸损耗还和油罐所处地理位置、大气温度、风向、风力以及油库管理水平等诸多因素有关。

3. 油罐小呼吸损耗

油罐小呼吸损耗是指油罐内油品在静止储存时,由于环境温度变化,导致油罐排出油气和吸入空气,造成的油品损失。

油品静止储存时,油气充满油罐气体空间。自日出到午后气温最高的时段,随着大气温度上升和太阳辐射强度增加,罐内油品和气体空间受热体积膨胀,同时油品蒸发加快,罐内气体空间内的油气压力升高,油气就被排至罐外。如果温度继续上升,这样的排气过程还将继续。

从午后到夜间,随着大气温度下降和太阳辐射强度减弱,罐内油品和气体空间遇冷体积收缩,罐内气体空间内的油气压力随之下降,罐外空气被吸入至罐内,稀释了罐内的油气浓度,又促使油品不断地蒸发,新蒸发的油气次日呼出逸入大气,造成油品损耗。

小呼吸损耗量的大小与温度变化、油罐装油高度、油品挥发性和膨胀性、油罐设计压力等因素密切相关,与温差大小成正比,与气体空间大小成反比。为维持罐内外气体空间压力平衡,小呼吸几乎每天都在发生,由此造成的油品损耗量不容忽视。

除了太阳辐射引起昼夜温度变化外,夏季骤降暴雨等极端天气导致温度急剧变化也会造成小呼吸损耗。

4. 空容器装油损耗

装油损耗又称为饱和损耗。空容器是指未装油的容器。装油时液态油品会挤压容器气体空间,导致容器内的气体排出,出现油品损耗。装油损耗的大小主要与容器内气体空间体积和装油流速有关,气体空间越大,装油速度越快,排出的油气越多,损耗就越大。

5. 清罐损耗

参照Q/SH 0519—2023《油罐清洗安全技术规范》的要求,清洗油罐前,要打开人孔、透光孔等设备对油罐进行通风,使油气浓度降至安全值以下。而黏附在罐体表面的油品也会随之蒸发,造成油品数量上的损失。

(二)残漏损耗

残漏损耗是指油品在保管、运输、销售中,由于油罐、车、船等容器内壁的黏附,容器内少量余油不能卸净和难以避免的滴洒、微量渗漏而造成数量上的损失。发生这些损耗时,油品不发生形态变化。残漏损耗大小主要与容器设备和操作有关。

二、油品损耗管理

油品一切损耗处理必须实事求是，不得弄虚作假；主要按运输损耗和保管损耗进行归集确认，不得随意改变损耗发生环节。各环节发生的溢余和损耗应单独确认和处理，不得将损耗确认汇总与溢余互相抵消后处理；对实际发生的损耗应严格按照损耗确认的标准，分定额内、超定额和非常规损失（由于不可抗力发生的意外损失，如自然灾害等）进行确认，不得随意混淆处理。在损耗管理过程中，要采取降低油品损耗的各种措施，严格把控各个环节产生的损耗量不得超过定额损耗量，对超耗部分，应当查明原因，并及时报告。

（一）油品损耗标准

我国幅员辽阔，各地区在不同季节气候变化差别较大，油品损耗情况各不相同，因此有必要针对全国不同地区、不同季节、不同作业环节的损耗率进行了明确规定，这对于提高油库管理水平和操作技术水平具有积极作用，同时也为解决交接过程中出现数量差的问题提供了依据。

1. 地区划分

（1）A类地区　江西、福建、广东、海南、云南、四川、湖南、贵州、台湾等省以及重庆市和广西壮族自治区。

（2）B类地区　河北、山西、陕西、山东、江苏、浙江、安徽、河南、湖北、甘肃等省以及宁夏回族自治区、北京市、天津市、上海市。

（3）C类地区　辽宁、吉林、黑龙江、青海等省以及内蒙古自治区、新疆维吾尔自治区、西藏自治区。

2. 季节划分

全年共分为夏秋季和春冬季。

A类、B类地区：每年一月至三月、十月至十二月为春冬季，四月至九月为夏秋季。

C类地区：每年一月至四月、十一月至十二月为春冬季，五月至十月为夏秋季。

3. 损耗标准

根据作业性质，损耗可分为储存损耗、装车（船）损耗、卸车（船）损耗、输转损耗、运输损耗等。

（1）储存损耗　储存损耗是指油品在静态储存期内，单座油罐在不进行收发作业时，因小呼吸而发生的油品损失，也称保管损耗。储存损耗率是月累计储存损耗量同月平均储存量的百分比（表4-14）。储存期内某座油罐有收、发作业时,该罐收、发作业时间内发生的损耗不属储存损耗。

表4-14 储存损耗率　　　　　　　　　　　单位：%

地区	立式金属油罐			隐蔽罐、浮顶罐
	汽油		其他油	不分油品、季节
	春冬季节	夏秋季节	不分季节	
A 类	0.11	0.21		
B 类	0.05	0.12	0.01	0.01
C 类	0.03	0.09		

注：卧式罐的储存损耗率可以忽略不计。隐蔽罐指建于地下、半地下、覆土和山洞中的油罐。

高原地区,根据油库所在地的海拔高度按表4-15修正储存损耗率。

表4-15 海拔高度修正损耗率

海拔高度/m	1001～2000	2001～3000	3001～4000	4001以上
增加损耗/%	21	37	55	76

（2）装车（船）损耗　装车（船）损耗是指油品从油罐装入铁路罐车、油船（驳）、汽车油罐车等运输容器内而产生的损失。装车（船）损耗率是石油产品装入车（船）时,输出量和输入量之差同输出量的百分比（表4-16）。

表4-16 装车（船）损耗率　　　　　　　　　单位：%

地区	汽油			其他油
	铁路罐车	汽车、罐车	油轮、油驳	不分容器
A 类	0.17	0.10		
B 类	0.13	0.08	0.07	0.01
C 类	0.08	0.05		

（3）卸车（船）损耗　卸车（船）损耗是指油品从车（船）卸入油

罐时而产生的损失。卸车（船）损耗率是从车（船）中卸下油品时，卸油量和输入量之差同卸油量的百分比（表4-17）。

表4-17 卸车（船）损耗率　　　　　　　　　　　　单位：%

地区	汽油		喷气燃料、柴油
	浮顶罐	其他罐	不分罐型
A类		0.23	
B类	0.01	0.20	0.05
C类		0.13	

注：其他罐包括立式金属罐、隐蔽罐和卧式罐。

（4）输转损耗　输转损耗是指油品在油罐与油罐之间通过密闭的管线转移时产生的损失。输转损耗率是油品转移时，输出量和输入量之差与输出量的百分比（表4-18）。

表4-18 输转损耗率　　　　　　　　　　　　单位：%

地区	汽油				其他油
	春冬季节		夏秋季节		不分季节、罐型
	浮顶罐	其他罐	浮顶罐	其他罐	
A类	0.01	0.15	0.01	0.22	0.01
B类		0.12		0.18	
C类		0.06		0.12	

注：罐型均指输入罐的罐型。

（5）运输损耗　运输损耗是指从发货点装入车（船）起，至车（船）到达卸货点止，整个运输过程中发生的损耗。运输损耗率是油品起运前和到达后车（船）装载量之差与起运前装载量的百分比（表4-19）。一批发运两节或两节以上的铁路罐车，起运前装载量为各车起运前装载量的总和；运输损耗量以一个批次为计算单位，即等于到达后各车损耗量的代数和。

表4-19 运输损耗率 单位：%

运输方式	水运			铁路运输			公路运输
行驶里程/km	500以下	501~1500	1501以上	500以下	501~1500	1501以上	50以上
汽油	0.24	0.28	0.36	0.16	0.24	0.30	50以上
其他油	0.15			0.12		0.01	每增加50km增加0.01，不足50km按50km计算

注：水运在途9d以上，自超过日起，按同类油品立式金属的储存损耗率和超过天数折算。

（二）油品损耗计算

现行国家标准GB/T 11085—1989《散装液态石油产品损耗》对成品油库各作业环节和分类项目的损耗大小做了规定，这是成品油库进行损耗管理的依据，同时也方便计量员按照损耗标准中的项目分类进行计算和损耗数量统计。成品油库执行"周检漏、月测耗"相关规定，定期对油品数量进行汇总，填报相关报表。

1. 储存损耗

月累计储存损耗量和月平均储存量的计算公式如下：

$$储存损耗量 = 油罐前次计量数 - 油罐后次计量数$$

$$储存损耗率 = \frac{月累计储存损耗量}{月平均储存量} \times 100\%$$

式中，月累计储存损耗量是该月内日储存损耗量的代数和；月平均储存量是该月内每天油品储存量的累计数除以该月的实际储存天数。

[例] 105号油罐某月盘点累计损耗5000kg，储油量3000000kg有6d，800000kg有5d，2800000kg有3d，1200000kg有6d，3100000kg有10d，两次输转损耗分别为1600kg和1500kg。求储存损耗率。

解：月累计储存损耗量=5000-1600-1500=1900（kg）

月平均储存量 =（3000000×6+800000×5+280000×3+1200000×6+3100000×10）÷（6+5+3+6+10）=2286667（kg）

$$储存损耗率 = \frac{月累计储存损耗量}{月平均储存量} \times 100\%$$
$$= \frac{1900}{2286667} \times 100\% = 0.083\%$$

2. 装、卸车（船）损耗

装、卸车（船）损耗量和损耗率的计算公式如下：

$$装车（船）损耗量 = 油罐输出量 - 车（船）输入量$$

$$装车（船）损耗率 = \frac{装车（船）损耗量}{油罐输出量} \times 100\%$$

$$卸车（船）损耗量 = 车（船）输出量 - 油罐输入量$$

$$卸车（船）损耗率 = \frac{卸车（船）损耗量}{车（船）输出量} \times 100\%$$

[例] 某油库从油船卸汽油入油罐，油船输出油量3409612kg，油罐收入油量3401798kg，B类地区的损耗率为0.20%。判断损耗量是否超出了标准规定的最大损耗量？

解：卸船损耗量（标准）=油船输出量×卸船损耗率
$$=3409612 \times 0.20\% = 6819（kg）$$

卸船损耗量（实际）= 车（船）输出量 - 油罐输入量
$$=3409612 - 3401798 = 7814（kg）$$

卸船损耗量（实际）=7814kg＞卸船损耗量（标准）=6819kg

故实际损耗量超出了定额损耗量。

3. 输转损耗

输转损耗量和损耗率的计算公式如下：

$$输转损耗量 = 油罐输出量 - 油罐输入量$$

$$输转损耗率 = \frac{输转损耗量}{输出油罐输出量} \times 100\%$$

[例] 两油罐间进行油品输转作业，201号油罐输出量1276402kg，204号油罐输入量1276286kg，求输转损耗率。

解：输转损耗量=油罐输出量-油罐输入量=1276402-1276286=116（kg）

$$输转损耗率 = \frac{输转损耗量}{输出油罐输出量} \times 100\%$$

$$= \frac{116}{1276402} \times 100\% = 0.0091\%$$

4. 运输损耗

采用运输容器（即运输容器内油品数量）交接计量时，运输损耗量和损耗率的计算公式如下：

$$运输损耗量 = 起运前计量数 - 卸货前计量数$$

$$运输损耗率 = \frac{运输损耗量}{起运前计量数} \times 100\%$$

[例] 用铁路罐车运一批柴油，起运前罐车计量数为208372kg，到达后罐车计量数208150kg，标准规定的定额损耗率为0.12%，运输损耗是否超过了定额损耗？

解：运输损耗量=起运前计量数−卸货前计量数=208372−208150=222（kg）

$$运输损耗率 = \frac{运输损耗量}{起运前罐车计量数} \times 100\%$$

$$= \frac{222}{208372} \times 100\% = 0.11\% < 0.12\%$$

如果采用油罐等计量交接，在计算时应考虑装、卸车（船）损耗量。

（1）起运前采用油罐或流量计计量

因为　起运前计量数=油罐（或流量计）输出量−装车（船）损耗量

装车（船）损耗量 = 油罐（或流量计）输出量 × 装车（船）损耗率

所以　起运前计量数=油罐（或流量计）输出量−装车（船）损耗量

= 油罐（或流量计）输出量 − 油罐（或流量计）输出量 × 装车（船）损耗率

= 油罐（或流量计）输出量 × ［1−装车（船）损耗率］

（2）卸货后采用油罐计量

因为　卸货前计量数=油罐输入量+卸车（船）损耗量

卸车（船）损耗量 = 卸货前计量数 × 卸车（船）损耗率

所以　卸货前计量数=油罐输入量+卸车（船）损耗量

= 油罐输入量 + 卸货前计量数 × 卸车（船）损耗率

$$= \frac{油罐输入量}{1-卸车（船）损耗率}$$

同一批同一种油品由多辆铁路罐车分装，发运的铁路罐车在两节或两节以上，则将每节罐车单独的计量数相加计算运输损耗。装、卸车（船）损耗率分别查表4−16和表4−17。

［例］用油轮装运柴油，起运前油罐输出量为3936051kg，油罐输入量为3910255kg，求运输损耗率。

解：查表4−16，柴油装船损耗率为0.01%；查表4−17，柴油卸船损耗率为0.05%。

起运前计量数 = 油罐输出量 × （1−装船损耗率）

=3936051 × （1−0.01%）=3935657（kg）

$$卸货前计量数 = \frac{油罐输入量}{1-卸船损耗率}$$

$$= \frac{3910255}{1-0.05\%} = 3912211（kg）$$

运输损耗量 = 起运前计量数 − 卸货前计量数

=3935657−3912211=23446（kg）

$$运输损耗率 = \frac{运输损耗量}{起运前计量数} \times 100\%$$

$$= \frac{23446}{3935657} \times 100\% = 0.60\%$$

查表4-19，柴油水运定额运输损耗率为0.15%，故实际损耗率超过国家标准的规定。

（三）油品损耗处理

1. 运输损耗处理

（1）在油品贸易交接中，供货、收货、运输三方要对损耗标准、各方责任权益、超耗索赔、结算方式等进行约定，各承其责。

（2）运输损耗按批计算，同批同品种发运的油品溢余损耗可以相抵，但单车超耗500kg以上时应单独核算，不得相抵。

（3）对于损耗溢余的成品油，参照Q/SH 0632—2015《成品油交接计量管理规范》的要求。互不找补幅度是指在贸易交接时计量方法和计量器具上存在的误差会导致计量结果的不确定性。运输损耗在扣除定额损耗后，超耗溢余的互不找补幅度标准：铁路罐车、汽车油罐车、整装油品为发油量的0.2%，油船为发油量的0.3%。互不找补幅度的大小，可以根据不同运输方式和所采用的计量器具的误差情况共同约定。

2. 保管损耗处理

油品保管期间的装卸、输转、储存损耗需分开记录，按月登记，可以按年确认并处理；未超出标准的损耗，油库应填报相关损耗报表，逐级上报审批；发生超出标准规定的损耗，油库须查明原因，明确责任，逐级上报核查后处理。

（四）超耗索赔

油库接收油品短损超出约定损耗时，收货方应立即与供货方联系，就超出运输定额损耗部分办理索赔。

三、虚假盈亏和降低损耗措施

（一）虚假盈亏

油品计量过程中，由于受计量员技术水平、测量条件及计量操作等因素影响，可能造成计算损耗量与实际损耗量差距较大，导致非正常的亏损超耗或较大盈余，这就是虚假盈亏。虚假盈亏不能真实反映油品损耗情况，不利于油品管理和结算，因此在损耗管理过程中，出现虚假盈亏时应对计算损耗量复盘分析，使油品计量结果更加准确可靠。通常我们可以从油品的体积、温度和密度三个方面查找原因。

1. 从油品体积查找

在各作业环节进行油品计量时，体积的减少量都不应该超出规定的损耗范围。如果体积的减少量超过定额损耗，就应该分析原因、查明情况。通常在作业前后分别测量油品的体积和温度，然后根据相应的体积修正系数VCF，按照现行国家标准GB/T 1885—1998《石油计量表》将油品体积都换算为标准体积进行比较。

此外，还有另一种方法可计算比较：设作业前的体积为V_1，体积修正系数为VCF_1，作业后的体积为V_2，体积修正系数为VCF_2，则可以通过$V_2 \times VCF_2$与$VCF_1 \times V_1$的比值进行比较。

体积发生差错可能有以下原因。

（1）容量（积）表不准　当油品体积存疑时，首先应审阅容积表是否正确、复核查表数据和油品体积计算过程。对于油罐来说，可能是检定数据有差错或容积编表时有计算错误，也可能是编表方法不当或容量（积）表有缺陷，如底部容积按均匀变化处理，缺少零位死量，浮顶罐的非计量段范围偏移，容量表超期使用等。对铁路罐车来说，可能是容积表号标错或查错。对于油船或汽车油罐车的舱容表更应注意是否在有效的检定周期内。

（2）油品高度测量出错　可能存在检尺操作动作不规范、读数不准确、量油尺不完好等问题，可以通过复测油高来查找原因。

（3）罐底存在影响液高测量的因素　例如，计量基准板有移动、计量基准点积有杂物或锈蚀凹陷、罐底受压后有较大的起伏变形等情况，有的可以通过复核总高来发现和纠正，有的则需要经过细致复杂的排查才能发现。

（4）大油罐收发作业　采用大油罐进行小批量收发作业时，由于作业量少，大油罐的油品液面变化幅度较小，不利于油品计量管理，因此提倡尽量用小罐收发小批量油品。

（5）作业前后管道存油量有变化　管道内存在气体时，会造成计量偏差，此时应判断管道的填充情况并修正计量结果。必要时应该在输油记录单上注明管道状况。

（6）窜油　尤其是在两个以上油罐同时单独收发作业时，如果发现储油罐数量超差，就可能发生窜油现象。

（7）容器的洁净度　注意检查车船等运输容器中是否有余油。

（8）在非计量区间测量　要尽量避免在非计量区间内对浮顶罐计量。

（9）水高变化　作业前后计量时都要测量水高，罐内的底部积水变化会影响油水高度。

2. 从油品温度查找

油品在静态储存、小批量发油或空容器装油时，油温变化不大。如果是在有存油的容器里，再输入温度不同的另一批油，此时混合以后的油温应该是原先两批油品温度的加权平均值。如设 t_1、m_1 为存油的温度和质量，t_2、m_2 为进油的温度和质量，那么混合后的温度：

$$t = \frac{m_1 t_1 + m_2 t_2}{m_1 + m_2}$$

油温发生差错可能有以下原因。

（1）读错温度或测温盒提起、温度计读数的速度太慢。

（2）温度计失准（如水银柱断裂、玻璃破裂、超期使用等）。

（3）温度计未放在规定的测温位置进行测量。

（4）未使用或者未正确使用温度计证书上给出的检定修正值。

（5）量油口是否开在不适当的位置。例如，量油口离罐壁太近而使测得的温度受到外界太大的影响，不能反映罐内真实的温度。

（6）必要时可以分层、多点测量油温，如此可在罐内油温有分层现象时测得具有代表性的温度。

3. 从油品密度查找

容器里的油品在没有因收油而增加时，其密度不应有明显的变化。收油以后，则可以计算两批油品的混合密度，即密度的加权平均值，再与实测密度进行比较。如设 ρ_1、V_1 为存油的密度和体积，ρ_2、V_2 为进油的密度和体积，那么混合密度：

$$\rho = \frac{V_1 \rho_1 + V_2 \rho_2}{V_1 + V_2}$$

油品密度发生差错可能有以下原因。

（1）测密度时读数错误或未按规定方法操作。

（2）密度计失准（如密度计压载室有裂痕、分度纸移动、超期使用等）。

（3）未使用或者未正确使用密度计证书上给出的检定修正值。

（4）未在规定的部位采集测密度用的油样。

（5）罐内油品存在密度分层。在密度测量时，发现密度有差异，如果没有其他明显的原因，一般都必须进行分层采样，检查是否存在密度分层，并据此计算罐内油品的真实密度。分层采样的分层间隔以不大于1m或更小为好，各层油样必须分别进行密度测量后再取平均值。

（二）降低损耗的措施

储运过程中，采取科学合理的管理和操作，以及符合损耗规律的降耗措施，可以有效降低油品损耗。

1. 降低油罐内温差

（1）喷淋冷却降温　喷淋冷却降温措施适用于长期储存的地上油罐的小呼吸损耗。通过油罐罐壁上的消防冷却水设施，在夏季白天对油罐进行喷水，流水可以带走罐体吸收的太阳辐射热，可以有效降低油品和油罐气体空间温度以及温差变化。

（2）防腐涂料降温　对于储存易挥发介质的地上油罐，可以采用热反射隔热涂料。它由热反射涂层 + 隔热中间层 + 环氧富锌或环氧云母底漆等三层组成，不仅具有防腐功能，其隔热中间层能阻挡热能传递，涂层表面能将太阳光中绝大部分反射掉，将吸收的光以红外敷设方式反射回大气，达到降温的目的。同时，涂料颜色对油罐小呼吸损耗也有影响，白色涂料对降低油品损耗的效果最好，黑色涂料最差。

（3）隔热降温　覆土油罐和洞式油罐具有良好的隔热性能，因此条件允许时，可以选用上述两种油罐，来降低温差。

2. 提高油罐设计压力

通过提高油罐设计压力，提升油罐气体空间承压能力，降低呼吸阀的起跳次数，减少油罐排气和吸气的频率。

3. 消除油面气体空间

地上油罐可在罐内安装内浮顶，内浮顶浮在液面上，避免油品液面直接与气体空间直接接触，可以极大减少蒸发表面，降低油品损耗。

4. 提升管理水平

（1）减少操作环节，合理使用油罐　油品运输过程中，多一次装卸就会多一次大呼吸损耗，每次输转都会产生大量损耗。因此，要尽量减少中间环节，减少输转次数。储备油库应加强对油罐的计划管理，合理使用油罐，尽量避免不必要的倒罐。

（2）适时安排作业，减少呼吸损耗　油罐小呼吸几乎每天都存在，可以利用大呼吸的吸气和排气冲抵小呼吸的排气和吸气，以此来减少呼吸损耗。具体来说，油罐发油尽量安排在温度升高、油罐小呼吸排气时进行，用发油来降低罐内升高的压力，就可少排气或不排气，以减少损耗量；反之，油罐收油尽量安排在温度降低、油罐小呼吸吸气时进行，可以少吸进空气，也可减少油品的蒸发量。

（3）定期检查设备密封情况　注意油罐设备的密封程度及锈蚀和损坏情况，经常维护保养，保持其技术状态完好。需要经常检查的地方包括量油孔、呼吸阀、与罐内相通的自动化装置及其附件、油泵、阀门、鹤管、法兰、油嘴等。在清罐时，还应检查底板情况，及时发现损坏和渗漏。

（4）合理安排取样，避免大量呼吸损耗　当油罐内外压差较大时开启量油孔盖，将会排出或吸进大量气体，损耗极大，应该尽量避免。计量或取样工作应尽量安排在油罐内外压差较小时进行，一般可在清晨、傍晚或者在油罐小呼吸刚排完气的时候进行。除非作业必需，否则不应随意打开量油孔、透光孔或取下呼吸阀阀盘。油罐在收发油时，只要罐内的压力处于呼吸阀控制的范围之内，就应该用呼吸阀呼吸，不能开启量油孔。

（5）规范操作，防止发生滴洒遗漏　油罐收油及装车装船时，必须密切注意和监控装油高度，防止溢油。使用鹤管等设备装油时，应避免油液滴洒、喷、溅，鹤管应该插至罐车底部，或者采取下部装油，避免油品飞溅增加损耗。接卸车船时，要将容器底部余油卸尽。接卸人员应注意巡视，防止油液残留。油船卸完后，具备冲舱条件的，最好进行洗舱。

第五章

成品油质量管理

　　成品油广泛使用于各行各业和日常生活，油品质量的好坏关系到车辆、飞机、机械设备能否正常长期稳定运行，因此在接收、储存、动用、轮换各个环节，应采用符合现行规范标准规定的试验方法，检验油品理化性质、使用性能和化学组成，评定油品是否符合质量要求。

第一节　成品油库化验室

成品油库化验室是油品质量监督管理的技术部门。现代科技高速发展，用油装备不断更新，对油品质量要求越来越高，油品检测手段也不断更新，化验人员要精进业务水平，落实化验室规章制度，充分发挥成品油库化验室的职能作用，做好油品质量监督和管理工作。

一、成品油库化验室的任务

成品油库化验室主要承担以下任务。
（1）负责日常油品化验分析工作。
（2）负责日常油品质量检查工作。
（3）建立健全油品质量档案，掌握库存油品质量动态，编制油品质量报表，提出油品轮换建议。
（4）检查油罐、铁路罐车、汽车油罐车、油船等储运设施洁净情况；对油罐和输油管道提出清洗建议。
（5）维护保养油品化验仪器设备，送检计量器具。

二、化验室的组成及要求

油品检验在化验室进行，化验室一般由操作间、天平间、油样间、试剂药品间、气瓶间等组成。

（一）建筑要求

成品油库化验室的建筑不仅要有良好的平面设计，满足功能上的需要，还必须考虑适用、美观、大方的要求。建筑面积根据担负的工作任务量及职能而定。化验室与油库其他设施的距离应符合现行国家标准GB 50160—2008《石油化工企业设计防火标准》（2018年版）中的防火防爆要求，并远离震源（如公路、铁路等）和烟囱，减少灰尘的侵袭和震动的影响。房屋结构应防震、防火、防尘、防潮、隔热，采光充足。

（二）室内设置

（1）操作间内应根据需要设置实验台、设备台、洗涤盆及通风柜。各房间内的布置应考虑统一性和灵活性。

（2）实验台、通风柜的选型和布置应满足各类管道安装、使用和检修的要求。

（3）实验台、通风柜之间的间距应符合现行国家标准GB/T 24820—2024《实验室家具通用技术条件》的相关规定。

（4）使用钢瓶气管道的设备台宜离墙布置，维修空间不宜小于600mm。

（三）必备条件

为保证化验操作的顺利进行，做好安全防护，化验室应具备良好的水、电、照明和通风条件。

1. 供水与排水

化验室的水源除用于洗涤外，还用于抽滤、蒸馏冷却等，所以水槽上应多安装几种水龙头，如普通水龙头、尖嘴龙头、高位龙头等。水槽的下水管一定要装水封管，下水管的水平段倾斜度要稍大些，以免管内积水。每个化验室应设地漏，以减少跑水事故的危害。化验室废水要妥善处理，避免造成环境污染。

2. 用电

化验室的电源功率应根据用电总负荷设计，设计要留有余量，进户线采用三相电源。化验室电源分照明用电和设备用电。设备用电中，24h运行的电路（如电冰箱）要单独供电，其余电路设备均由总开关控制，电烘箱、蒸馏水器等大功率电器设备应有专用开关。每个工作间都应装有适量的单相和三相标准插座。零线和地线要分开，精密仪器要单设地线，以保证仪器的正常运转。

3. 温湿度

化验室温湿度要适宜，室内的温度、湿度、气流速度变化，都可能对测定结果产生影响。不同季节有不同的要求，夏季的适宜温度为22~28℃，冬季为18~24℃；适宜的相对湿度为30%~70%，冬季不低于30%，夏季不高于70%。精密贵重仪器要求更严格。此外，化验室采光应合理利用自然光，室内应保持良好的通风。

三、成品油化验种类

成品油库油品化验按环节分为入库化验、出库化验、储存化验和其他化验等。

入库化验：油品到库后，在接卸油作业前按规定的化验项目进行的油品检验。

出库化验：油品出库作业前，按规定的化验项目进行的油品检验。

储存化验：油品储存过程中，按规定的储存期限和化验项目进行的油品检验。

其他化验：指检查、仲裁、特殊用途油品的检验。

油品检验项目的设置应充分考虑油品种类、油品质量以及化验室功能等因素。在检验工作中，可根据油库相关管理规定，确定相应的油品检验项目（表5-1至表5-4）。

表5-1 储备油品接收检验项目

油品名称	车用柴油	车用汽油	3号喷气燃料
检验项目	外观、水分、杂质 密度 馏程 色度 闪点 硫含量	外观、水分、杂质 密度 馏程 水溶性酸或碱 硫含量	外观、水分、杂质 密度 馏程 闪点 颜色（赛波特颜色测定法） 硫含量 水反应

表5-2 中石油油库化验室必检项目

油品名称	车用汽油	车用柴油
检验项目	馏程 硫含量 博士试验 机械杂质 水分 烯烃含量 铜片腐蚀	馏程 闭口闪点 凝点 冷滤点 色度 铜片腐蚀 硫含量

表5-3　油气管道工程化验室常规检验项目

油品名称	车用汽油	车用柴油
检验项目	馏程 密度 水分 机械杂质	馏程 密度 水分 机械杂质 闪点 凝点 黏度

表5-4　中航油油库化验室核对检验项目

油品名称	喷气燃料	备注
检验项目	外观	
	密度	
	闪点	接收非专用轮船、多品种管道输送的喷气燃料时应检测闪点
	电导率	
	固体颗粒污染物含量	该项检验可根据油品质量情况确定是否进行

四、仪器和试剂的管理

成品油库化验室使用的仪器设备和药品试剂种类繁多，应由专人负责采购、保管、请领和维修，统一建账管理，做到名称、规格、数量、单价准确；根据仪器和试剂特性进行保管和维护，确保其处于完好状态。

（一）仪器设备的管理

（1）实验室应建立仪器设备档案，有性能状态标识，按规定位置摆放，做到仪器设备配套齐全，严禁挪用。

（2）计量器具检定证书应妥善保管，小件贵重仪器要专柜加锁保管。

（3）仪器设备应按说明书要求定期检修保养，仪器检修情况应记入仪器设备档案，并妥善保管。

（4）仪器设备的技术性能无法修复时，办理报废手续，严禁擅自报废仪器设备。

储备油库化验室仪器配置见表5-5。

表5-5 储备油库化验室仪器配置

序号	化验仪器设备名称	单位	数量
1	水分测定仪	台	1
2	机械杂质测定仪	台	1
3	密度测定仪	台	1
4	石油产品蒸馏测定仪	台	2~4
5	铜片腐蚀测定仪	台	1
6	银片腐蚀测定仪	台	1
7	色度测定仪	台	1
8	实际胶质分析仪	台	1
9	自动汽油氧化安定性测定仪	台	1
10	水溶性酸碱测定仪	台	1
11	柴油氧化安定性测定仪	台	1
12	运动黏度测定仪	台	1
13	多用途低温性能测定仪	台	1
14	闭口闪点测定仪	台	1
15	赛波特色度测定仪	台	1
16	酸值酸度测定仪	台	1
17	硫含量测定仪	台	1
18	航煤水反应测定仪	台	1
19	电导率测定仪	台	1
20	药品柜	个	1
21	电冰箱	台	1
22	干燥箱	个	1
23	蒸馏水机	台	1
24	电热恒温水浴箱	个	1

续表

序号	化验仪器设备名称	单位	数量
25	电热板	个	1
26	电子分析天平	台	1
27	实验室用空压机	台	1
28	中央实验台	座	1

注：①摘自建标168—2014《国家储备成品油库建设标准》。

②石油产品蒸馏测定仪根据油库规模配置。大型库配置4台；中型库配置3台；小型库配置2台。

（二）试剂的管理

化学试剂大多数具有一定的毒性及危险性，对化学试剂加强管理不仅是保证分析结果质量的需要，也是确保人身生命财产安全的需要。

（1）化学试剂的管理应根据试剂的毒性、易燃性、腐蚀性和潮解性等不同的特点，以不同的方式妥善管理，应由专人负责管理并制定严格的试剂领用制度。领用后及时做好领用记录，剧毒、放射性物体及其他危险物品要单独存放。存放剧毒物品的药品柜应坚固、保险，实行"双人保管、双人收发、双人领料、双人锁"的保管制度。

（2）实验室内只宜存放少量短期内需用的药品、试剂，易燃易爆试剂应放在铁柜中，柜的顶部要有通风口，严禁在实验室内存放大量试剂。

（3）对于一般试剂如无机盐，应有序地存放在试剂柜内，可按元素周期系类族或按酸、碱、盐、氧化物等分类存放。

（4）存放试剂时要注意化学试剂的存放期限，某些试剂在存放过程中会逐渐变质甚至形成危害物，如醚类、四氢呋喃、烯、液体石蜡等在见光条件下，若接触空气可形成过氧化物，放置时间越久越危险。某些具有还原性的试剂，如苯三酚、四氢硼钠以及金属铁丝、铝、镁、锌粉等易被空气中的氧所氧化变质。

（5）化学试剂必须分类隔离存放，不能混放在一起，如石油醚、甲醇、乙醇、丙酮、甲苯等易燃类液体，它们极易挥发成气体，遇明火即燃烧。这类试剂要求单独存放于阴凉通风处，存放最高室温不得超过30℃，特别要注意远离火源，并分别存放。

（6）剧毒化学试剂要锁入柜内，双人双锁，领导要定期检查。剧毒、易制毒化学试剂如甲苯、丙酮等，这些试剂属于管制类试剂，要按

（7）定期检查化学试剂，超期失效试剂要妥善处理，严禁乱倒乱放、污染环境。

按照我国化学试剂经营目录，将8500多种试剂分为以下十类：无机分析试剂、有机分析试剂、特效试剂、基准试剂、标准物质、指示剂和试纸、仪器分析试剂、生化试剂、高纯物质、液态晶体（表5-6）。这种分类方法也被国际许多试剂公司所采用。

表5-6 化学试剂分类

序号	名称	说明
1	无机分析试剂	无机化学品，可细分为金属、非金属、氧化物、酸、碱、盐等
2	有机分析试剂	有机化学品，可细分为烃、醇、醚、醛、酮、酸、胺等
3	特效试剂	在无机分析中用于测定、分离被测组分的专用有机试剂，如沉淀剂、显色剂、萃取剂等
4	基准试剂	我国将滴定分析用标准试剂称为基准试剂，pH基准试剂用于pH计的校准（定位）。基准试剂是化学试剂中的标准物质，其主要成分含量高，化学组成恒定
5	标准物质	用于分析或校准仪器的有定值的化学标准品
6	指示剂和试纸	指示剂是滴定分析中用于指示滴定终点，或用于检验气体或溶液中某些物质存在的试剂。试纸是用指示剂或试剂溶液处理过的滤纸条
7	仪器分析试剂	用于仪器分析的试剂，如色谱试剂和制剂、核磁共振分析试剂等
8	生化试剂	用于生命研究的试剂
9	高纯物质	用于某些特殊需要的材料，如半导体和集成电路用的化学品、单晶及痕量分析用试剂其纯度一般在"4个9"（99.99%）以上，杂质总量在0.01%以下
10	液态晶体	既具有流动性、表面张力等液体的特征，又具有光学各向异性、双折射等固态晶体的特征

五、天平的使用管理

天平是化验室重要的计量器具。为确保称量的准确性，延长天平的使用寿命，必须按相关管理规定，正确地使用和维护天平。

（一）天平的分类

从天平的构造原理来分类，天平分为机械式天平（杠杆天平）和电子天平两大类（图5-1）。杠杆天平又可分为等臂双盘天平和不等臂双刀单盘天平。杠杆天平依据杠杆原理，电子天平依据电磁力平衡原理。

（1）托盘天平

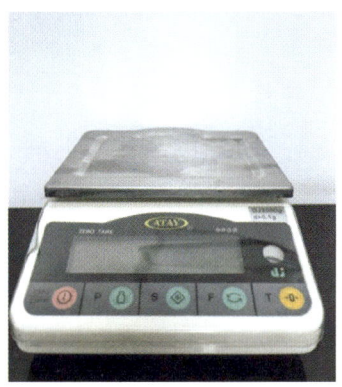
（2）电子天平

图5-1　常见天平仪器

常用天平包括托盘天平、工业天平、分析天平。选择天平种类应根据称量要求的精度、载荷、工作特点、价格等。

（二）天平的计量性能

（1）稳定性。

（2）灵敏性。

（3）正确性。

（4）示值不变性。

检查天平的计量性能的过程通常称为天平的检定，天平的检定周期一般为1年。

（三）天平室、天平台的要求

（1）天平室应避免阳光直射，以减少天平室内温差。

（2）天平室要防震，因天平的防震要求较高。

（3）天平室要清洁、无尘，最好是双层窗，要求无气流扰动。

（4）天平室温度应保持稳定，最好能控制在20～25℃，相对湿度应保持在50%～75%。

（5）天平台要求主要是防震动设计。

（四）天平使用注意事项

（1）天平内要放入干燥剂，并注意及时更换。每次称量前都应检查天平的水平状态，检查和调整天平的零点。绝不可使天平载重超过其最大负荷。

（2）在同一次实验中应使用同一台天平。不得使用天平称量过冷和过热物品，被称物品的温度应与室温接近，潮湿、脏或腐蚀性物品不能放在天平盘上，样品或试剂应放在表面皿、称量瓶、坩埚内再称量。被称物品应尽量放在天平盘的中央。

（3）转动天平的升降旋钮要缓慢，取放称量物品和加减砝码前，必须转动升降旋钮使天平梁的天平盘托起，以免损坏玛瑙刀口。

（4）称量时应将天平的门关好。称量结束后应将天平梁及天平盘托起，将砝码指数盘回零，关好天平门，切断电源，罩上天平罩。

第二节　成品油质量技术要求和试验方法

成品油质量管理，就是通过相关试验方法，准确地掌握油品的各项指标，如酸度、酸值、黏度、芳烃、硫含量、闪点等，从而判断油品的质量和使用性能的过程。这些质量指标直接关系到油品的安全性和使用效果。例如，酸度和酸值可以判断油品的腐蚀性和使用性能；黏度则影响油品的流动性和润滑效果。目前我国制定了相关油品的技术要求和试验方法，有效规范了成品油的质量管理。本节主要介绍车用汽油、车用柴油和3号喷气燃料的质量指标。

一、油品质量指标

油品的性能指标是控制生产过程和评价油品质量及使用价值的重要参数。油品的理化性质与其化学组成和分子结构特点密切相关。油品是多种烃类和非烃化合物组成的复杂混合物，油品分子组成难以准确地确定，很多性质没有加和性，因而油品品种繁多，用途各异，其性能指标往往具有很强的条件性和针对性。

（一）油品蒸发性能

油品的蒸发性能是反映其气化、蒸发难易的重要性质，可用蒸气压、馏程等来描述。油品蒸发速度的影响因素很多，在储运和使用条件相同时，油品蒸发性用馏程和饱和蒸气压来衡量。

1. 馏程

油品是多种烃的混合物，不同于纯物质有固定的沸点，其沸点表现为一个较宽的温度范围，称沸程或馏程。在蒸馏试验中，多数液体燃料测定初馏点、馏出温度、终馏点及干点。

（1）初馏点　在规定条件下进行蒸馏时，当第一滴冷凝液从冷凝器末端落下的瞬间所记录的温度读数。

初馏点可以表示燃料中所含最轻组分的沸点，但不能判断轻馏分的含量多少。

（2）馏出温度　在规定条件下进行蒸馏时，量筒内回收的冷凝液达到某一规定体积时所同时观察到的温度。

10%馏出温度可以表明燃料中轻组分的大概含量，它影响发动机的低温启动性能。

50%馏出温度表示燃料的平均蒸发性能，它和发动机的预热（暖车）和加速有较大的关系。

90%馏出温度表示燃料中重馏分含量，它与燃料在发动机中完全蒸发和燃烧有较大关系。

（3）终馏点　在规定条件下进行蒸馏时，在最后阶段所记录的最高温度读数。

终馏点表示燃料中所含最重组分的沸点。它和90%馏出温度一样可用来判断燃料对发动机磨损和油耗的影响。

（4）干点　在规定条件下进行蒸馏时，当蒸馏烧瓶底部最后一滴液体蒸发气化的瞬间所记录的温度读数。

在使用中，一般采用终馏点而不用干点。

2. 饱和蒸气压

饱和蒸气压是液体燃料蒸发性好坏的重要指标。

（1）蒸气压是在标准条件下，石油产品在规定仪器中释放的蒸气所产生的压力。

（2）空气饱和蒸气压是指在规定试验温度下，含空气的液体在无溶解水的情况下产生的绝对压力（在真空中产生的压力）。

对纯物质而言，在一定温度条件下，液体在密闭容器内蒸发出来的气体分子所产生的压力，就是该液体的饱和蒸气压，其值越大表明蒸发性越强。液体燃料中所含各种烃的饱和蒸气压随温度下降而减小。

（二）油品燃烧性

油品燃烧性能主要通过闪点、燃点和自燃点、辛烷值、十六烷值等指标来评定。

1. 闪点、燃点和自燃点

闪点：在标准试验条件下，加热油品所逸出的蒸气被火焰引燃发生闪火的最低温度。

燃点：在规定条件下，在油品表面施加小火焰后，油品被点燃并持续燃烧规定时间的最低温度。

自燃点：在规定条件下测定时，油品在无火焰存在下自发着火的温度。

2. 汽油辛烷值和品度值

汽油是点燃式发动机（汽油机）的燃料。汽油在发动机内燃烧时防止产生爆震[1]的能力，称为汽油的抗爆性。汽油的抗爆性差，发动机则易产生爆震，不仅会使耗油率增加，功率下降，甚至会损坏机件，缩短使用寿命。

（1）辛烷值　表示火花点燃式发动机燃料抗爆性的约定数值。在规定的试验条件下与被测汽油抗爆性相同的标准燃料中所含异辛烷的体积百分数。

（2）品度值　表示辛烷值在100以上的航空汽油抗爆性的数值。在规定条件下的标准发动机试验中，燃料发出的功率与异辛烷发出功率相比的百分数。燃料的品度值越高表示该燃料在富油混合气工作条件下可发出的功率越高，抗爆性也越好。

3. 柴油十六烷值和柴油指数

柴油是压燃式发动机（柴油机）的燃料，其着（发）火难易的性能，称为着（发）火性能，一般采用十六烷值和柴油指数进行表示。

（1）十六烷值　在规定的条件下表示柴油着（发）火性能的约定数值。

（2）柴油指数　表示柴油在柴油机中着火性能的一个计算值。该值由相对密度和苯胺点[2]计算得来。柴油指数高，表示柴油的着火性能好。

（三）油品流动性

黏度是液体流动的内部阻力，它是评价油品流动性的指标。油品黏度越大，说明液体流动的内部阻力越大，流动性越差；反之，流动性越好。在油品输送时，黏度对流量和压力降有重要影响，因此是工艺计算中必不可少的物性参数。

---

[1] 在火花点燃式发动机中，因空气、燃料混合物的自燃而产生的、可闻爆响的现象。
[2] 在规定条件下，油品与等体积苯胺完全混溶时的最低平衡溶解温度。

（四）油品低温性能

油品的低温性能是指在低温条件下能否顺利泵送和通过油滤的性能。各种石油产品都可能在低温下储存、输送和使用，如在北方冬季或在高空情况下使用。因此，发动机燃料低温性能就成为油品的重要指标。根据石油产品种类和用途不同，分别用浊点、冰点、凝点、冷滤点、倾点等指标表征低温性能。

1. 浊点

在规定条件下，由于出现蜡晶体，清澈的液体石油产品首次呈雾状或浑浊时的最高温度称为浊点。

2. 冰点

在规定条件下，燃料在冷却时形成固态烃类结晶，随温度回升其烃类结晶消失时的最低温度称为冰点。

3. 凝点

在规定条件下，油品冷却至停止移动时的最高温度称为凝点。它是柴油的重要指标，柴油牌号通过凝点来进行区分。

4. 冷滤点

在规定的冷却条件下，给定体积的燃料不能在规定时间通过标准过滤装置时的最高温度称为冷滤点。

5. 倾点

在规定条件下，被冷却的油品能够流动的最低温度称为倾点。

（五）油品安定性

在正常的贮存或使用条件下，石油产品保持其性质不发生本质变化的能力称为安定性（稳定性）。

氧化安定性是指石油产品抵抗大气（或氧气）的作用而保持其性质不发生本质变化的能力。油品中胶质含量的增加、酸度（值）增大及沉淀的析出均属氧化安定性，因此通常所说的油品安定性多指氧化安定性。

液体燃料的安定性一般用下列指标评定。

1. 胶质

在普通的储存和操作条件下可溶于产品中，但经蒸发可沉积出来的汽油或中间馏分油中的聚合物或含氧组分称为胶质。

（1）实际胶质　在规定试验条件下，航空燃料未作进一步处理的蒸发残余物。

（2）未洗胶质　在规定试验条件下，非航空燃料未做进一步处理的蒸发残余物。

（3）溶剂洗胶质　在规定试验条件下，非航空燃料的蒸发残余物用正庚烷冲洗，并将冲洗液废弃后所留下的残余物。

（4）潜在胶质　航空燃料在加速老化的强氧化条件下，用规定的试验方法所得到的可溶胶质和不溶胶质的总和。

2. 碘值

在规定条件下，与100g油品反应所消耗的碘的克数称为碘值，用于指示油品的不饱和度。

液体燃料中的不饱和烃可与碘发生加成反应，根据这一原理，可用碘值的大小来表明燃料中的不饱和烃的含量多少，燃料的碘值越高，燃料中的不饱和烃就越多，安定性就越差。

3. 诱导期

在规定的加速氧化条件下，油品处于稳定状态所经历的时间周期称为诱导期，即从加速氧化条件开始至到达规定拐点所经历的时间。通常以确定的氧吸收率来判断。

4. 10%蒸余物残炭

残炭是指在规定的限氧（空气）条件下，石油产品发生受控热分解后形成的残余物。

10%蒸余物残炭是指将石油产品采用所规定的蒸馏方法蒸出90%（体积分数）后，对所剩余的10%（体积分数）蒸余物进行测定所得的残炭。

残炭是油品中胶状物质和不稳定化合物的间接指标，残炭越大，油品中不稳定烃类和胶质物质就越多。10%蒸余物残炭能大致反映柴油在油嘴和汽缸零件上形成积炭的倾向。

（六）油品腐蚀性

腐蚀是指在一种材料（通常为金属）表面和其所处环境介质之间所发生的化学或电化学反应，从而引起材料的损毁及其性能的降低。而油品腐蚀性是指油品对所接触的材料的破坏能力。油品中硫化物、有机酸及水分等物质会腐蚀其所接触的油罐、设备、管道及管道附件，造成安全隐患。

1. 硫含量

硫含量是指存在于石油产品中的单质硫及硫化物（如硫化氢、硫醇、硫醚、二硫化物等）中硫的总含量。硫含量以油品中所有的硫占油品的百分数表示，测定的基本原理是根据不同油品的性质，采用不同的方式，将油料燃烧，使全部硫化物转化为二氧化硫，吸收后标定，计算元素硫的含量。

2. 酸度或酸值

酸度：在规定条件下，中和100mL石油产品中的酸性物质所需氢氧化钾的毫克数。

酸值（总酸值）：在规定条件下，滴定中和1g石油产品中所有酸性组分所需要的碱量。

3. 水溶性酸或碱

水溶性酸或碱是指存在于油品中可溶于水的酸性或碱性物质。它是一个定性的质量指标，通过判断油品中水溶性酸及碱的存在，可以控制油品的酸碱精制过程及腐蚀性能。水溶性酸或碱还会加速油品的老化，所以油料中存在有微量的水溶性酸或碱都是不合格的。

4. 腐蚀试验

腐蚀试验是在规定条件下，测定石油产品对一种或多种金属腐蚀作用的试验，常见的包括铜片试验和银片试验。

试验时，将金属片（如铜片或银片）制成一定尺寸和形状，经过表面磨光，在一定温度下一定时间，取出试片用乙醇和苯混合液洗净，与标准色板进行比较，根据金属片的颜色变化来判断其腐蚀程度。

（七）油品洁净性

油品在生产、运输、储存和使用过程中，会混入灰尘、沙土、铁锈和水分等外来杂质，还会因氧化而产生变质物。外来杂质和变质物（统称污染物）的多少及其在油品中的存在状态称油品的洁净分散性（清净分散性）。

1. 机械杂质

机械杂质是存在于油品中所有不溶于规定溶剂的杂质。我国现行石油产品标准中规定，机械杂质可用目视检查和定量测定，目视检查是将油样注入直径为40~60mm的玻璃量筒中，对光观察，看有无悬浮或沉降在筒底的杂质，合格产品应清澈透明。

2. 水分

水分是存在于石油产品中的水的含量，它是油品的洁净性的质量指标之一。测定水分的方法是在油品中加入无水溶剂（工业溶剂油或直馏汽油80℃以上的馏分），于蒸馏瓶内共同蒸馏，蒸出液冷凝后收集于特制的水分接收器中。至水分全部蒸出后，读取接收管底部水分的毫升数，并以质量分数表示油样的水分含量，当油品的含水量小于0.03%时，认为是痕迹。经过充分精制的油品中，一般是不含水分的。

3. 灰分

灰分是石油产品经燃烧和热解后无碳残余物的质量分数。

（八）电导率

电导率是表示物质传输电流能力强弱的一种测量值，是衡量物质内部电荷分布均匀性的物理量。

静止电导率是在不存在离子损耗和极化时，无电荷燃料电阻率的倒数，即在电极之间施加直流电压之后，最初瞬时的电导率。

在油品检测中，电导率主要用于评价油品的清洁度和杂质含量。通常情况下，电导率越高，油品的品质越好。油品的电导率与其成分、添加剂以及生产工艺等因素密切相关。在一定程度上，电导率可以反映油品的化学成分和物理性质。优质油品的电导率较高，说明其内部杂质较少，具有较好的清洁性和稳定性。而电导率较低的油品，可能含有较多的有害物质，容易对设备产生不良影响。

二、车用汽油

现行国家标准GB 17930—2016《车用汽油》规定了车用汽油的技术要求和试验方法（表5-7、表5-8），适用于点燃式发动机使用的、由石油制取或由石油制取的加有改善使用性能添加剂的车用汽油。

表5-7　车用汽油（VIB）技术要求和试验方法

项目		质量指标			试验方法
		89号	92号	95号	
抗爆性					
研究法辛烷值（RON）	不小于	89	92	95	GB/T 5487
抗爆指数（RON+MON）/2	不小于	84	87	90	GB/T 503、GB/T 5487
铅含量[①]/（g/L）	不大于		0.005		GB/T 8020
馏程					
10%蒸发温度/℃	不高于		70		
50%蒸发温度/℃	不高于		110		GB/T 6536
90%蒸发温度/℃	不高于		190		
终馏点/℃	不高于		205		
残留量（体积分数）/%	不大于		2		

续表

项目		质量指标			试验方法
		89号	92号	95号	
蒸气压[②]/kPa 　11月1日至4月30日 　5月1日至10月31日			45～85 40～65[③]		GB/T 8017
胶质含量/（mg/100mL） 　未洗胶质含量（加入清净剂前） 　溶剂洗胶质含量	不大于 不大于		30 5		GB/T 8019
诱导期/min	不小于		480		GB/T 8018
硫含量[④]/（mg/kg）	不大于		10		SH/T 0689
硫醇（博士试验）			通过		NB/SH/T 0174
铜片腐蚀（50℃，3h）/级	不大于		1		GB/T 5096
水溶性酸或碱			无		GB/T 259
机械杂质及水分			无		目测[⑤]
苯含量[⑥]（体积分数）/%	不大于		0.8		SH/T 0713
芳烃含量[⑦]（体积分数）/%	不大于		35		GB/T 30519
烯烃含量[⑦]（体积分数）/%	不大于		15		GB/T 30519
氧含量[⑧]（质量分数）/%	不大于		2.7		NB/SH/T 0663
甲醇含量[①]（质量分数）/%	不大于		0.3		NB/SH/T 0663
锰含量[①]/（g/L）	不大于		0.002		SH/T 0711
铁含量[①]/（g/L）	不大于		0.01		SH/T 0712
密度[⑨]（20℃）/（kg/m³）			720～775		GB/T 1884、GB/T 1885

注：车用汽油（ⅥA）的烯烃含量不大于18%，其余要求与车用汽油（ⅥB）相同。

①车用汽油中，不得人为加入甲醇以及含铅、含铁和含锰的添加剂。

②也可采用SH/T 0794进行测定，在有异议时，以GB/T 8017方法为准。换季时，加油站允许有15d的置换期。

③广东、海南全年执行此项要求。

④也可采用GB/T 11140、SH/T 0253、ASTM D7039进行测定，在有异议时，以SH/T 0689方法为准。

⑤将试样注入100mL玻璃量筒中观察，应当透明，没有悬浮和沉降的机械杂质和水分。在有异议时，以GB/T 511和GB/T 260方法测定结果为准。

⑥也可采用GB/T 28768、GB/T 30519、SH/T 0693进行测定，在有异议时，以SH/T 0713方法为准。

⑦也可采用GB/T 11132、GB/T 28768进行测定，在有异议时，以GB/T 30519方法为准。

⑧也可采用SH/T 0720进行测定，在有异议时，以NB/SH/T 0663方法为准。

⑨也可采用SH/T 0604进行测定，在有异议时，以GB/T 1884、GB/T 1885方法为准。

表5-8 98号车用汽油（VIA、VIB）技术要求和试验方法

项目		质量指标	试验方法
抗爆性			
研究法辛烷值（RON）	不小于	98	GB/T 5487
抗爆指数（RON+MON）/2	不小于	93	GB/T 503、GB/T 5487
铅含量[①]/（g/L）	不大于	0.005	GB/T 8020
馏程			
10%蒸发温度/℃	不高于	70	
50%蒸发温度/℃	不高于	110	
90%蒸发温度/℃	不高于	190	GB/T 6536
终馏点/℃	不高于	205	
残留量（体积分数）/%	不大于	2	
蒸气压[②]/kPa			
11月1日至4月30日		45~85	GB/T 8017
5月1日至10月31日		40~65[③]	
胶质含量/（mg/100mL）			
未洗胶质含量（加入清净剂前）	不大于	30	GB/T 8019
溶剂洗胶质含量	不大于	5	
诱导期/min	不小于	480	GB/T 8018
硫含量[④]/（mg/kg）	不大于	10	SH/T 0689
硫醇（博士试验）		通过	NB/SH/T 0174
铜片腐蚀（50℃，3h）/级	不大于	1	GB/T 5096
水溶性酸或碱		无	GB/T 259
机械杂质及水分		无	目测[⑤]
苯含量[⑥]（体积分数）/%	不大于	0.8	SH/T 0713
芳烃含量[⑦]（体积分数）/%	不大于	35	GB/T 30519
烯烃含量[⑦]（体积分数）/%	不大于	15	GB/T 30519
氧含量[⑧]（质量分数）/%	不大于	2.7	NB/SH/T 0663
甲醇含量[①]（质量分数）/%	不大于	0.3	NB/SH/T 0663
锰含量[①]/（g/L）	不大于	0.002	SH/T 0711

续表

项目		质量指标	试验方法
铁含量①/（g/L）	不大于	0.01	SH/T 0712
密度⑨（20℃）/（kg/m³）		720～775	GB/T 1884、GB/T 1885

注：①车用汽油中，不得人为加入甲醇以及含铅、含铁和含锰的添加剂。
②也可采用SH/T 0794进行测定，在有异议时，以GB/T 8017方法为准。换季时，加油站允许有15d的置换期。
③广东、海南全年执行此项要求。
④也可采用GB/T 11140、SH/T 0253、ASTM D7039进行测定，在有异议时，以SH/T 0689方法为准。
⑤将试样注入100mL玻璃量筒中观察，应当透明，没有悬浮和沉降的机械杂质和水分。在有异议时，以GB/T 511和GB/T 260方法测定结果为准。
⑥也可采用GB/T 28768、GB/T 30519、SH/T 0693进行测定，在有异议时，以SH/T 0713方法为准。
⑦也可采用GB/T 11132、GB/T 28768进行测定，在有异议时，以GB/T 30519方法为准。
⑧也可采用SH/T 0720进行测定，在有异议时，以NB/SH/T 0663方法为准。
⑨也可采用SH/T 0604进行测定，在有异议时，以GB/T 1884、GB/T 1885方法为准。

三、车用柴油

现行国家标准GB 19147—2016《车用柴油》规定了车用柴油的技术要求和试验方法（表5-9），适用于压燃式发动机汽车使用的、由石油制取或加有改善使用性能添加剂的车用柴油，不适用于以生物柴油为调合组分的车用柴油。

表5-9 车用柴油（Ⅵ）技术要求和试验方法

项目		质量指标						试验方法
		5号	0号	-10号	-20号	-35号	-50号	
氧化安定性（以总不溶物计）/（mg/100mL）	不大于			2.5				SH/T 0175
硫含量①/（mg/kg）%	不大于			10				SH/T 0689
酸度（以KOH计）/（mg/100mL）	不大于			7				GB/T 258
10%蒸余物残炭②（质量分数）/%	不大于			0.3				GB/T 17144
灰分（质量分数）/%				0.01				GB/T 508
铜片腐蚀（50℃，3h）/级	不大于			1				GB/T 5096
水含量③（体积分数）/%	不大于			痕迹				GB/T 260

续表

项目		5号	0号	-10号	-20号	-35号	-50号	试验方法
润滑性校正磨痕直径（60℃）/μm	不大于	460						SH/T 0765
多环芳烃含量④（质量分数）/%	不大于	7						SH/T 0806
总污染物含量/(mg/kg)	不大于	24						GB/T 33400
运动黏度⑤（20℃）/(mm²/s)		3.0 ~ 8.0		2.5 ~ 8.0		1.8 ~ 7.0		GB/T 265
凝点/℃	不高于	5	0	-10	-20	-35	-50	GB/T 510
冷滤点/℃	不高于	8	4	-5	-14	-29	-44	SH/T 0248
闪点（闭口）/℃	不低于	60		50		45		GB/T 261
十六烷值	不小于	51		49		47		GB/T 386
十六烷指数⑥	不小于	46		46		43		SH/T 0694
馏程 50% 回收温度/℃	不高于	300						GB/T 6536
90% 回收温度/℃	不高于	355						
95% 回收温度/℃	不高于	365						
密度⑦（20℃）/(kg/m³)		810 ~ 845			790 ~ 840			GB/T 1884 / GB/T 1885
脂肪酸甲酯⑧（体积分数）/%	不大于	1.0						NB/SH/T 0916

注：①也可采用GB/T 11140和ASTM D7039进行测定，结果有争议时，以SH/T 0689方法为准。

②也可采用GB/T 268进行测定，结果有争议时，以GB/T 17114方法为准。若车用柴油中含有硝酸酯型十六烷值改进剂，10%蒸余物残炭的测定应使用不加硝酸酯的基础燃料进行。车用柴油中是否含有硝酸酯型十六烷值改进剂的检验方法见GB 19147—2016附录B。

③可用目测法，即将试样注入100mL玻璃量筒中，在室温（20℃±5℃）下观察，应当透明，没有悬浮和沉降的水分。也可采用GB/T 11133或GB/T 0246测定，结果有异议时，以GB/T 260方法为准。

④也可采用SH/T 0606进行测定，结果有异议时，以SH/T 0806方法为准。

⑤也可采用GB/T 30515进行测定，结果有异议时，以GB/T 265方法为准。

⑥十六烷指数的计算也可采用GB/T 11139。结果有异议时，以GB/T 0694方法为准。

⑦也可采用SH/T 0604进行测定，结果有争议时，以GB/T 1884和GB/T 1885方法为准。

⑧脂肪酸甲酯应满足GB/T 20828要求。也可采用GB/T 23801进行测定，结果有异议时，以NB/SH/T 0916方法为准。

四、3号喷气燃料

现行国家标准GB 6537—2018《3号喷气燃料》规定了3号喷气燃料的技术要求和试验方法（表5-10），适用于航空涡轮发动机用3号喷气燃料。

表5-10　3号喷气燃料技术要求和试验方法

项目		指标	试验方法
外观		室温下清澈透明，目视无不溶解水及固体物质	目测
颜色	不小于	+25①	GB/T 3555
组成			
总酸值（以KOH计）/（mg/g）	不大于	0.015	GB/T 12574
芳烃（体积分数）/%	不大于	20.0②	GB/T 11132
烯烃（体积分数）/%	不大于	5.0	GB/T 11132
总硫（质量分数）/%	不大于	0.20	SH/T 0689③
硫醇硫④（质量分数）/%	不大于	0.0020	GB/T 1792
或博士试验		通过	NB/SH/T 0174
直馏组分体积分数/%		报告	—
加氢精制组分体积分数/%		报告	—
加氢裂化组分体积分数/%		报告	—
合成烃组分体积分数/%		报告	—
挥发性			
馏程			GB/T 6536⑤
初馏点/℃		报告	
10%回收温度/℃	不高于	205	
20%回收温度/℃		报告	
50%回收温度/℃	不高于	232	
90%回收温度/℃		报告	
终馏点/℃	不高于	300	
残留量（体积分数）/%	不大于	1.5	
损失量（体积分数）/%	不大于	1.5	
闪点（闭口）/℃	不低于	38	GB/T 21789⑥
密度（20℃）/（kg/m³）		775~830	GB/T 1884、GB/T 1885⑦
流动性			
冰点/℃	不高于	−47	GB/T 2430⑧
运动黏度/（mm²/s）			GB/T 265⑨
20℃	不小于	1.25⑩	
−20℃	不大于	8.0	
燃烧性			
净热值/（MJ/kg）	不小于	42.8	GB/T 384⑪
烟点/mm	不小于	25.0	GB/T 382
或烟点最小为20mm时，萘系烃含量（体积分数）/%	不大于	3.0	SH/T 0181
腐蚀性			
铜片腐蚀（100℃，2h）/级	不大于	1	GB/T 5096
银片腐蚀⑫（50℃，4h）/级	不大于	1	SH/T 0023

续表

项目		指标	试验方法
安定性			
热安定性（260℃，2.5h）			GB/T 9169
压力降/kPa	不大于	3.3	
管壁评级/级		小于3，且无孔雀蓝色或异常沉淀物	
洁净性			
胶质含量/(mg/100mL)	不大于	7	GB/T 8019[13]
水反应[14]			GB/T 1793
界面情况/级	不大于	1b	
分离程度/级	不大于	2	
固体颗粒污染物含量/(mg/L)	不大于	1.0	SH/T 0093
导电性			
电导率[15]/(pS/m)		50~600	GB/T 6539
水分离指数			SH/T 0616
未加抗静电剂	不小于	85	
或加入抗静电剂	不小于	70	
润滑性			
磨痕直径 WSD/mm	不大于	0.65[16]	SH/T 0687

注：经铜精制工艺的喷气燃料，油样应按SH/T 0182方法测定铜离子含量，不大于150μg/kg。

含有合成烃的喷气燃料要求应符合GB 6537—2018中4.3的要求。

① 民用喷气燃料颜色为"报告"。从供应商输送到客户过程中，客户接收喷气燃料时，颜色若出现变化，执行以下要求：初始赛波特颜色大于+25，变化不大于8；初始赛波特颜色在15~25，变化不大于5；初始赛波特颜色小于15时，变化不大于3。

② 对于民用航空燃料规定为体积分数不大于25.0%。

③ 硫含量的测定也可采用GB/T 380、GB/T 11140、GB/T 17040、SH/T 0253、NB/SH/T 0842，如有争议时以SH/T 0689为准。

④ 硫醇硫和博士试验可任做一项，当硫醇硫和博士试验发生争议时，以硫醇为准。

⑤ 所有符合本标准的燃料在GB/T6 536方法中应分在第四组，冷凝管温度为0~4℃。

⑥ 闪点的测定也可以采用GB/T 21929和GB/T 261，如有争议时以GB/T 21789为准。

⑦ 密度的测定也可采用SH/T 0604方法，如有争议时以GB/T 1884、GB/T 1885为准。

⑧ 冰点的测定也可采用SH/T 0770方法，如有争议时以GB/T 2430为准。

⑨ 黏度的测定也可采用GB/T 30515方法，如有争议时以GB/T 265为准。

⑩ 对于民用航空燃料，20℃的黏度指标不作要求。

⑪ 净热值的测定也可采用GB/T2 429、ASTMD3338方法，如有争议时以GB/T 384为准。

⑫ 对于民用航空燃料，此项指标可不要求。

⑬ 胶质的测定也可采用GB/T 509，如有争议时以GB/T 8019为准。

⑭ 对于民用航空燃料，对此项指标不作要求。

⑮ 燃料离厂时要求大于150pS/m（20℃）。如燃料不要求加抗静电剂，对此项指标不作要求。

⑯ 民用航空燃料要求磨痕直径不大于0.85mm。

五、油品质量指标试验方法

油品检验是对油品进行质量分析和性能评估的重要过程。油品检验方法多种多样，采用国家规定的试验方法，可以为油品后续的使用和处理提供依据。油品的试验方法见表5-7至表5-10。下面简单介绍几种质量指标试验方法。

（一）酸度的测定

酸度的试验方法符合现行国家标准GB/T 258—2016《轻质石油产品酸度测定法》的有关规定。

1. 方法原理

汽油、柴油和煤油中所含酸性物质主要为环烷酸，环烷酸为有机酸，易溶于烃类有机物而难溶于水。酸度测定中，用乙醇溶液与待测油品加热共沸，沸腾的乙醇溶液可将有机酸抽提出来，再用已知浓度的氢氧化钾-乙醇标准溶液趁热滴定，通过消耗的标准溶液体积，计算出试验中有机酸浓度。

2. 主要试验步骤

（1）指示剂的配制　汽油、柴油、煤油的酸度测定常用指示剂有酚酞、碱性蓝6B和甲酚红三种，配制方法如下。

①酚酞指示剂：酚酞指示剂常用浓度为1g/L，由于指示剂用量通常较少，因此以配制100mL为例。称取0.1g酚酞，然后用少量95%乙醇或无水乙醇溶解，定量转移至100mL容量瓶后再用同样质量等级的乙醇定容稀释到100mL，摇匀后转移至滴瓶中备用。

②碱性蓝6B指示剂：测定酸度所用碱性蓝6B浓度为20g/L，配制时将2g碱性蓝6B溶于100mL煮沸的95%乙醇中，在水浴中加热回流1h，冷却后过滤。配制好的该指示剂通常需进行灵敏度调节，其中一种方法为先用刻度吸量管准确量取0.5mL指示剂，加入约50mL刚煮沸的乙醇中，用微量酸式滴定管以0.05mol/L的KOH-乙醇滴至溶液刚好变为浅红色，记录消耗的碱液体积。将该体积按比例放大至所配碱性蓝6B-乙醇溶液体积加入未中和的指示剂溶液中，实际加入量最好略少于理论值，以免过量。摇匀后再次按上述方法测定指示剂灵敏度，重复操作直至每0.5mL指示剂恰好需1~2滴上述浓度碱液中和成浅红色，冷却后又恢复为蓝色为止。

③甲酚红指示剂：甲酚红指示剂常用浓度为1g/L，配制时称取0.1g甲酚红，研细后溶解于100mL 95%乙醇中，并在水浴中煮沸回流5min，

趁热用KOH-乙醇溶液（3g/L）滴定至甲酚红-乙醇指示液由橘红色变为深红色，而在冷却后又能恢复为橘红色为止。

（2）乙醇的精制　根据现行行业标准SH/T 0079—1991《石油产品试验用试剂溶液配制方法》，如精制约800mL乙醇，则称取1.5g $AgNO_3$，3g KOH（试剂均为分析纯试剂）加入1L 95%乙醇中，摇动3~4min，静置后过滤到蒸馏烧瓶中，用水浴进行加热蒸馏，弃去最初蒸出的10%和最终蒸余的10%，各约100mL，收集中间78℃的馏分保存在具塞玻璃瓶中。

（3）0.05mol/L KOH-乙醇标准溶液配制　称取3g KOH，溶于100mL水（符合GB/T 6682—2008三级水规格）中，再用900mL精制乙醇稀释，摇匀后保存在棕色具塞玻璃瓶中，静止24h后取上层清液标定。

（4）测定酸度

①取50mL 95%乙醇注入锥形瓶内，用装有回流冷凝管的塞子塞住锥形瓶后将95%乙醇煮沸5min。

②在煮沸过的乙醇中加入0.5mL碱性蓝6B-乙醇溶液（或者甲酚红溶液）后，在不断摇荡下趁热用0.05mol/L的KOH-乙醇标准溶液将其中和，直至锥形瓶中的混合物从蓝色变为浅红色（或者从黄色变为紫红色）为止。

在煮沸过的95%乙醇中加入数滴酚酞作为指示剂时，按同样方法中和至呈现浅玫瑰红色为止。

③将试样注入中和过的热的95%乙醇中，在（20±3）℃温度下量取，汽油、煤油取50.0mL，柴油取20.0mL，在回流冷凝的状态下再次煮沸5min。

④对已加有碱性蓝溶液或甲酚红溶液的混合物，此时应再次加入0.5mL碱性蓝6B-乙醇溶液或者甲酚红溶液，就在不断摇荡下趁热用0.05mol/L的KOH-乙醇标准溶液中和。直至95%乙醇层的碱性蓝溶液颜色从蓝色变为浅红色（甲酚红溶液从黄色变为紫红色）为止，或直至95%乙醇层的酚酞溶液呈现浅玫瑰红色为止。

在每次滴定过程中，自锥形烧瓶停止加热到滴定终点所经过的时间不应超过3min。记录滴定试样混合物时所消耗的标准溶液体积。根据标准溶液浓度可算出待测试样酸度。

3. 结果报出

结果>1时，保留3位有效数字，结果<1时保留2位有效数字，单位为mg KOH/100mL。该规定与"保留至小数点后两位"定义有所不同，如酸度<0.1mg KOH/100mL或>10mg KOH/100mL时，二者报出结果精度不同，需留意原始记录的填写。最终结果计算前应多保留一位小数。滴定管初、终读数均应保留3位小数，如"0.000mL"，同时油样体积记录为"20.0mL"。

（二）水溶性酸或碱的测定

水溶性酸或碱的试验方法符合现行国家标准GB/T 259—1988《石油产品水溶性酸及碱测定法》的有关规定。

1. 方法原理

用蒸馏水抽提试样中的水溶性酸碱，然后分别用甲基橙或酚酞指示剂检查抽出溶液颜色的变化情况或者用酸度计测定抽提物的pH，以判断油品中有无水溶性酸、碱的存在。

2. 主要试验步骤

（1）样品处理

①液体石油产品：将50mL试样和50mL蒸馏水放入分液漏斗，加热至50~60℃（轻质石油产品，如汽油和溶剂油等均不加热）。对50℃运动黏度大于75mm^2/s的石油产品，应预先在室温下与50mL汽油混合，然后加入50mL加热至50~60℃的蒸馏水。将分液漏斗中的试验溶液轻轻地摇动5min，不允许乳化，放出澄清后下部水层，经滤纸过滤后滤入锥形瓶中。

②添加剂样品：向分液漏斗中加入10mL试样和40mL溶剂油，再加入50mL蒸馏水（50~60℃），摇动5min，澄清后分出下部水层，过滤至锥形瓶。

（2）判定水溶性酸碱

①用指示剂测定水溶性酸、碱：向第一支试管和第二支试管中分别放入1~2mL抽提物，在第一支试管中，加入2滴甲基橙溶液，并将它与装有相同体积蒸馏水和2滴甲基橙溶液的第三支试管相比较。如果抽提物呈玫瑰色，则表示所测石油产品中有水溶性酸存在。在第二支试管中加入3滴酚酞溶液，如果溶液呈玫瑰色或红色时，则表示有水溶性碱存在。

②用酸度计测定水溶性酸、碱：向烧杯中加入30~50mL抽提物，电极浸入深度为10~12mm，用酸度计测定pH。根据表5-11来进行判定。

③仲裁试验：当对石油产品质量评价出现不一致时，则水溶性酸或碱的仲裁试验以酸度计测定为准。

表5-11 酸度计判定水溶性酸碱

石油产品水（或乙醇水溶液）抽提物特性	pH
酸性	< 4.5
弱酸性	4.5 ~ 5.0
无水溶性酸或碱	5.0 ~ 9.0
弱碱性	9.0 ~ 10.0
碱性	> 10.2

3. 结果报出

（1）方法中仅针对酸度计法进行了精密度和结果报出规定，报出的结果要求是重复测定两个pH，取算术平均值。

（2）结合产品标准和实际操作情况，对采用指示剂法进行测定的结果，当抽提物呈玫瑰色时，报出石油产品中有水溶性酸；当抽提物呈玫瑰色或红色时，报出石油产品中有水溶性碱；若没出现上述颜色时，则报出石油产品中无水溶性酸或碱。

（3）精密度要求 同一操作者所提出的两个结果之差，不应大于0.05，该精密度规定仅适用于酸度计法。

（三）水含量的测定（蒸馏法）

水含量的试验方法符合现行国家标准GB/T 260—2016《石油产品水含量的测定 蒸馏法》的有关规定。

1. 方法原理

将一定量的试油和溶剂（沸点在100℃左右，且与水互不相溶）混合，在规定的水分测定器中进行蒸馏。加入的溶剂降低了试油的黏度，可避免含水试油沸腾时引起冲击和起泡现象。蒸馏时加入的溶剂和水一起沸腾并蒸出，可将试油中含有的水携带出来，经冷凝后冷凝液流入接收器中。由于水的密度比溶剂的密度大，水分沉降到接收器的下部，接收器上部的溶剂返回蒸馏瓶。随着不断地蒸馏，水分不断被溶剂携带出来，不断沉降到水分接收器下部。根据试油的量和蒸出水分的体积，可以计算出试样中含水的体积分数或质量分数，作为石油产品所含水分的测定结果。

2. 主要试验步骤

（1）操作步骤

①试样测试前需摇匀：液体试样要在原容器内摇匀，必要时加热摇匀。

②根据试样类型，取适量的试样，准确至±1%。按照标准要求转入蒸馏瓶中。

③按照被测样品的种类选择适合的抽提溶剂种类。

④可在蒸馏瓶中加入玻璃珠或助沸材料，以减轻暴沸，磁力搅拌可以有效防止暴沸。

⑤通过估算样品中的水含量，选择适当的接收器，确保蒸气和液体相接触的密封按照标准要求，进行蒸馏装置的安装。冷凝管及接收器需清洗干净，以确保蒸出的水不会粘到管壁上，而全部流入接收器底部。在冷凝管顶部塞入松散的棉花，以防止大气中的湿气进入，在冷凝管的夹套中通入循环冷却水。

⑥加热蒸馏瓶，调整试样沸腾速度，使冷凝管中冷凝液的馏出速率为2~9滴/s。继续蒸馏至蒸馏装置中不再有水（接收器中除外），接收器中的水体积在5min内保持不变。如果冷凝管上有水环，小心提高蒸馏速率，或将冷凝水的循环关掉几分钟。

⑦待接收器冷却至室温后，用玻璃棒或聚四氟乙烯棒，或其他合适的工具将冷凝管和接收器壁黏附的水分拨移至水层中。读出水体积，精确至刻度值。

（2）结果计算　根据试样的量取方式，按下式计算水在试样中的体积分数φ（%）或质量分数ω（%）：

$$\varphi = \frac{V_1}{V_0} \times 100\%$$

$$\varphi = \frac{V_1}{m/\rho} \times 100\%$$

$$\varphi = \frac{V_1 \rho_\text{水}}{m} \times 100\%$$

式中　V_0——试样的体积，mL；

V_1——测定试样时接收器中的水分，mL；

m——试样的质量，g；

ρ——试样20℃时的密度，g/cm³；

$\rho_\text{水}$——水的密度，取值为1.00g/cm³。

3. 结果报出

（1）报告水含量结果以体积分数或质量分数表示。

（2）对100mL或100g的试样，若使用2mL或5mL的接收器，报告水含量的测定结果精确至0.05%；若使用10mL或25mL的接收器，则报告结果精确至0.1%。

（3）使用10mL精密锥形接收器时，水含量小于（含等于）0.3%时，报告水含量的测定结果精确至0.03%；水含量大于0.3%时，则报告结果精确至0.1%。试样的水含量小于0.03%，结果报告为"痕迹"。在仪器拆卸后接收器中没有水存在，结果报告为"无"。

（四）闪点的测定（闭口杯法）

闪点（闭口）的试验方法符合现行国家标准GB/T 261—2021《闪点的测定　宾斯基-马丁闭口杯法》的有关规定。

1. 方法原理

将试样倒入试验杯中，在规定的速率下连续搅拌，并以恒定速率加热试样。以规定的温度间隔，在中断搅拌的情况下，将火源引入试验杯开口处，使试样蒸气发生瞬间闪火，且蔓延至液体表面的最低温度，此温度为环境大气压下的观察闪点，再用公式修正到标准大气压下的闪点。

2. 主要试验步骤

（1）仪器准备　仪器应安装在无空气流的房间内，并放置在平稳的台面上。

①试验杯清洗：先用清洗溶剂冲洗试验杯、试验盖及其他配件，以除去上次试验留下的所有胶质或残渣痕迹，再用清洁的空气吹干试验杯，确保除去所用溶剂。

②仪器组装：检查试验杯、试验杯盖及其附件，确保无损坏且无样品沉积，然后按照顺序组装好仪器。

③仪器校验：用有证标准样品（CRM）按照下文试验步骤每年至少校验仪器一次。

（2）取样　除非另有规定，取样应按照GB/T 4756、CB/T 27867或GB/T 3186或相当的标准进行。采取必要的预防措施，避免样品中挥发性组分损失或将水分引入样品。样品储存温度避免超过30℃，将样品装入合适的密封容器中。

（3）样品处理

①分样：在至少低于样品预期闪点18℃下进行分样。样品可在同一样品容器中采取。重复性实验第二个样品取样时，样品容器中的样品量至少充满至容器容积的50%以上。

②含未溶解水的样品：如果样品中含有未溶解的水，在样品混匀前应将水分离出来，因为水的存在会影响闪点的测定结果。

③室温下为液体的样品：取样前将样品摇均匀，尽可能避免挥发性

组分损失。

(4) 试验步骤　含水较多的残渣燃料油试样应小心操作，因为加热后此类试样会起泡并有可能从试验杯中溢出。试样的体积应大于容器容积的50%，否则会影响闪点的测定结果。

①记录试验环境大气压，不要求修正到0℃下的大气压。

②将试样倒入试验杯至加料线，安装好仪器和温度计。

③点燃试验火焰，将火焰直径调节为3.2～4.8mm。

④调整加热速率：在整个试验期间，试样以5～6℃/min的速率升温，且搅拌速率为90～120r/min，搅动方向向下。

⑤当试样的预期闪点不高于110℃时，从预期闪点以下（23±5）℃开始点火，试样每升高1℃点火一次，点火时停止搅拌。

当试样的预期闪点高于110℃时，从预期闪点以下（23±5）℃开始点火，试样每升高2℃点火一次，点火时停止搅拌。

⑥点火操作：使用试验杯盖上的滑板操作旋钮或点火装置点火，火焰在0.5s内下降至试验杯的蒸气空间内，并在此位置停留1s，然后迅速升高至原位置。

⑦闪点出现：火源引起试验杯内产生明显闪火的温度作为试样的观察闪点，并记录。不要把真实闪点到达之前，出现在试验火焰周围的淡蓝色光轮与真实闪点相混淆。

⑧闪点的判定：所记录的观察闪点温度与最初点火温度的差值应在18～28℃，否则认为此结果无效，更换新试样重新进行试验，调整最初点火温度，直至获得有效的测定结果。

3. 结果报出

(1) 大气压读数的转换　如果测得的大气压读数不是以kPa为单位的，可换算到以kPa为单位。

$$以hPa为单位的读数 \times 0.1 = 以kPa为单位的读数$$

$$以mbar为单位的读数 \times 0.1 = 以kPa为单位的读数$$

$$以mmHg为单位的读数 \times 0.1333 = 以kPa为单位的读数$$

(2) 观察闪点的修正　用下式将观察闪点修正为标准大气压（101.3kPa）下的闪点（T_C）：

$$T_C = T_o + 0.25(101.3 - p)$$

式中　T_o——环境大气压下的观察闪点，℃；

　　　p——环境大气压，kPa（本式在大气压为82.0～104.7kPa范围内为精确修正，超出此范围也可适用）；

　　　0.25——常数，℃/kPa。

（3）结果表示：结果报告修正到标准大气压（101.3kPa）下的闪点，精确至0.5℃。

（五）硫含量的测定（紫外荧光法）

硫含量的试验方法以现行行业标准SH/T 0689—2000《轻质烃及发动机燃料和其他油品的总硫含量测定法（紫外荧光法）》为准。

1. 方法原理

将烃类试样直接注入裂解管或进样舟中，由进样器将试样送至高温燃烧管，在富氧条件下，硫被氧化成二氧化硫（SO_2）；试样燃烧生成的气体在除去水后被紫外光照射，二氧化硫吸收紫外光的能量转变为激发态的二氧化硫（SO_2^*），当激发态的二氧化硫返回到稳定态的二氧化硫时发射荧光，并由光电倍增管检测，由所得信号值计算出试样的硫含量。

2. 主要试验步骤

（1）仪器准备

①按照制造厂提供的说明书安装仪器并进行检漏。

②根据进样方式调节仪器。

③按照要求，调节仪器的灵敏度、基线稳定性，并进行仪器的空白校正。

④配制硫标准溶液，按照相关操作要求校准仪器。

（2）试验步骤

①按照GB/T 4756—2015《石油液体手工取样法》采取样品获得测定试样，试样的硫浓度必须介于校正所用标准溶液的硫浓度范围之内，即大于低浓度的标准溶液，小于高浓度的标准溶液。如有必要，可对试样用重量法或体积法稀释。

a. 质量稀释。记录试样的质量、试样加溶剂的总质量。

b. 体积稀释。记录试样的质量、试样加溶剂的总体积。

②按照测定仪器规定的操作方法，测定试样溶液的响应值。

③检查燃烧管和流路中的其他部件，以确定试样是否完全燃烧。

a. 直接进样系统。如果发现有积炭或烟灰，应减少试样进样量或降低进样速度，或同时采取这两种措施。

b. 舟进样系统。如果发现样品舟上有积炭或烟灰，应延长进样舟在炉内的停留时间；如果在燃烧管的出口端发现积炭或烟灰，应降低进样舟的进样速度或减少试样进样量，或同时采取这两种措施。

c. 清除和再校正。按照制造厂的说明书，清除有积炭或烟灰的部件。在清除、调节后,重新安装仪器和检漏。在再次分析试样前,需重新校正仪器。

④每个样品重复测定3次,并计算平均响应值。

3. 结果报出

对硫含量小于或等于10μg/g的结果报出质量分数时,保留5位小数;大于10μg/g的结果报出质量分数时,保留4位小数;报出单位为μg/g时,保留小数点后1位。

第三节　油品储存质量管理

油品储存质量管理就是在油品储存过程中,要掌握各种油品的性质及其在储存中的质量变化规律,保证油品在库储存期间安全、稳定、可靠。通过采取正确的技术和管理措施,改善油品储存条件,延缓油品质量变化,从而延长油品储存期限的过程。

一、引起油品质量变化的原因

(一)油品轻质成分蒸发

油品在储存中轻质成分会不断蒸发,造成数量损失,这种因蒸发而引起的数量损失称为蒸发损失。严重的蒸发损失还会引起油品质量变化。例如,汽油中的轻质成分蒸发后,将使初馏点和10%馏出温度升高,饱和蒸气压降低,辛烷值下降。

(二)油品发生氧化现象

油品在长期储存中,会逐渐发生氧化。烃类的氧化反应是链反应,最初是少量活泼的烃因光照或受热发生分解,产生性质活泼的自由基,自由基极易与氧作用,生成一系列的氧化中间产物。最初的氧化产物主要是自由基和过氧化物,它们都能溶解在燃料中,因此看不出燃料的显著变化。进一步氧化会生成醇、醛、酮和酸性物质,使燃料的酸度有一定增加。随着反应的继续进行,一些物质经过聚合作用,就产生了胶质。胶质是一种分子质量很大的深褐色氧化产物,呈溶解状态,使燃料的颜色逐渐变深。随着氧化和聚合加剧,胶质越来越多,最后胶质便聚合成黏稠的胶状沉淀物。氧化的结果是燃料的酸度增大,实际胶质增加，颜色变深，严重氧化时还会产生沉淀。随着氧化的进行，实际胶质持续增加，酸度波动性增加。

（三）油品因杂质造成污染

油品储存过程中，如果接触的设备器材清洗不干净，就会使杂质和水分混入油中。在刮风、下雨、下雪等恶劣天气进行收发、测量等作业时，如果没有适当的防护措施，都容易使杂质混入。保证存储油品有良好的洁净度，是油品质量管理的一项经常性工作。

（四）油品因混油造成污染

油品混油的情况很复杂，有的是不同品种、不同牌号的油相混；有的是含添加剂与不含添加剂的油相混；有的是质量不同的油相混。混油多发生在收发作业过程中，例如，阀门开错或关闭不严；接收油品品种牌号弄错；原来盛装的油品品种没有弄清；用同一管道输送不同油品时管道存油没有放净等。油品储存过程中，由于阀门不严，在管道连通的油罐之间，处于高处的油品自流到低处油品中去，导致大量混油。

（五）其他引起质量变化的因素

近年来，在油品储存过程中还出现一些其他质量变化情况，如腐蚀性异常增大、异常变色和悬浮物等，这些质量问题主要出现在喷气燃料中。此外，加了抗静电剂的喷气燃料，长期储存后抗静电剂可能被容器或管道表面吸附，导致抗静电剂浓度降低，出现抗静电剂衰减，表现为喷气燃料电导率下降，可在使用前补加适量抗静电剂加以解决。

二、油品储存质量变化的特点

不同油品组成不同，性能各异，特别是氧化安定性有明显的差异，在储存中的氧化情况和表现也各不相同。

（一）车用汽油

在车用汽油储存中，引起质量变化的原因主要是蒸发损失和氧化，最容易变化的质量指标包括色度、实际胶质、酸度、馏程、饱和蒸气压等。

车用汽油轻质组分越多，储存中蒸发损失越严重。蒸发损失会导致馏程温度升高、饱和蒸气压下降。目前，我国车用汽油除少量仅由催化裂化、直馏馏分和加氢产品调合外，大部分是由催化裂化组分与其他组分调合而成，甚至全部为催化裂化组分，烯烃含量达25%~30%，因此在储存中易氧化变质，导致实际胶质和酸度升高，颜色变深。

（二）车用柴油

车用柴油馏分比较重，在储存中不易蒸发损失，因此引起质量变化的主要原因是氧化变质。我国柴油主要是催化裂化馏分，有些柴油还含有减黏裂化馏分，不饱和烃的含量较大，同时含硫、氮、氧的非烃类化合物含量也较高，在储存过程中酸度、实际胶质和氧化安定性变化较快，并会出现黑色沉淀，颜色也明显变深。例如，有的油库储存-10号轻柴油，入库时是淡黄色，一年后就变成深黄色，一年以上就变成褐色；有的-10号轻柴油入库时实际胶质为48mg/100mL，储存半年后实际胶质达68mg/100mL，而且罐底有较多沉淀物。

（三）3号喷气燃料

喷气燃料蒸发性较汽油小，储存中不会因蒸发引起明显的质量变化。喷气燃料一般为直馏或加氢产品，烯烃或非烃化合物含量都很少，氧化安定性好，储存中不易氧化变质，长期储存质量变化也很小，只是酸度略有增高，实际胶质含量略有增加，颜色略微变深。

虽然喷气燃料质量比较稳定，但并不意味着储存中不会发生质量变化，喷气燃料质量变化主要表现在外观、银片腐蚀、悬浮物等方面。

1. 喷气燃料腐蚀

喷气燃料银片腐蚀不合格主要是油品中活性硫（硫化氢、元素硫等）、无机酸、有机酸、碱类等超标造成的。硫元素是导致银片腐蚀的主要原因之一，硫元素含量越高，银片腐蚀的程度越严重。硫元素在喷气燃料中以多种形式存在，包括硫化氢、单质硫等，这些硫化物会对银片产生腐蚀作用。在日常管理中，随水而来的细菌（如食硫酸盐菌、好氧真菌）对喷气燃料银片腐蚀也会存有影响。通过规范接收化验、及时排放罐底水、油罐杀菌等措施，可有效预防银片腐蚀问题。

2. 喷气燃料变色

各种燃料在长期储存过程中因为氧化生成胶质，都会出现不同程度的变色，这种情况属于正常变色。喷气燃料变色后的理化指标通常不会明显变化，对使用究竟有多大影响尚不得而知。但从化学安定性来讲，喷气燃料的变色，说明质量已发生了变化，燃料氧化安定性降低。因此，在工作中应尽量防止喷气燃料变色，如减少燃料与铜接触的机会和时间，加油车用完后应把过滤器中的油品抽回油罐中。已变色的油品不宜继续存放。

3. 喷气燃料悬浮物

悬浮物是指喷气燃料储存中出现的悬浮在喷气燃料内部或表面的各种絮状物、片状物、头皮状物的总称，以絮状悬浮物最为常见，通常呈无色、淡黄色或黄褐色。悬浮物的来源有以下几方面：一是外界带入的纤维和尘土等污染物；二是储运容器和设备不洁净；三是微生物在油水界面繁殖产生头皮状悬浮物；四是某些原油组成成分不同（如卡塔尔原油），生产喷气燃料会产生悬浮物。可通过过滤的方法除去由外界带入的纤维和尘土等污染物，部分絮状、纤维状和片状悬浮物无法通过沉降的方式除去。

三、延缓油品质量变化的相关措施

油品质量变化受自身特性和储存环境两方面的影响。油品的特性与组成成分和性质有关，是由原油的类型和炼制过程决定的，改进炼制工艺，提高产品质量，是延缓油品变质的根本措施。油品一经生产，其质量变化就与客观储存条件直接相关，因此在油品入库、储存、出库的过程中，要重点关注引起质量变化的关键环节，预防和延缓发生油品质量变化。

（一）减少蒸发和氧化变质

在储存过程中，蒸发和氧化是引起油品质量变化的主要原因。首先，蒸发是物理变化，氧化则是化学变化，它们都与温度密切相关。温度高，蒸发和氧化的速度快，温度低则慢。其次，蒸发和氧化都与空气接触情况有关，蒸发空间越大（如油罐装油不满），蒸发越多；空气流通越快，越易蒸发；氧气作用量越大，氧化越快。此外，日光照射、接触金属也会加速氧化。

在储存中为了减少油品蒸发和氧化变质，可以采取以下措施。

1. 降低温度，减小温差

温度升高，蒸发和氧化加剧。温度促使蒸发加剧是通过加速液体本身的分子运动而起作用的，温度促使氧化加剧是通过加速油品中烃分子和氧分子的化学反应而起作用的，其本质都是供给油品分子一定的能量，以加速其物理和化学变化。降低温度既可减少蒸发，也可延缓氧化。试验表明：如果汽油的蒸发损失不大，如损失2%～2.5%时，馏程无明显变化。但当蒸发损失达到3%～4%时，馏出温度即有明显升高，如10%馏出温度升高6℃、50%馏出温度升高4℃、90%馏出温度升高2℃；同时，饱和蒸气压下降约13kPa。油品在氧化过程中，当胶质含量生成到一定数量时，会加速氧化反应。汽油的胶质含量在10mg/100mL时，胶质含量增长缓慢；当胶质含量增至20mg/100mL左右时，由于反应速度加快，胶质含量增长速度也显著加快。

减小温差对防止蒸发和氧化也很有效。温度变化越快，"小呼吸"越频繁；温差越大，"小呼吸"程度越深；"小呼吸"不仅呼出燃料蒸气造成蒸发损失，而且还会不断向油罐中补充新鲜空气，加速燃料氧化。

2. 尽量装满安全容量，减少气体空间

储存油品时，除应根据油温变化留出必要的膨胀空间外，尽可能装满。未装至安全容量的同品种、同牌号、质量相当、经试验可以混储的油品，应当及时并装。少量发油时要发完一个容器再发另一个容器，以减少罐内的气体空间。气体空间增大，不仅油品蒸发量加大，而且因为氧气多、氧化快，酸度、胶质增长也越快。

3. 容器壁涂防护材料，减少油品与金属的接触

在油品容器内壁涂上防护层，可以防止金属对油品的催化作用，同时也可防止油品氧化产物对金属的腐蚀作用，进而减少金属腐蚀产物对油品的污染和催化。

4. 定期清洗油罐，排除水分杂质

容器（主要是金属容器）长期不清洗，空气中的水分、灰尘和容器中的铁锈等便会落入油中，使油品中水分、杂质含量增加，水分还会降低油品中添加剂的含量，加速油品氧化变质。因此，必须按照油罐的维护要求定期清洗油罐，清除脏油，擦去铁锈。聚集在容器底部的水分杂质应经常放出，无底部放水设备的容器，应使用抽底排水的方法排出。

5. 坚持储存化验，遵守质量报告制度

为了掌握油品在储存中的质量变化情况，使质量管理措施更有针对性，对库存油品必须按规定期限和项目进行化验，及时填写"库存油品质量档案表"，建立质量档案，以备查考。500m^3（含）以上的罐装油品的每座油罐、500m^3以下的罐装油品及桶装油品的每个批次，应建立一份油品质量档案，将生产工厂或来油单位和本单位历次化验结果依次填入"库存油品质量档案表"内，并将该罐、该批油品的原始质量证件整理入档。对质量不稳定、指标变化快的油品，应尽快发出使用。

（二）防止混入水分和杂质

根据水分和杂质混入油品的原因，一般可采取下列预防措施。

1. 保持油罐和其他储油容器及抽注工具的清洁

在装油前要仔细检查容器和工具是否清洁完好，不把油品装入脏的容器内。油罐在储油过程中，除有计划地进行腾空清洗，避免罐内沉积过多的水分和杂质外，还应关注以下时间节点：装油时间超过半年而且腾空时；换装不同油品而不能保证油品质量时；新建油罐初次装油时；其他有必要时。其清洗方法随清洗目的和设备条件不同而异。

2. 风雨天测量时要注意容器密封情况

油罐及容器的口盖，应严加密封，不得随意开启。每次打开油罐量油孔检查、测量、取样前，应当把罐口周围清扫干净。地下罐的罐颈处应加防护罩，以防杂质混入。为避免水分和杂质混入，应尽量避免在雨、雪、大风天气装卸油品；必须装卸时，应加强防护工作，如用雨布或雨伞遮盖油罐口等。

3. 定期检查油品洁净性

油库应当每月测量油罐内水高，定期取样检查油罐底部油品洁净情况，做好记录，有水分和杂质时应及时排净。

4. 用水要求

正常储存条件下，严禁油罐用水垫或用水顶冲管道中的油品。特殊情况必须用这种办法时，应请示上级管理部门。

（三）防止发生混油

1. 容器、管道及设备器材应尽可能做到专油专用

储存、输送对质量有特殊要求的油品的油罐、管道和油泵等设备，应当专用。同一罐区或者罐组只有一条输油管道时，原则上只允许储存一种油品。油库使用的进油、发油管道和排污管道应当分开设立。

2. 化验留样

收发油品时化验留样，记录油品品种和质量。

3. 严格执行阀门挂牌制度，防止错开或忘关阀门

阀门挂牌制度是对油库所有的油罐、管道、油泵、鹤管等设备的阀门按次序编号和挂牌，并按编号绘制作业流程图表。图表设在现场值班室和有关的作业间内，作业时，值班员根据流程图发牌，作业人员根据牌子对号开阀；作业后，关闭阀门交回牌子，并进行复查，确保开关无误。

4. 执行放空制度

在不能做到油罐、管道专油专用，需要抽注不同油品时，应将油罐、管道、放空罐及抽空装置内的剩油放净，必要时还应用同种类（牌号）的油品进行清洗，然后再进行抽注。

5. 正确使用和维护阀门，确保严密性

阀门在使用过程中，由于油品内杂质和水分的作用，以及使用时间过久或操作不当等原因，会使阀门关闭不严出现渗漏，引起混油事故。为确保阀门严密，必须注意下列事项：一是要定期清除阀门下部的杂质，并在阀门上做全开、全闭的标识；二是输送不同油品的管道变换阀门，必须安装盲板；三是正确开关阀门，开关时不能用力过猛，以免损坏闸板和密封圈；四是对于关闭不严的阀门，应及时进行检修；五是氮气吹扫阀要加上盲板。

第四节　油品运输质量管理

由于运输途中油品可能会受到污染，且油品具有蒸发性，质量容易发生变化，因此，运输过程中的质量管理尤为重要，由于各种运输方式储油容器、运输环境、设备附件和作业方式不同，需注意的事项和内容也各不相同。

一、铁路和水路运输

（一）保证容器清洁

油品在使用铁路罐车和油船运输时，比在成品油库储存时更容易混入水分和杂质。因此，发油时要对铁路罐车、油舱内壁进行检查，防止水分、机械杂质混入；必要时应通知相关单位清洗铁路罐车、油船，清除容器内的残余杂质。容器刷洗应按照现行行业标准NB/SH/T 0164—2019《石油及相关产品包装、储运及交货验收规则》的相关要求执行，洗刷后由发油和洗刷单位共同检查验收，逐车逐舱检查清洁度，油船还要检查管道放空情况，经双方检验合格并且共同在洗刷检验记录上签字后才能装油，达不到检验标准的，不允许装油。检查合格的铁路罐车、油舱因故不能立即装油时，应当盖好罐盖、舱盖和进出油管阀门，并予以铅封。

（二）防止油品污染

成品油装运过程中，发油单位必须派专人到发油现场检查输、发油管出口清洁情况，认真核对拟装油品牌号、原装罐号和装油管道号，检查运输容器清洁度，符合要求后方可办理装油手续。

装油、计量完毕，铁路罐车应当盖好罐盖，拧紧螺栓，打好铅封并登记封号；油船应当盖好舱盖，对舱盖、阀门、采样孔等处实施铅封，并登记封号。发油单位签发油品收发证件，出具化验单，随车（船）发出。

出库时，应对油品采样并封存留样备查，油样保存3个月。油罐最后一次储存化验与出库时间间隔超过3个月的，应按储存化验项目重新化验。所采用的计量及采样器具必须清洁，防止污染油品。

（三）降低蒸发损耗

油品中轻质成分的蒸发损耗，不仅会造成数量损失，还会引起油品质量指标变化。要检查好铁路罐车、油船的密封装置，确保相关密封设备的完好性，选取合适作业方式和收发时间，减少铁路罐车和油船收发、运输时的蒸发损耗。

二、公路运输

（一）保证容器清洁

汽车油罐车应定期清洗，刷洗要求按现行行业标准NB/SH/T 0164—2019《石油及相关产品包装、储运及交货验收规则》执行。发油前，一定要按照制度严格执行相关检查程序，保证汽车油罐车内洁净，经检查洁净度不符合要求的，要停止装油。收油时，要严格检查油罐车证件报告，防止运输油品被残留油品污染。

（二）防止油品污染

在运输过程中，油罐车内气体空间压力降低到一定值时，或呼吸阀阀体和阀盖密封不严或损坏时，含有水分、灰尘的空气会进入车内，容易造成油品污染，所以应在运输过程中确保汽车油罐车呼吸阀设备完好且运行正常。

在收发油时，由于汽车油罐车软管储柜密封性不好或软管保管方式存在问题，汽车油罐车的吸油软管和放油软管中也可能落入灰尘，从而使输送的油品受污染。因此也要加强汽车油罐车软管的检查，确保相关附件不会造成油品污染。

（三）降低蒸发损耗

在向汽车油罐车发油作业时，采用密闭装车方式，以减少油气的逸散。加注到规定油高后，要擦拭干净油罐车口盖，保证垫圈完好，然后将油罐车口盖盖严，防止汽车油罐车运输时混入杂质，也避免油气蒸发损耗随之引起的质量指标下降。

三、管道运输

（一）清洗管道

采用管道输送时，管道及管件内壁会吸附部分油品，同时，由于地形起伏原因，管内还会剩余部分油品。上述残留油品会与拟输送的其他油品混合出现混油现象，可能会对拟输送油品的质量产生影响，因此，管道换输及冲洗要求取决于管道内原输送油品残留对拟输送油品质量的影响程度。

1. 燃料分组

根据石油产品性质，液体燃料可分为以下6组。

燃1组：车用汽油。

燃2组：溶剂油、工业汽油。

燃3组：煤油。

燃4组：柴油。

燃5组：馏分燃料油。

燃6组：残渣燃料油、液体沥青、原油。

2. 换输及冲洗要求

（1）同一条输油管道可换输同组油品。

（2）当输送质量有特殊要求的油品（如喷气燃料）时，应使用专用管道。

（3）长期（时间依具体情况在保证产品质量条件下自定）不用的喷气燃料管道，在重新使用前，应按冲净后使用。

（4）对于成品油长输管道，燃1组和燃4组可能无法分管输送或采取扫线、冲洗等措施，确保消除影响或使其控制在可接受范围内时，可共用一条管道顺序输送，但应对混油部分准确定位并及时切割，确保油品质量。长输管道清洗还应符合管道产权单位的相关规定。

管道（含泵）换输及冲洗要求见表5-12。

表5-12 管道（含泵）换输及冲洗要求

拟输油类	原输油类					
	燃1组	燃2组	燃3组	燃4组	燃5组	燃6组
燃1组	1	2	2	2	2	0
燃2组	2	1	1	2	2	0
燃3组	2	2	1	2	2	0
燃4组	2	2	2	1	2	0
燃5组	2	2	1^*	1	1^*	0
燃6组	0	0	0	0	0	1

注："0"指不宜使用；"1"指不需冲洗，但当拟输油与原输油品种不同时，须用拟输油冲洗几分钟（达到油头质量合格为止），并另放出油头；"2"指普通扫线，用水蒸气或惰性气体吹扫后，再用拟输油冲洗几分钟，并另放出油头。

*当拟输油的硫含量要求与柴油一致且原输油无硫含量要求或硫含量要求远低于拟输油时，管道换输及冲洗要求应由"1"改为"2"。

（二）减少混油

采用成品油长输管道输送前，油品输出油库或炼厂应按照发放计划核对油品的品名和牌号、输送数量，拟订输油方案。接收油库应对接收油品的外观和洁净程度进行检查，按照接收化验项目进行采样检验，质量合格的方能输送。

管道输送时，混油量的多少与管道内油品的流动状态、油品性质、运输工况等因素有关。

1. 正确安排输送顺序

成品油一般采用顺序输送[①]的方式，在操作条件相同的情况下，油品的输送顺序不同，产生的混油量也不同。油品性质相近的油品，允许互相掺混量较大，便于处理。因此，合理安排输送顺序，可以有效减少混油量。油品顺序输送时，应将油品性质相近的紧邻排列，典型的排列顺序：车用汽油→喷气燃料→车用柴油→喷气燃料→车用汽油。

---

① 顺序输送是指多种原油或石油产品用同一条管道依次输送的方式。

2. 妥善计划循环次数

顺序输送时，将各种油品依次更换输送完毕为一个循环。例如，汽油与柴油顺序输送，"汽油—柴油—汽油"便是一个循环。

顺序输送的油品既可以用一个循环来完成，也可以用几个循环来完成。例如，输送6000t汽油和3000t柴油，可用一个循环来完成。这时的输送顺序为"3000t汽油—3000t柴油—3000t汽油"；也可以用两个循环来完成，这时的输送顺序为"2000t汽油—1500t柴油—2000t汽油—1500t柴油—2000t汽油"。

循环次数不同，各种油品接触的次数和循环的持续时间也不同。循环次数少，油品互相接触的次数也少，混油量也随之减少，但循环的持续时间延长。循环持续时间受油库的容量、发油量以及来油的情况等决定。因此，在计划循环次数时，要权衡各方面的因素，选择一个比较好的方案，在保证前方用油的前提下，力争减少循环次数。

3. 尽可能提高流量

目前，油品输送处于层流①状态时，两种油品在管道内产生的混油量比在紊流②时大得多，因此顺序输送时，适当提高油品输送流量，将油品控制在紊流下状态输送。

4. 尽量避免管道停输

停输时，输送油品之间的密度差成为混油的主要因素，密度小的油品会往上运动，密度大的油品往下运动。当混油段处于地形起伏剧烈且密度大的油品处于高处时，混油量会增加，因此尽量避免计划和临时停输。

5. 优化输油流程

混油段经过中间输油站或加压泵站时，由于站内管道、弯头和三通等管件及设备较多，油品流经上述地方时，会加剧混油，需要尽量简化中间输油站流程，减少混油量。

6. 消除翻越点③后的不满流

成品油管道不满流现象是指在长输管道中，由于管道翻越点后的液流加速和位能释放，导致部分管段中的液流断面自动收缩，形成不满流④现象。因为不满流很不稳定，流速陡增会使混油加剧，可以在管线

---

① 当流速较低时，流体分层运动、互不混合，这种流动状态称为层流。
② 当流速较大时，流体质点做不规则运动，互相混掺，轨迹混乱，这种流动状态称为紊流。
③ 输油管道线路上某个位于终点上游的地理高点，与管道线路上其他任何点相比，油流从管道起点流动到该高点为克服流动摩阻和位差所需的能量最大。
④ 在输油管道上，翻越点下游可能出现的输送介质未充满管道横截面的流动形态。

末端设置减压设施，能有效消耗多余的位能，防止不满流现象的发生。

7. 隔离输送

可以通过采用隔离装置分隔两种油品，如采用机械隔离器或液体隔离塞。在油品管道运输过程中，通过加入隔离装置，可有效减少混油量。

8. 关闭复管

如果采用复管，则每条管道的流量减少一半，会大大增加混油量。并且，由于复管的两条管路长度、管件以及管内壁粗糙度的差别，阻力不等，会造成输油时流量、流速不同。混油同时进入复管，但从两条管路流出和流尽的时间不同，阻力小、流量大的先流出流尽。在同一时间内，两条管路流出的混油浓度也不同，由于两条管路输油不同步，造成新的混油。因此，顺序输送不可使用复管，不仅长的复管要关闭，通过障碍的短复管也应关闭。

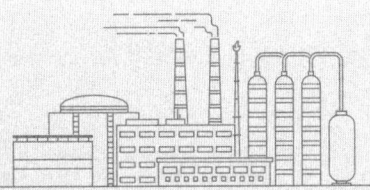

第六章
成品油库油泵管理

　　输油泵是油库中主要的动力设备,被喻为油库的"心脏"。油库作业时,输油泵将机械能转化成被输送液体的动能,从而提升油品压力,推动油品在管道中流动,达到输送的目的。油泵的种类很多,要根据实际工作需要选型和操作,油库由司泵工专门负责选用和操作机泵或泵站机组,监测仪表、记录数据,调整流量、压力和温度等参数,维护管道及阀门,保障成品油的正常输转。

第一节　泵的基础知识

泵的种类很多，不同工作原理和结构特点的泵具备不同的工作性能，工作效率也不同。实际工作中，我们可以根据不同场景和工况选择性能、用途适宜的泵，从而确保输油泵的长期稳定运行，保障成品油库油品输转作业安全。

一、泵的分类

泵的种类按工作原理、几何构造大致可以分为两大类：动态泵和容积泵。

动态泵，也称为动力泵，是一种通过叶轮旋转将能量传递给液体，从而增加液体流速、将液体输送到更高位置的泵。动态泵主要分为离心泵和特殊作用泵两类。离心泵可细分为轴流泵、混流泵、旋涡泵；特殊作用泵也可细分为喷射泵、气举泵、液压泵、电磁泵。

容积泵是利用泵缸内容积的周期性变化来输送液体的泵。这种泵通过改变泵缸内的工作空间大小，从而实现液体的吸入和排出。容积泵主要分为往复泵和回转泵。往复泵可细分为活塞泵、隔膜泵；回转泵也可细分为单转子泵和多转子泵。按照上述的分类原则还可以进一步细分，详细分类见图6-1。

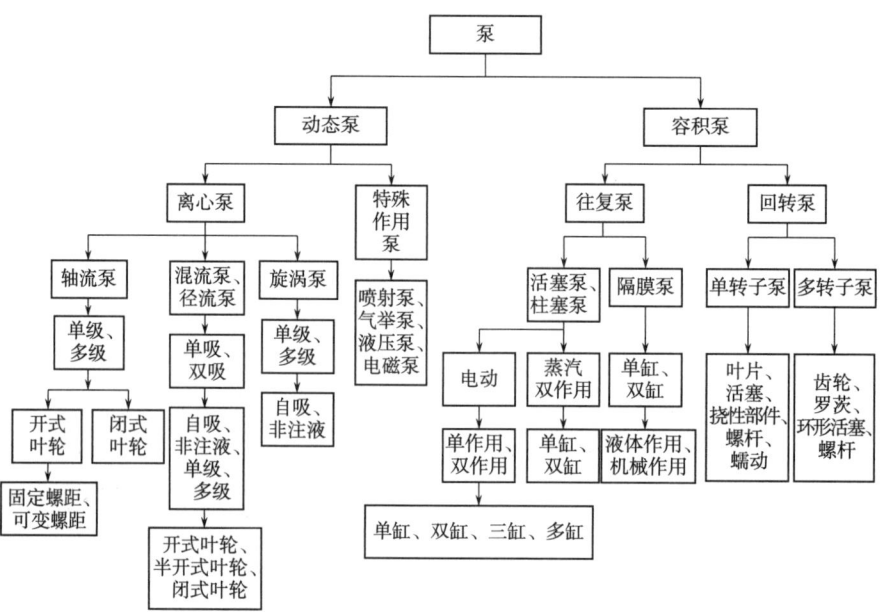

图6-1　泵的分类

二、泵的选择

泵的选择，应根据成品油库工艺流程和所在位置条件，可以从以下六个方面加以考虑。

（一）流量

流量是选泵的重要性能参数之一，它直接关系到整个成品油库工艺系统的输送能力。因此，输油泵的流量应与边界条件和作业要求一致，一般流量的裕量取流量的10%。

（二）扬程

扬程是选泵的又一重要性能参数，正常情况下与输送介质特性无关，只与泵的流量、转速和管路布置条件有关，一般要用放大5%~10%裕量后的扬程来选型。

（三）液体性质

输送液体的理化性质，如温度、密度、黏度、蒸气压、腐蚀性和毒性等，涉及系统扬程和有效汽蚀余量[①]的计算，是选择油泵材质和轴封型式的重要依据。

（四）管路布置条件

油泵扬程的计算和汽蚀余量的校核需要综合考虑输送工况下的输送高度、输送距离、管道规格及其管件规格和数量等管路布置条件。

（五）运行环境

输油泵运行环境涉及的内容很多，如输油泵扬程、操作频率、工作时长、海拔、环境温度、泵的安装方式等。

（六）经济性

考虑到油泵的工作效率，一般按离心泵、回转泵、往复泵的顺序来

---

① 泵在工作时液体在叶轮的进口处因一定真空压力下会产生气体，气化的气泡在液体质点的撞击运动下，对叶轮等金属表面产生剥蚀，从而破坏叶轮等金属，此时真空压力称气化压力。汽蚀余量是指在泵吸入口处单位重量液体所具有的超过气化压力的富余能量，单位用米标注，用NPSH表示。

选择油泵，所选用的泵和电机不仅要满足工艺条件的要求，还要满足运行周期长、运行费用低、操作维修方便等要求，以保证油泵在最经济的状态下长期正常运行。

三、成品油库常用泵特点

成品油库常用泵类型、工作性能、主要优缺点及适用范围如表6-1所示。

表6-1 常用泵的类型、工作性能、主要优缺点及适用范围

项目	离心泵	螺杆泵	往复泵	齿轮泵	潜油泵
转速	一般为1500~3000r/min或更高	一般在1500r/min以下，部分小泵可达3000r/min	一般在140r/min以下	一般在1500r/min以下	一般为1500~3000r/min
流量	流量均匀；流量随扬程而变化；流量范围大，通常在10~350m³/h	流量均匀；流量只与转速有关，而与工作压力无关；流量范围大，通常在0.52~300m³/h	流量不均匀；流量只与往复次数有关，而与工作压力无关；流量范围较小，通常为10~50m³/h	流量均匀，但比离心泵差些；流量只与转速有关，而与工作压力无关；流量小，常在30m³/h以内	流量均匀；流量随扬程而变化；流量范围大，通常在6~80m³/h
允许吸入真空高度	一般为4.5~7m，最大可达8m	一般为4.5~6m	一般可达8m	一般在6.5m以下	正压输送
功率	功率范围大，可达500kW	功率范围大，可在500kW以内	功率小，一般在20kW	功率一般在10kW以内	功率小，一般在1~5.5kW
扬程	扬程与流量有关，在一定流量下只能供给一定扬程；单级泵扬程一般为10~80m，多级泵扬程可达300m以上	扬程由输送高度和管路阻力决定；当泵和管路有足够的强度、原动机有足够的功率时，扬程可相应增高；使用工作压力一般在0.4~1MPa	扬程由输送高度和管路阻力决定；当泵和管路有足够的强度、原动机有足够的功率时，扬程可相应增高；使用工作压力一般在1MPa以下	扬程由输送高度和管路阻力决定；当泵和管路有足够的强度、原动机有足够的功率时，扬程可相应增高；使用工作压力一般在0.4MPa以下	扬程与流量、电流有关，扬程范围通常在5~40m

续表

项目	离心泵	螺杆泵	往复泵	齿轮泵	潜油泵
效率	效率一般为0.60～0.90；在额定流量下效率最高，随流量变化，效率也降低	效率一般为0.80～0.90	效率一般为0.72～0.93；在不同工作压力下，效率仍保持较大值	效率一般为0.60～0.90；工作压力过高时效率会降低	效率一般为0.45～0.70
优点	结构简单，体积小，价格便宜；故障少，使用维修方便，能与原动机直接连接；转速高；流量均匀，工作可靠；流量和扬程范围很大	能自吸；结构简单，体积小；故障少，使用方便；能与原动机直接连接；工作平稳，流量均匀；流量和扬程范围很大，效率高；能够输送黏油和轻油	能自吸；允许吸入真空高度大，一般可达8 m；效率高；能够输送黏油和轻油，效率变化不大	能自吸；结构简单，体积小；故障少，使用方便；能与原动机直接连接；流量均匀	泵浸没在介质中，正压输送，不易发生汽蚀、气阻现象；安装简单、操作方便、运转平稳、噪声低、能耗小；可结合管道泵实现大流量、大扬程输送
缺点	不能自吸；不能输送黏油；小型泵效率较低	零件加工要求高，价格贵；对输送介质要求很高，不能含有固体颗粒	结构复杂，体积大，价格贵；工作时振动大，流量不均匀；往复次数低；不能与原动机直接连接；零件多，故障多检修困难	零件加工要求高，价格贵；转速较低；流量和扬程范围较小	使用耐腐蚀材料，成本较高；使用寿命较短；需经常性检查电机和密封，液压潜油泵定期更换液压油，维护成本高，工作量大
适用范围	输送汽油、煤油、柴油和清水；流量和扬程范围很大	输送润滑油、专用燃料油和柴油；流量和扬程范围很大，在高扬程、大流量下工作时效率较高	输送润滑油、专用燃料油和柴油；抽吸油罐车底油；适合高压下输送少量液体	输送润滑油、专用燃料油；适合流量和扬程较小的场合	输送汽油、煤油、柴油；结合主管道泵使用，流量和扬程范围大

第二节　离心泵

离心泵属于动态泵的一种，是依靠叶轮旋转时产生的离心力提高液体能量的机械。离心泵具有结构紧凑简单、与原动机直接相连、流量均匀、无惯性力、价格低廉、管理方便等优点，在成品油库中应用最为广泛。

一、基本结构

（一）泵壳

泵壳又称为蜗壳或压出室。离心泵的外壳多做成蜗壳形，壳体部分收集叶轮排出的液体，其内有一个环绕叶轮360°蜗形通道，横截面积逐渐增大，作用是汇集叶轮甩出的液体，把速度能转变为压力能，并按一定要求将液体送入压出管道或下级的叶轮。

（二）叶轮

叶轮是离心泵最重要的部件，它能确保泵在液体能量损失最小的情况下，使单位质量液体获得较高的能量。

叶轮可以按其机械结构分为开式叶轮、半开式叶轮和闭式叶轮。成品油库常用离心泵采用闭式叶轮，由叶片与前盖板、后盖板组成，工作时液体泄漏量小，效率较高，适于黏度较小、不含颗粒物的清洁液体。

（三）密封环

密封环又称口环，可装在叶轮进口处相对的泵体上，也可分别装在叶轮和泵体上，其作用是防止压出室内的高压液体倒流到叶轮的进口，从而提高泵的效率。其密封机制是依靠密封环和叶轮间隙液体阻力来实现密封。当密封间隙加大后，只需更换密封环，不需要换泵壳或叶轮。

密封环结构有多种形式，应根据所输送的液体、通过泄漏缝的压差、摩擦速度和泵的结构特点选择最需要的形式。最普通的密封环结构是平直型和L型密封环。平直型密封环中的泄漏缝是直的环形间隙，在L型密封环中，叶轮和壳体的密封环间有大的轴向间隙，因此流进叶轮吸入口中的泄漏液流的速度也较低。

（四）轴封装置

离心泵在工作时，泵轴旋转而泵壳不动，其间的环隙如果不加以密封或密封不好，输送的液体会产生泄漏，且外界的空气会渗入叶轮中心的低压区，使泵的流量、效率下降，严重时流量为零，产生气缚[①]。通常，可以采用填料密封或机械密封的方式来实现泵轴与泵壳之间的密封。

1. 填料密封

填料密封又称盘根箱密封，是装在离心泵的填料筒中。这种密封形式适用于难以采用机械密封的输送介质，应用于轻中等负荷的场景。填料一般采用浸油或涂石墨的石棉绳，它结构简单，但功率消耗大，且有一定程度的泄漏。

2. 机械密封

机械密封也称端面密封，主要组成元件有端面密封副（动环和静环）、弹性元件（如弹簧）、辅助密封（O形圈）、传动件、防转件和紧固件。机械密封具有泄漏量小、密封可靠、功率消耗少、寿命长、运转中不需要调整、结构复杂等特点。

在旋转轴的各种机械密封类型中，尽管结构形式不相同，但其工作原理是一样的。旋转轴和装在轴上的动密封环一起旋转，静环安装在法兰座上。轴旋转时，动环、静环形成了摩擦副[②]，动环与静环之间的间隙决定了某一压力下液体介质的泄漏量。

二、工作原理

离心泵运行前，吸入管端和泵内须灌满液体。当叶轮被泵轴驱动高速旋转时，液体也被叶片带动一道旋转，由于离心力的作用，液体从叶轮中心被甩向叶轮边缘，沿叶片流道涌向叶轮出口，当叶轮出口流出的高速液体进入泵壳后，由于泵壳流道的不断扩大，液体速度逐渐变慢，压力逐渐升高，液体以较大的压力从排出口被排出。与此同时，叶轮入口处的液体减少，压力降低，在吸入管端和叶轮中心的液体形成负压，在负压作用下将吸入管端的液体不断补充到叶轮入口。于此，离心泵叶轮不间断地将液体吸入加压排出，完成输送任务。离心泵的结构和工作原理见图6-2。

[①] 气缚是指在离心泵启动时，如果泵内没有充满液体或者在运行过程中液体中混入了大量气体，导致泵内产生的离心力不足以将液体吸入泵内，从而使泵无法正常工作的现象。气缚现象发生后，泵无液体排出，无噪声，振动。为防止气缚现象发生，启动前应灌满液体。

[②] 摩擦副主要由两个相互接触的物体组成，这些物体在相对移动时会相互作用产生摩擦力。摩擦副是端面密封最重要的元件。密封的寿命和工作质量都和它有关。端面密封的所有其他结构元件都为摩擦副服务并且它们的工作质量也取决于保证副工作达到最优条件的程度。

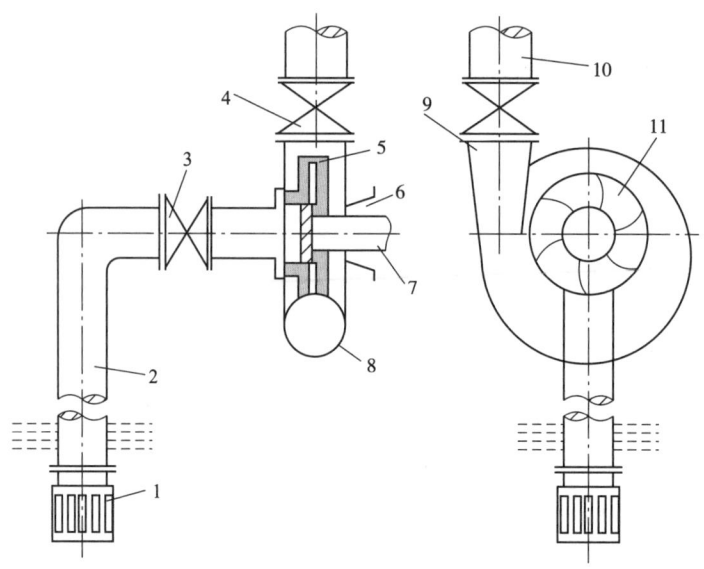

1—底阀；2—吸入管；3—吸入阀；4—排出阀；5—叶轮；6—填料筒；
7—泵轴；8—泵壳；9—扩散管；10—排出管；11—叶片。

图6-2 离心泵的结构和工作原理

三、性能参数

不同类型的离心泵工作性能也各不相同。每台泵的铭牌上都有标注流量、扬程、功率等主要性能参数，指的是泵在最佳工况条件下，工作效率最高时的性能指标值。

（一）流量

流量是指在单位时间内经泵输出的液体质量数或体积数。体积流量用Q表示，单位为m^3/h或L/s。质量流量用G表示，单位为t/h或kg/s。

（二）扬程

扬程是指单位质量液体通过泵时所增加的能量，用H来表示，单位为m或mH_2O（米液柱）。

（三）功率

泵的功率分为有效功率和轴功率。

有效功率也称输出功率，是指单位时间内液体从泵内叶轮获得的有效能量，常用Ne表示。可以根据泵的扬程、流量和所输送液体的密度来计算：

$$Ne = HG = QH\rho g$$

轴功率也称输入功率，是指电动机传动给泵轴的功率，常用Na表示：

$$Na = \frac{Ne}{\eta} = \frac{QH\rho g}{\eta}$$

式中　Q ——流量，m³/s；

　　　H ——扬程，m；

　　　ρ ——密度，kg/m³；

　　　g ——重力加速度，m/s²；

　　　η ——效率。

（四）效率

离心泵工作时，从电动机获得的轴功率会损失在机械摩擦、液体回流以及液体与叶轮、泵壳的摩擦和撞击上，不能全部转变为液体的有效功率。泵的效率等于有效功率与轴功率之比，用符号η表示：

$$\eta = \frac{Ne}{Na} \times 100\% = \frac{QH\rho g}{1000Na} \times 100\%$$

η值反映出泵工作时能量损失的大小，效率值越高，说明泵的能量损失越小，性能就越好，也越经济。

（五）转速

转速指泵轴每分钟的转数，用n表示，单位为r/min或转/分钟。转速是影响泵性能的一个重要因素，对应着一定的流量、扬程、轴功率，当转速变化时，流量、扬程、轴功率也会随之变化。

（六）允许吸入真空高度和允许汽蚀余量

泵的允许吸入真空高度和允许汽蚀余量是用来衡量泵的吸入性能和确定泵的安装高度的。油泵一般用允许汽蚀余量表示吸入性能。

汽蚀现象是指泵的叶轮入口压力越低，吸入能力就越强。但是当叶轮入口最低压力点处的压力降到液体在该温度下的饱和蒸气压p_v时，液体将有部分气化，气化气泡流到叶轮压力高于p_v区域时，气泡会突然破裂，周围的液体以高速冲向刚消失的气泡中心，会造成很高的局部压力去冲击叶轮，从而让泵轻则产生振动和噪声，重则发生断流甚至损坏叶轮。产生汽蚀的主要原因是泵的吸入管安装过高、所在地区大气压低、输送液体饱和蒸气压过大或温度过高。为防止汽蚀现象，最重要的一点是确定泵吸入管合适的安装高度。

泵的允许汽蚀余量是指泵的吸入口到发生汽蚀点之间允许的能量损失值。一般通过测定泵入口参数来确定泵的汽蚀性能，允许汽蚀余量越小，泵就越不会发生汽蚀。

四、并联运行和串联运行

（一）并联运行

当使用一台离心泵不能满足流量要求时，可以使用几台离心泵并联工作。两台性能相同的泵并联工作时，在同一工况下，每台泵的扬程相同，并联后各泵流量等于总流量的一半。并联工作后各泵流量比单泵工作时的流量要小，效率也有所降低，扬程增加，这是因为两泵并联后，管道内流量增加，阻力也随之增大，要求泵提供的扬程也相应增加，通过每台泵的流量必然有所下降，因此两台泵并联后流量不能成倍地增长。两台泵并联后，扬程高于单泵在同一管道中工作时的扬程。

（二）串联运行

当一台泵的扬程不能满足要求时，可以用串联的方法提高扬程。两泵串联时，要求两台泵的性能尽可能相同，至少流量相同。串联后每台泵的流量比单台泵工作时大，扬程比单泵时小，这是因为串联后提供的能量增加，提高了管道的输送能力，即增加了流量，使单泵的扬程有所下降，所以，两泵串联工作时总扬程小于两泵单独工作时的扬程之和，不会成倍增加。

离心泵串联的特点是，每台泵之间的流量相等，串联后总扬程等于各台泵扬程之和。两泵串联后，流量大于单泵在同一管道中工作时的流量。

五、操作使用

（一）启动操作

（1）检查离心泵两端轴承油位是否正常、润滑油是否变质；机械密封压缩调整片是否已旋出。

（2）检查电机绝缘电阻是否合格。

（3）关闭离心泵的出口阀，打开离心泵入口阀，将油品缓慢充满入口管和泵体，打开离心泵的放空排污阀，将泵中的空气排放干净（注意放空时，先放低点再放高点），排放完后关闭放空排污阀，手动盘车确认泵运转灵活。

（4）将机械密封泄漏液收集腔的排液管道上的排污阀门打开。

注意在泵运行过程中，其他部位需要排污时，要先将此排污阀关闭，防止由于污油管网连通，压力液体直接窜到机械密封泄漏液收集腔处，造成机械密封泄漏误报警或液体随转轴进入轴承箱中污染润滑油。排污完成后，将此排污阀再次打开。

（5）检查离心泵机械密封在静态下是否有泄漏。

完成上述操作，并确保离心泵的入口压力达到规定值后，将出口阀的开度打开至8%~10%，然后启动电机。

泵启动运转达到额定转速后，慢慢地将离心泵的出口阀打到全开位置。启动过程中要关注泵和电机有无异响，电流是否平稳。机械密封有无渗漏（注意检查机械密封泄漏液收集腔内有无液体积存，如有则应及时查明原因，并将液体排放干净）、电流是否超过额定值，如有异常情况，应立即停机。

（二）运行监测

在最初运行的2h内，通过不断地监测泵运转情况，立即发现泵存在的问题，并采取相应的措施解决。

监测内容包括：

（1）进出口压力值是否在规定范围内，压力是否平稳。

（2）检查油位是否符合规定（是否在2/3处），油品是否变质。

（3）检查轴承箱各测量点的温度是否超过规定值。

（4）检查泵机组（包括泵和电机）是否平稳运行，有无振动值超标的异常振动。检查机械密封是否泄漏，如果泄漏量过大（泄漏量超过60滴/min），尽快停泵，并检查机械密封，必要时应更换。

（5）机械密封泄漏液收集腔中是否积存液体。

（6）检查电流是否大于额定电流，并对电机功率消耗进行监测。

（7）阀门等连接处的严密性（有无跑、冒、滴、漏现象）。

（8）机械密封冲洗是否存在发热现象，如果存在要及时清理机械密封冲洗管。

（三）停泵操作

（1）缓慢关闭离心泵出口管道上的出口阀。

（2）关掉电机，观察泵的停转，直到泵完全停止。

注意：如果电机是停停动动或者是突然停止，可能是泵的转子被阻塞，应立即检维修处理。

（3）关闭离心泵吸入口管道的阀门。

（4）切断电机的电源，确保驱动电机不会自行地启动。

（5）确保离心泵吸入口和排出口的阀门关闭严密，关闭所有辅助管道的阀门。

六、故障及其处理

离心泵工作时发生故障，势必影响输油作业的顺利进行。因此，必须掌握分析故障的基本方法，迅速判断故障原因并排除故障。离心泵故障分为两类：一类是油泵本身的机械故障，另一类是油泵和管路系统故障。油泵不能离开管路独立工作，管路系统故障虽然不是油泵本身故障，但能从泵的运转状态反映出来，此类故障应进行综合分析判断。

（一）判断故障的基本方法

判断故障的基本方法是观察油泵工作时压力表（$P_表$）和真空表（$P_真$）读数的变化。根据两表读数变化，可以了解油泵是否发生了故障，便于准确、及时排除故障。这是因为：

$$P_表 \approx \rho g (h_{排高} + h_{排损})$$
$$P_真 \approx \rho g (h_{吸高} + h_{吸损})$$

在工作中，如果排出高度不变，但压力表读数发生了变化，说明管路阻力（$h_{排高}$）发生了变化。阻力（$h_{吸高}$）的变化说明了管路是否堵塞，流量是否变化。如果工作中吸入高度未变但真空表指示值却发生了较大的变化，也可判断油泵工作是否正常。由此可见，要想用仪表来判断油泵的故障，首先要了解油泵正常工作时压力表和真空表的读数范围。除此之外，还可通过声音、电流表读数变化等帮助判断故障。造成油泵故障的主要原因有油泵内有气、吸入管路堵塞、排出管路堵塞、排出管破裂四个方面。

（二）油泵和管路系统的故障分析与处理

离心泵的流量和压力相互影响，发生故障时压力表和真空表读数同时变化。因此，在离心泵出现故障时需要查看压力表和真空表读数来综合分析判断。

1. 油泵内有气

当油泵内有气时，真空表和压力表的现象是读数都比正常值小，真空表指示值不稳定，甚至降到零。这是油泵进入空气以后，扬程显著降低，流量也急剧下降造成的。一方面，有可能是吸入管路系统连接处不严密、填料筒不严封、真空表接头松动等导致的吸入系统不严密；另一方面，油泵和吸入管路安装不符合技术要求可能导致油泵内和吸入管内不能完全充满所输液体，形成汽蚀，这时即使操作完全符合规程，油泵也不能正常工作。此外，离心泵转数降低或反转，也有会致使两表读数偏小，但比较稳定。

2. 吸入管路堵塞

吸入管路堵塞时，吸入管路阻力增大，所以真空表读数比正常值大；同时，由于流量减小，排出阻力减小，压力表读数比正常值小。吸入管路堵塞发生的主要原因是吸入管进口受阻；吸入管路使用太久；吸入滤网被污物堵塞；吸入阀门未完全打开等。

3. 排出管路堵塞

排出管路堵塞时，排出管路的阻力（$h_{吸高}$）增大，压力表读数会上升流量减少，真空表读数下降。排出管路系统堵塞发生的主要原因是排出阀门未打开或开错阀门，过滤器被污物污染等。

4. 排出管路破裂

当排出管破裂后，排出管路阻力减小，压力表读数突然下降；流量增大，造成真空度上升，真空表读数突然上升。排出管路突然破裂应立即停泵关阀，查明原因，以避免事故扩大。排出管路破裂的主要原因是输油管线焊接质量不高，管路腐蚀、开关阀门过快引起水击。根本原因还是重视不够，执行操作规程不严，管路没有定期试压。

5. 油泵产生汽蚀

油泵产生汽蚀时，会产生不正常的振动、发出异响，出现流量和扬程减少，甚至失去吸入能力。发生汽蚀时，压力表读数不稳，甚至下降为零。

（三）离心泵的机械故障

离心泵的常见故障原因分析和处理方法见表6-2。

表6-2 离心泵常见故障原因分析和处理方法

故障现象	原因分析	处理方法
流量、扬程降低	泵内、吸入管内有杂物堵塞或有空气	重新灌泵或清除吸入管杂物
电流升高	转子与定子碰擦	解体修理
振动值增大	泵轴与原动机轴心对中不良	重新校正
	轴承磨损严重	更换轴承
	传动部分平衡破坏	重新检查并消除
	地脚螺栓松动	紧固螺栓
	泵抽空	调整工艺
密封处泄漏严重	泵轴与原动机轴对中不良或轴弯曲	重新校正
	轴承或密封环磨损严重,形成转子偏心	更换并校正轴线
	机械密封损坏或安装不当	检查更换
	密封液压力不当	比密封腔前压力大 0.05～0.15MPa
	填料过松	重新调整
轴承温度过高	转动部分平衡破坏	检查消除
	轴承箱内油过少或太脏	按规定添加油或更换油
	轴承和密封环磨损严重,形成转子偏心	更换并重新校正轴线
	润滑油变质	更换润滑油
	轴承冷却效果不好	检查调整

七、检查内容

(一)日常检查

(1)每次操作时,均应检查泵的振动、噪声是否正常,泵的泄漏情况,泵压力表指示值。

(2)检查电源电压、电流是否正常,接地是否完好,手动盘车是否灵活,联轴器防护罩是否完好。

(3)用温度计测定轴承温度,检查吸排压力、渗漏、输入功率、润滑、振动和噪声,检查泵与电动机的连接情况。

（二）季度检查

（1）检查润滑脂和轴承盒里的润滑油，如果变质应全部换掉。

（2）检查滑动轴承在圆周方向的间隙。

（3）检查清理过滤器。

（三）年度检查

（1）检查转动部分的磨损情况及间隙，泵壳内部的腐蚀状况。

（2）至少校验一次真空表及压力表。

（3）检查进出口阀及止回阀的压盖、填料及轴套，必要时进行更换。

八、检修周期与内容

（一）小修

运行周期在2000~2500h，检修内容如下。

（1）更换填料，检修机械密封。

（2）检查轴承，调整轴承间隙，校核联轴器同心度。

（3）检查处理在运行中出现的问题，紧固各部位螺栓。

（4）检修冷却系统和润滑系统。

（二）大修

运行周期在8000~10000h，检修内容如下。

（1）包括小修项目。

（2）解体检查各零部件磨损、腐蚀程度，视具体情况进行修理或更换。

（3）检查、调整轴承弯曲度。

（4）核对叶轮摆动差，测定平衡度。

（5）检查修理或更换轴承。

（6）检查调整轴套、压盖、底套、减压环、封油环、隔板、衬套、中间托瓦等密封件各处间隙。

（7）测量调整泵体水平度。

（8）校验压力表。

第三节 齿轮泵

齿轮泵属于容积式回转泵的一种，具有体积小、结构简单、使用方便的特点，在成品油库中一般应用于输送流量小、无固体颗粒的各种润滑油、燃料油和柴油。

一、分类和结构

(一) 齿轮泵的分类

齿轮泵按齿轮啮合方式可分为内啮合齿轮泵和外啮合齿轮泵。外啮合齿轮又可以分为同步的和非同步的，外啮合齿轮泵的齿轮齿牙都加工在齿轮外径上，并在外径啮合，齿轮安装在支撑轴承的中间，运转时不但避免了轴承的偏移造成齿轮和泵壳内壁的接触，还能让泵在高压下工作，降低泵的总磨损量。

按齿轮形状可分为正齿轮泵、斜齿轮泵、人字齿轮泵。人字齿轮泵的齿轮啮合呈开放式，与其他齿轮泵相比，有工作平稳、流量均匀、效率较高、接触面积较大、允许转速较高、流量相对较大的优势。

(二) 齿轮泵的结构

1. 泵体

各回转部分在泵体内部的工作空间中旋转，将工作空间分为吸入腔和排出腔。泵体的上部还装有安全阀。

2. 回转部分

齿轮泵主要由主动回转部分和被动回转部分组成。主动回转部分上有主动轴，主动轴的一端由弹性联轴器与电动机轴相连从而传动旋转，轴上有长键，装着两个齿轮（左旋齿轮和右旋齿轮），两个齿轮配成一组人字齿轮。被动回转部分上有从动轴，轴上有短键，也装着两个旋转方向相反的齿轮相配成一组人字齿轮。

3. 差动式安全阀

差动式安全阀的安装方向与普通安全阀相反。安全阀由弹簧顶紧在泵体内吸入腔与排出腔隔板的圆孔（阀座）上。拧动调节杆，可以改变弹簧的松紧度，从而改变安全阀的控制压力。齿轮泵工作时，阀体在轴向受到两个方向相反的力作用。弹簧的作用力方向向左；排出腔体内液体作用在两个环形斜面上，其轴向分力方向向右。在正常情况下，弹簧的作用力大于排出液体引起的轴向分力,阀体处于关闭状态。当排出腔体内液体压力(由于管路堵塞或油品黏度过大等原因)超过允许范围时,由液体压力作用在阀体两个环状斜面上引起的轴向分力大于弹簧的作用力时,阀体被顶开,排出腔内的部分液体经圆孔回流到吸入腔内,从而起安全保护作用。

二、工作原理

泵壳内装有一对互相啮合的主动齿轮和从动齿轮,当主动齿轮由传动机带动旋转,与之啮合的从动齿轮随之做反方向旋转。当齿轮转动时,因两齿轮间相互分开形成低压,吸入腔内吸入液体,液体沿着壳壁被推送到排出腔;在排出腔内,因两齿轮相互合拢使液体受挤形成高压,液体被排出,如此反复依靠齿轮的旋转位移,从而完成液体的吸入和排出。齿轮泵的结构和工作原理见图6-3。

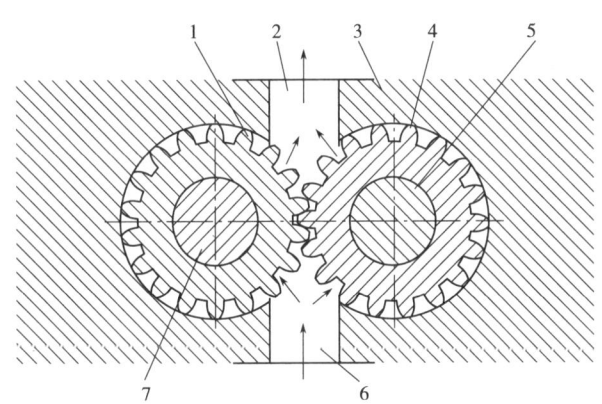

1—主动齿轮;2—排出口;3—泵壳轮;4—从动齿轮;
5—从动轴;6—吸入口;7—主动轴。

图6-3 齿轮泵的结构和工作原理

三、操作使用

(一)齿轮泵的操作

1. 使用前的准备

齿轮泵在启动前必须打开排出管路上和回流管有关的阀门,以减少电动机的负荷;必须检查泵和电动机有无卡住和不灵活;填料是否严密;各部件连接是否牢固可靠;润滑油(脂)是否适量等。

2. 运转中的监测

由于液体几乎是不可压缩的,关闭排出阀会使泵或管路憋坏,还可能烧坏电动机,因此齿轮泵运转时禁止关闭排出阀。在运转中,应当用"听声音、看仪表、摸温度"的办法随时掌握工作情况,同时要保证各部位润滑良好。

3. 流量调节

通过调节旁通阀门开启度来调节齿轮泵的流量。

4. 停泵

停泵前,禁止关闭排出阀;除安全阀门,管路上最好要安装回流管。

(二)齿轮泵的润滑

齿轮泵的各部件都需要由吸入的油品来润滑,所以齿轮泵不能长期空转和用来输送汽油、煤油等黏度小的油品。使用前,应向泵内灌入要输送的油品,润滑齿轮、密封间隙。用齿轮泵输送润滑油时,温度不能太低,否则黏度大的油品不容易进入泵内,泵会因润滑不良而发出嘈杂的声响,从而造成泵的磨损。

四、故障及其处理

齿轮泵的常见故障原因分析和处理方法见表6-3。

表6-3 齿轮泵常见故障原因分析和处理方法

故障现象	原因分析	处理方法
泵不吸油	泵内未灌油	启动前必须灌油
	吸入管堵塞	清除吸入管杂物
	吸入管或轴封机构漏气	检修
	泵反转	改变电动机的旋转方向
	油温过低	加热
流量不足或输出压力不足	吸入高度不够	增高液面
	泵体或吸入口管道漏气	更换垫片,紧固螺栓,修复管路
	入口管道或过滤器堵塞	清理管道或过滤器
	齿轮轴向间隙过大	调整间隙

续表

故障现象	原因分析	处理方法
密封渗漏	轴弯曲或中心线偏斜	校正或更换
	轴承间隙过大，泵振动超标	更换轴承
	填料材质不合格或安装不当	重新填料
	机械密封损坏失效	更换密封件
泵体过热	吸入介质温度过高	冷却介质
	齿轮径向、轴向、齿侧间隙过小	调整间隙或更换齿轮
	填料过紧	调整紧力
	润滑不良	更换润滑脂
	出口阀门开启度过小造成压力过高	开大出口阀门，降低压力
电动机超负荷	吸入介质密度或黏度过大	调整介质密度或黏度
	泵内进杂物	检查过滤器，清除杂物
	电动机出现故障	修理或更换
	排出压力过高或排出管路阻力过大	调整溢流阀，降低排出压力，疏通或放大排出管路
	联轴器同心度超标	重新校正

五、检查内容

（一）日常检查

（1）作业中检查齿轮泵有无异常振动、噪声、泄漏，真空表及压力表指示值是否正常。

（2）检查泵紧固螺栓有无松动，电流、填料箱、轴承、壳体温度。

（二）季度检查

清理一次过滤器。

（三）年度检查

（1）检查转动部分的磨损情况及间隙，泵壳内部的腐蚀状况。

（2）至少校验一次真空表及压力表。

（3）检查进出口阀及止回阀的压盖、填料及轴套，必要时进行更换。

六、检修周期与内容

（一）小修

运行周期在1200~1500h，检修内容如下。

（1）检查、上紧各部位螺栓、销、键等紧固件，更新填料及润滑剂，更换损坏件。

（2）检查泵体各接合部的严密程度以及联轴器同心度。

（3）检查轴承，调整间隙。

（4）检查处理运行中发现的问题，更换零配件。

（5）清理润滑系统（包括过滤装置）。

（二）大修

运行周期在4000~5000h，检修内容如下。

（1）包括小修项目。

（2）解体检查各零部件磨损、腐蚀程度，视具体情况进行修理或更换。

（3）检查、调整轴的弯曲度。

（4）检查齿轮的磨损、腐蚀、损坏程度，必要时进行更新。

（5）检查泵壳、前盖、后盖密封面的密封情况；视具体情况进行研磨或更换。

（6）校核弹簧压力，更换折断或丧失弹性的弹簧。

（7）检查调整转动件的各部间隙；测量、调整泵体的水平度。

（8）校验安全阀灵敏度。

（9）小修中发现上述问题时，按大修规定进行处理。

第四节　螺杆泵

螺杆泵是一种容积式转子泵，具有体积小、流量大、排出压力高、效率高和可输送介质黏度范围广的特点，在成品油库中一般应用于输送各种润滑油、燃料油和柴油。

一、分类与结构

（一）螺杆泵的分类

螺杆泵按螺杆数目分为单螺杆泵、双螺杆泵和三螺杆泵；按吸入方式分为单吸式螺杆泵和双吸式螺杆泵，按泵轴位置分为卧式螺杆泵和立式螺杆泵。

（二）螺杆泵的结构

螺杆泵主要由泵体、泵套、吸入盖、主动螺杆、从动螺杆、安全阀等组成，图6-4所示为三螺杆泵结构图。

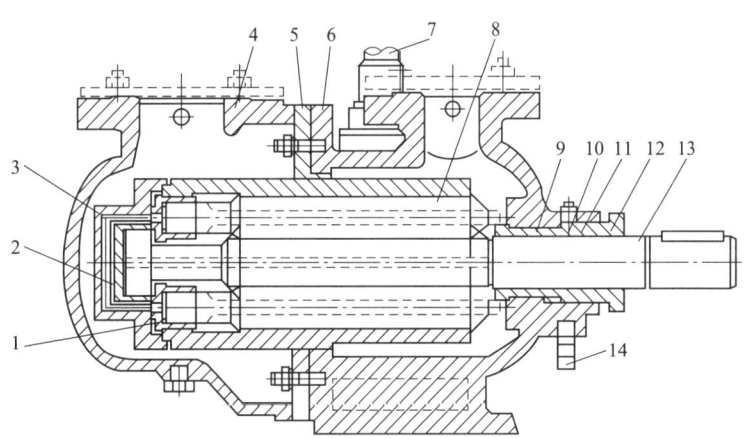

1—从动推力轴承；2—主动推力轴承；3—泵套盖；4—吸入盖；5—泵套；6—泵体；7—安全阀组件；8—从动螺杆；9—轴承；10—填料环；11—填料；12—填料压盖；13—主动螺杆；14—溢油管。

图6-4 三螺杆泵结构

1. 螺杆

组装在泵腔内互相啮合的主动螺杆与从动螺杆的螺纹方向相反，为防止液体从高压腔流向低压腔，螺杆外圆表面和泵套内表面间隙很小，螺杆相互啮合处的间隙也很小。

2. 安全阀

安全阀贴紧在泵体的阀座上，将排出腔与吸入腔隔开，安全阀下部与排出腔体连通，上部与吸入腔连通。转动调整螺杆，可以改变弹簧的压紧程度。正常工作时，弹簧对安全阀的作用力大于排出腔体内液体对安全阀的作用力，安全阀被顶开，排出腔体和吸入腔体连通，排出腔内液体回流至吸入腔。

3. 吸入口和排出口

泵的排出口向上，停泵后泵内可以保留一定量的液体。当再次启动泵时，泵内各间隙得到密封和润滑。泵的吸入口可以根据需要指向上、下、左、右四个方向。

二、工作原理

螺杆泵是利用泵体和2~3根互相啮合螺杆的回转来吸排液体。中间螺杆为主动螺杆，由原动机带动回转，两边的螺杆为从动螺杆，随主动螺杆作反向旋转，各螺杆相互啮合，螺杆与衬筒内壁紧密配合，泵的吸入口和排出口之间被分隔成一个或多个密封空间。随着螺杆的转动和啮合，这些密封空间在泵的吸入端不断形成，将吸入室中的液体封入其中，并自吸入室沿螺杆轴向连续地推移至排出端，将封闭在各空间中的液体不断排出。螺杆泵的工作原理见图6-5。

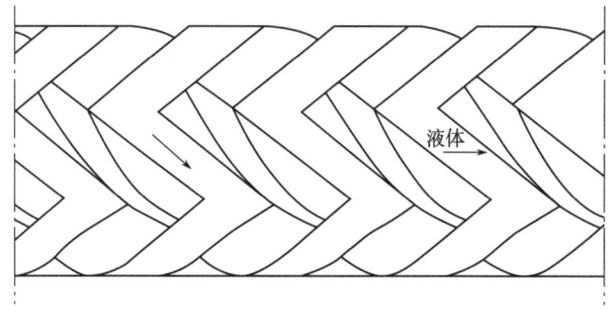

图6-5 螺杆泵的工作原理

三、性能

（一）流量

作为容积式泵，影响螺杆泵流量的因素主要有转速、压力以及介质的黏度。螺杆泵在工作时，两螺杆及衬套之间形成密封腔，螺杆每转动一周便由进口向出口移出一个密封腔，即一个密封腔体积的液体被排出去。在泵内部不出现泄漏的理想状态下，泵的流量与转速成正比。但实际工作过程中，泵的密封腔有一定间隙，且密封腔前后存在压差，因此，有一部分液体回流，即存在泄漏，泄漏量与密封腔前后压差成正比，不同型号和结构的泵影响大小也不同，泄漏量与介质黏度有一定的比例关系。

（二）压力

螺杆泵的工作压力由出口负载（出口阻力）决定。出口阻力与泵出口处的压力是匹配的，出口阻力越大，工作压力也越大，具体数据需要根据流体力学知识对出口阻力进行精确计算。

（三）轴功率

螺杆泵的轴功率分为两部分，即液压功率和摩擦功率。对于确定的压力和流量，其液压功率是一定的，因此影响轴功率的因素为摩擦功率。

摩擦功率是由于运动部件的摩擦而消耗的那部分功率，大小随着工作压差的增加而增加，并且介质黏度的增加也会引起液体摩擦功率的增加。因此，在选择配套电机时，介质的黏度也是一个非常重要的参考数据，尤其是在输送高黏度介质时，需要精确计算。

（四）吸入性能

螺杆泵工作分为以下几个阶段：吸入，此时液体连续不断地沿吸入管道移动；旋转的螺杆把能量传给液体介质；压出，此时液体介质带有克服压出管道系统所有阻力所必需的压力从泵中排出。要想泵正常工作，必须保证泵的吸上条件，这是泵工作的重要条件，否则就会发生汽蚀，即引起振动、噪声等问题。

（五）汽蚀余量

螺杆泵的汽蚀余量与泵的转速、导程以及泵所输送介质的黏度等因素都有关系，它随轴向流速、工作黏度的增大而增大。在吸入条件不好的情况下，宜选择小导程的双螺杆泵。这在选型时是很重要的。

四、操作使用

螺杆泵操作使用与齿轮泵基本相同。

（一）启动准备

（1）启动前检查吸入管路和仪表接头连接是否密封。

（2）首次启动前、拆卸装配后、泵较长时间未曾启动、使用后已将泵内介质卸掉等情况，应在吸入室中注满介质，并用手或工具转动泵轴数转后再启动。这是由于定子和转子间干摩擦会造成定子损坏、启动力矩过大使泵无法启动、泵的吸入性能降低。为避免干摩擦要使定子和转子之间的表面具有介质润滑液膜，所以要防止泵在无介质或只有少量介质时启动。

（3）输送高黏度介质时，在启动前应加热泵的隔套层，降低泵内残存介质的黏度，便于启动。

（4）检查原动机的转向，防止逆转。

（5）启动前应将进口管路和出口管路上的阀门全部打开，管道系统内必须畅通。

（二）运行监测

（1）检查轴承最高温度是否超出产品说明书规定温度。

（2）检查轴封泄漏量是否超出产品说明书规定要求。

（3）注意进口管路上真空压力表的指示值，其指针不应有剧烈晃动，检查安装真空压力表的通流管是否正确。

（4）注意泵的噪声和振动是否异常，发生汽蚀现象应立即停泵。

（5）注意泵的流量和压力是否发生突变，及时检查。

（三）停泵操作

关闭电机、吸入管和排出管阀门。长期停机时，应将泵内介质放净，并注入少许润滑油，用手或工具转动泵轴，最好将转子拆下，涂油脂保护。

五、故障及其处理

螺杆泵的常见故障原因分析和处理方法见表6-4。

表6-4　螺杆泵常见故障原因分析和处理方法

故障现象	原因分析	处理方法
泵流量下降或不排油	吸入管路、过滤器堵塞或漏气	清理，修补管路密封或更换管路
	电动机反转或转速不够	改变电机转向或修理、更换电动机

续表

故障现象	原因分析	处理方法
泵流量下降或不排油	油品黏度过大	油品升温
	螺杆间隙过大或与泵套磨损严重	更换螺杆及零件
	安全阀弹簧太松或阀瓣与阀座不严	调整弹簧压缩量，研磨阀瓣与阀座
	进口流量小或吸入压力不够	增高液面或降低吸入高度
泵运行不平稳或压力不足	减压阀、旁通阀开错或阀座磨损漏压	正确开启阀门，更换失效阀门
	联轴器校正不好	重新校正
	轴承磨损或损坏	更换轴承
	泵壳内进入杂物	清除杂物
	同步齿轮磨损或错位	调整、修理或更换
	地脚螺栓松动	紧固地脚螺栓
轴功率急剧增大	出口压力过高	调整溢流阀，检查出口管道
	排出管路堵塞	停泵清洗管路
	泵壳体进入杂物	检查清除杂物
	螺杆与泵套摩擦严重	检修或更换有关零件
	油品黏度太大	油品升温
	电动机故障	检查、修理或更换
	电流表失灵	修理或更换

六、检查内容

（一）日常检查

（1）作业时检查泵的出口压力，密封有无不正常泄漏。有不正常响声或过热时，应停泵检查。

（2）定时检查泵轴承温度及振动，密封泄漏及螺栓紧固情况，封油压力应比泵出口压力大0.05~0.1MPa，检查清理过滤器。

（二）季度检查

（1）检查润滑脂和轴承盒里的润滑油，如果变质应全部换掉。
（2）检查滑动轴承在圆周方向的间隙。

（三）年度检查

（1）检查转动部分的磨损情况及间隙，泵壳内部的腐蚀状况。
（2）至少校验一次真空表及压力表。
（3）检查进出口阀及止回阀的压盖、填料及轴套，必要时需更换。

七、检修周期与内容

（一）小修

运行周期在2000~2500h，检修内容如下。
（1）更换填料，检修机械密封。
（2）检查轴承，更换润滑脂，校核联轴器同心度和端面间隙。
（3）消除渗漏，紧固各部位螺栓。

（二）大修

运行周期在8000~10000h，检修内容如下。
（1）包括小修项目。
（2）解体检查各零部件磨损、腐蚀程度，视具体情况进行修理或更换。
（3）检查或更换轴承。
（4）检查轴封系统，必要时更换或修理。
（5）检查螺杆泵有无裂纹及表面磨损情况。
（6）检查泵壳内表面的磨损情况。

第五节 往复泵

往复泵是一种容积泵，它依靠泵缸内做往复运动的活塞或柱塞来改变工作室的容积，从而达到吸入和排出液体目的，具有输送高黏度介质时效率高的优点，在成品油库中主要应用在输送高黏度油品和抽吸底油。

一、基本结构和工作原理

往复泵的主要部件有泵缸、活塞、活塞杆、吸入阀和排出阀。吸入阀和排出阀均为单向阀。

往复泵的基本原理是固定排出等量体积的液体。电动往复泵通常是用曲柄连杆机构，把电动机的旋转运动变为活塞的往复运动，它利用活塞在泵缸内的往复运动，改变泵缸的工作容积吸入和排出油品。当活塞在外力作用下由左端向右端移动时，缸内工作室的容积逐渐增大，压力降低（产生真空），排出阀门在自重、压差等因素作用下关闭；吸入罐中的液体在压差作用下，克服吸入管内的摩擦损失及吸入阀门的阻力而进入泵缸。当曲柄转过半周，活塞到达右死点后便开始向左运动，这时泵工作容积减少，液体受到挤压，缸内压力很快升高至排出压力，吸入阀门被压力封住而排出阀门被顶开，液体从排出口流回到泵缸。活塞到达左死点时，泵缸内液体排尽，完成一个往复过程。随曲轴的旋转，活塞周而复始地运动，不断地抽吸液体。

活塞往复一次，各吸入和排出一次液体，称为一个工作循环，这种泵称为单动泵。若活塞往返一次，各吸入和排出两次液体，称为双动泵。往复泵的基本结构和工作原理见图6-6。

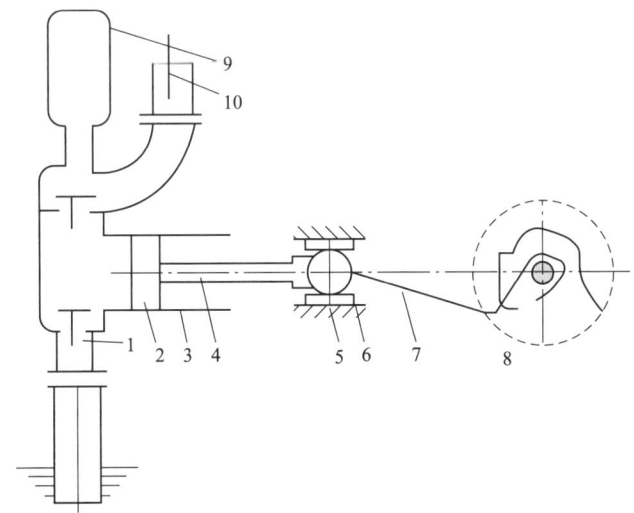

1—吸入管；2—活塞；3—泵缸；4—活塞杆；5—十字头；6—导板；
7—连杆；8—曲柄；9—空气室；10—压出管。

图6-6 往复泵的基本结构和工作原理

二、性能

(一)安全阀

往复泵在运转操作中如关闭出口,会产生一个无限上升的压力,因此最好采用安全阀作为泵、管道及阀门等最基本的安全保护装置。当超过设定压力时,安全阀可以引导介质从出口回到入口。若安全阀被重新调整,调整螺丝的螺纹必须被重新锁定。安全阀的设定压力应该用泵的全流量计算取值。调定压力或开启压力必须在操作压力以上,才足以防止正常压力波动启动安全阀。

(二)流量

往复泵的流量与扬程无关,与泵缸尺寸、活塞冲程及往复次数有关。因为漏失不可避免,往复泵的实际流量比理论流量小,且随着扬程的增高而减小。往复泵的流量不能用排出管路上的阀门来调节,而应采用旁路管或改变活塞的往复次数、改变活塞的冲程来实现。

(三)扬程

往复泵的扬程是指单位质量液体流过泵后的能量增值,也称为有效压头。扬程高低主要由泵的机械强度和原动机的功率决定,与泵的流量及几何尺寸无关。在往复泵中,由于是靠挤压作用压出液体,理论上往复泵的扬程可以任意高。但实际上,由于构造材料的强度有限和泵内部件的泄漏,往复泵的扬程仍有一定的限度。此外,扬程高低也受到管路阻力的影响,管路的阻力大时,排出阀需要更高的压力才能开启,从而导致供液压力增大。这种扬程与泵本身无关,只取决于管路的情况,这种特性称为正位移特性。

三、操作使用

(一)启动准备

检查泵的传动机构有无卡位或不灵活;润滑油是否满足要求,填料是否严密,所有紧固件是否上紧;打开泵的进出口阀门,防止启动时压力骤升冲击损坏泵体。

（二）开机操作

点动电源开关，观察电机转向是否正确；为减少启动电流可以将回流阀打开，待电机启动正常后，再缓慢关闭回流阀。

（三）运行监测

（1）往复泵正常运转中，禁止关闭出口阀门，否则可能挤破管道和附件，憋坏泵或超载烧坏电机，造成严重事故，为防止因误动作发生这类事故，装在出口管道上的安全阀应定期检修，保持灵敏度完好。

（2）往复泵切记不能用排出阀来调节流量，如工艺需要，可用旁通管路上的阀门进行调节。如需减少流量，可打开旁通管路上的回流阀，从而控制流量。若以转速来调节，应注意切不能任意提高转速加大流量，而只能在低于正常转速范围内调节。泵的工作压力可通过调整安全阀弹簧的松紧程度来实现。

（四）停泵操作

停泵时应先关闭吸入阀，打开回流阀，再关泵，最后关闭排出阀。

四、故障及其处理

往复泵的常见故障原因分析和处理方法见表6-5。

表6-5 往复泵常见故障原因分析和处理方法

故障现象	原因分析	处理方法
启动后无流量或流量很小，压力表不动	吸入阀没打开	打开吸入阀
	排出阀故障	检查排出阀
	泵内有空气	排除泵内空气
柱塞处密封泄漏严重	压紧弹簧损坏	更换弹簧
	密封圈磨损严重	更换密封圈
	柱塞严重划伤	更换柱塞
泵流量下降或冲击严重	吸入口阀门损坏	更换阀门
	吸入口和排出口弹簧损坏	更换弹簧
	泵内空气未排净	排净空气

续表

故障现象	原因分析	处理方法
泵的润滑油泄漏严重	油封损坏	更换油封
	箱体其他漏油	处理漏油处
	加油过多	放油至合适位置
泵运转有撞击声	滑块压紧、螺母松动	拧紧滑块、压紧螺母
	运动机件松动	调整松动零件
	轴承损坏	更换轴承
	齿轮损坏	更换齿轮
泵箱体升温过快或温度过高	轴瓦或曲轴损坏	更换轴瓦或曲轴
	润滑油不足或太脏	清洗油箱，更换新油
	润滑油太多	放油至合适位置
泵压升不上去	管路漏液	检查各处密封情况，更换密封件，检查安全阀
	安全阀不密封	

五、检查内容

（一）日常检查

（1）运行中不得有异常振动和噪声，有无异常滴漏，压力表指示值是否在正常范围，安全阀是否灵活好用。

（2）检查各部轴承温度，各出口阀压力、温度、润滑油压是否正常，各传动和连接部件是否紧固无松动和异常声音。

（二）季度检查

（1）检查润滑脂和轴承盒里的润滑油，如果变质应全部换掉。

（2）检查滑动轴承在圆周方向的间隙。

（三）年度检查

（1）检查转动部分的磨损情况及间隙，泵壳内部的腐蚀状况。

（2）至少校验一次真空表及压力表。

（3）检查进、出口阀及止回阀的压盖、填料及轴套，必要时进行更换。

六、检修周期与内容

（一）小修

运行周期在2000h，检修内容如下。

（1）检查进、出口阀座、阀片、弹簧，并进行研磨或更换。

（2）检查修理配气机构，更换传动机的小轴或销钉，校正配气机构。

（3）更换填料、垫片。

（4）检查修理注油器、单向阀及油管路。

（5）检查紧固各部连接螺栓。

（二）大修

运行周期在8000h，检修内容如下。

（1）包括小修项目。

（2）检查、更换配气阀或配气活塞。

（3）测量汽缸与油缸的同心度及双缸的平行度，并进行调整。

（4）检查地基、地脚螺栓。

第六节　潜油泵

潜油泵是一种机泵同轴且浸没在输送介质（一般为轻质油品）中的立式泵。由于潜油泵安装在鹤管头部，作为前置泵与主卸油泵串联，可以提高主卸油泵吸入系统的压力，避免管路的气阻和主卸油泵的汽蚀。使用时，可根据主卸油泵流量的大小来确定每次开启潜油泵的数量。潜油泵按驱动方式分类有电动、液动和气动三类，在成品油库中主要应用在铁路槽车卸油中，使用类型较多的是液动潜油泵和电动潜油泵。

一、液动潜油泵

（一）基本结构

液动潜油泵由液压马达、泵盖、叶轮、轴套、泵体、输油管等构成。液动潜油泵的基本结构见图6-7。

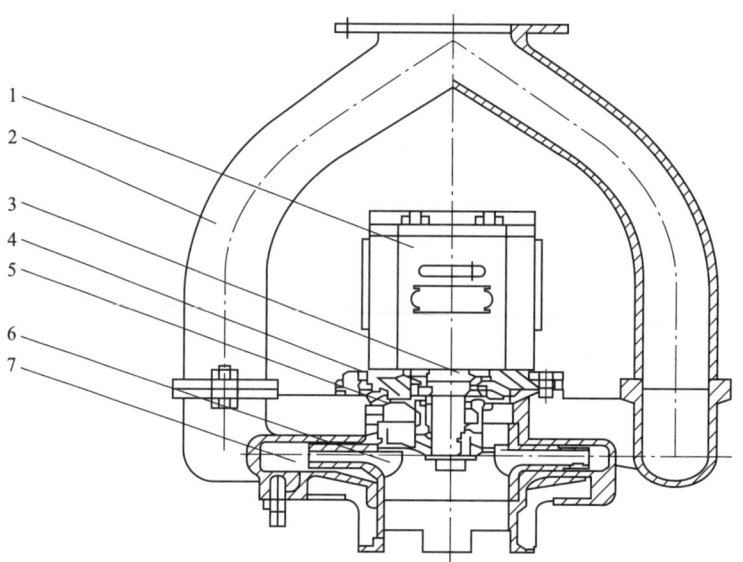

1—液压马达；2—输油管；3—泵体；4—机械密封；5—轴套；6—叶轮；7—泵盖。

图6-7 液动潜油泵的基本结构

（二）工作原理

液动潜油泵的工作原理是将电能转化成液压能驱动液压马达，液压马达带动叶轮旋转机械做功。具体流程：电机驱动液压泵，液压泵输出的压力油经溢流阀、控制阀，驱动液压马达带动叶轮旋转，从而使潜油泵正常工作。

（三）操作与维护

1. 操作使用

（1）鹤位操作　将装有潜油泵的鹤管由油槽车顶部人孔处尽量放至车底，防止开泵时油品冲击晃动损坏潜油泵。

（2）开机　检查电气开关、油路管、设备接地线是否完好；各固定连接部位应无松动、叶轮转动灵活、泵腔内无工艺介质及杂质；液压油有无乳化变质，液压油箱过滤网清洁、无堵塞；启动液压电动机，通过调节控制阀缓慢启动液压马达，开始卸车。

（3）运行　经常观察压力表指示值是否正常，槽车内液面下降情况；潜油泵运转中应无异常声响和振动，各结合面应无泄漏；若发现流量不正常，则检查泵体吸入口是否阻塞，泵叶轮运转有无卡死现象，泵调压阀工作是否正常，泵油箱入口过滤器网是否堵塞。

（4）停机　当槽车内油品较少潜油泵已吸入空气无法再吸油时，关闭鹤管阀门和潜油泵，打开鹤管放气阀，泄放鹤管内存油，提起鹤管，再关闭液压电动机。

2. 维护保养

（1）潜油泵如不及时使用或较长时间停用，应在马达内部灌入防锈油，外露部分涂防锈油脂，并妥善保管。

（2）油箱内的液压油，应根据使用频率定期检查，及时补充油液。

（3）定期清洗油箱内的过滤器，如有破损应立即更换。

（四）故障分析及其处理

液动潜油泵的常见故障原因分析和处理方法见表6-6。

表6-6　液动潜油泵常见故障原因分析和处理方法

故障现象	原因分析	处理方法
潜油泵卸槽不出油	装置扬程太高	降低装置
	压油管、溢流阀等液压元件泄漏	堵漏、换新
	溢流阀控制系统失效，油压无法上升	清洗溢流阀或换新
	滤油器堵塞或油液凝固	清洗或更换
	叶轮反转或停转	改变电动机转向或查明停转原因
潜油泵卸槽出油量少	装置扬程太高	降低装置
	泵流道堵塞	清除堵塞物
	液压元件泄漏，工作油压下降	堵漏或更换元件
	滤油器堵塞	清洗或更换
	卸油主泵密封泄漏	更换密封
	液压油泵、液压马达磨损	更换油泵及马达

（五）检查内容

1. 日常检查

（1）工作中液压潜油泵的振动、噪声情况是否正常。

（2）各附件连接是否有异常，系统压力是否正常。

（3）检查工作中液压潜油泵的壳体是否损坏，液压油箱油温是否正常。

（4）检查液压潜油泵的油箱内液压油是否充足，是否有杂质。

（5）检查液压潜油泵及液压马达是否正常工作。

2. 半年检查

（1）检查液压潜油泵液压站、管路及各元件有无渗漏现象。

（2）检查液压潜油泵机械密封是否损坏。

（3）检查和调整液流阀，使压力保持并不得超过最高工作压力。

3. 年度检查

（1）检查液压潜油泵马达内部及外露部分是否有锈蚀，必要时涂防锈油、脂。

（2）检查液压潜油泵油箱内的过滤器及滤油器是否损坏，清洗液压潜油泵油箱内的过滤器及滤油器。

（3）检查液压潜油泵轴承是否磨损严重；内部是否有断裂处，以及与电动机的连接情况。

二、电动潜油泵

（一）基本结构

电动潜油泵整机包括防爆电泵、连接部件以及配套的防爆控制箱。防爆电泵主要由防爆屏蔽电机、轴承、叶轮、导叶、泵壳、接头、液位开关等组成。电动潜油泵的基本结构见图6-8。

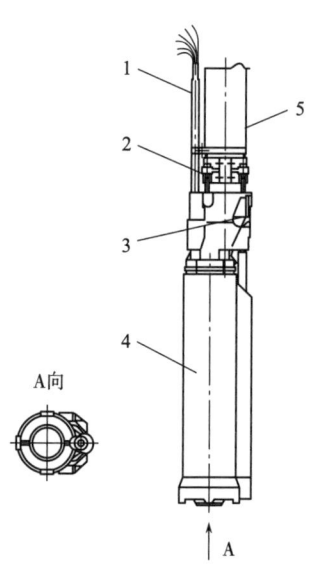

1—耐油电缆；2—夹接部件；3—连接管（鹤管）端部；
4—泵头部件；5—连接管（鹤管）。

图6-8 电动潜油泵的基本结构

连接部件主要由连接、紧固、密封鹤管等组成的鹤管连接件，以及由耐油电缆、电缆护管、不锈钢挠性软管、活接头等组成的电缆保护件等组成。

配套的防爆控制箱主要由箱体、箱盖和装在其内的元器件组成。元器件主要包括电源开关、交流接触器、过电流（缺相）继电器、欠电流继电器、指示灯等；具备无液停泵功能的防爆箱，箱内还装有24V恒压电源、光纤放大器、超薄继电器等元器件。

（二）工作原理

电动潜油泵又称防爆潜液式轻油泵、防爆电泵，潜油电动机的机械能通过叶轮的旋转转换成液体的动能，将油品从铁路罐车内抽送至输油管道中。

电动潜油泵的工作原理同地面离心泵一样。潜油电动机带动泵轴上的叶轮高速旋转，充满在叶轮内的液体在离心力的作用下从叶轮中心沿叶片间的流道被甩向叶轮四周，使得液体压力和速度同时增大，再经过导轮的流道被引向下一级叶轮。这样液体流过所有的叶轮和导轮，压能逐级叠加，获得一定的扬程。

（三）操作使用

1. 开机前的准备

（1）泵随鹤管在罐车中进出时，应尽可能避免猛烈的撞击。

（2）检查泵体和输液管道 确认安装是否牢固，有无破损。

（3）检查配线系统 确保安装牢固、正确。

（4）检查电源 合上电源总开关，确保电源正常。

2. 开机运行

（1）手动启动 将总闸手柄推至合闸位置；调整控制电压在95～120V之间；将手动自动转换开关推至手动位置；按启动按钮，运转指示灯同时发亮，机组开始正常运转。

（2）自动启动 将转换开关旋至远程工作位；由上位机控制潜液泵启动、停机（带远程控制功能产品）。

3. 运行中的注意事项

（1）避免频繁启动 停泵与启泵至少要有2min间隔时间。

（2）监控介质状态 避免在介质结晶或结晶未完全熔化时启动潜油泵。

（3）监控输液管道是否有泄漏。

（4）检查出液量是否正常，避免固体杂质过多；防止输出管路憋压造成液体返流现象。

（5）观察电动机功率表（或电流表）的指示值是否过大。

（6）检查潜油泵是否出现叶轮卡阻或明显噪声、振动加剧。

如果运行中出现上述情况之一，应立即停机进行检查。

4. 停机

按停止按钮，将转换开关扭至停机位置，机组停止运行。

（四）安全注意事项

1. 安装规范

潜油泵应安装在干燥、通风良好的位置，避免潮湿和腐蚀性气体的侵蚀。同时，安装时要确保稳固，防止振动影响设备的正常运行。

2. 启动运行

在启动潜油泵前，应检查泵体和管道系统的密封性，确保无泄漏。启动时应逐渐提高转速，避免突然加速造成机械损伤。

3. 参数调节

根据生产需要，合理调节潜油泵的扬程和流量，避免长时间超负荷运行。定期检查压力表和流量计，确保参数在正常范围内。

4. 接地跨接

采用鹤管式安装时，操作前必须用接地线夹将鹤管系统与罐车进行等电位跨接。

5. 断电操作

在鹤管式安装的潜液泵泵体进、出槽罐前，需切断控制箱上的总电源开关。

6. 杂物防护

严禁在运行中的防爆控制箱上覆盖杂物，应确保通风散热良好。

（五）维护和保养

1. 定期检查

定期检查电动潜油泵的运行状态，电缆和接头是否完好，泵的叶轮、轴承和密封件等部件是否磨损或损坏，及时更换。

2. 清洗和更换易损件

定期清洗泵体，更换易损件，如滤网和油封。

(六)故障分析及其处理

电动潜油泵的常见故障原因分析和处理方法见表6-7。

表6-7 电动潜油泵常见故障原因分析和处理方法

故障现象	原因分析	处理方法
泵发生振动及噪声	介质密度与黏度过大	不适宜输送
	叶轮密封环处磨损严重	更换泵头
	管路或泵内有杂物堵塞	查找堵塞物并设法排除
	轴承磨损或损坏	更换泵头
泵流量、扬程不足	装置扬程太高	降低排出系统的阻力或高度
	电压不足	增压
	接线错误或未送电	检查接线并改正
	转速过低	检查电压是否正常
	介质密度与黏度过大	不适宜输送
	叶轮口环处磨损严重	更换泵头
	轴承磨损或损坏	更换泵头
	管路或泵内有杂物堵塞	查找堵塞物并设法排除
	泵出口管路局部高处形成气包	用反冲倒灌法进行排除
电机消耗功率或电流过大	电压不足	增压
	介质密度与黏度过大	不适宜输送
	轴承磨损或损坏	更换泵头
	管路或泵内有杂物堵塞	查找堵塞物并设法排除
泵过热或转不动或不出液体	电压不足	增压
	装置扬程太高	降低排出系统的阻力或高度
	介质密度与黏度过大	不适宜输送
	轴承磨损或损坏	更换泵头
	管路或泵内有杂物堵塞	查找堵塞物并设法排除
	液位太低	按要求增加浸没深度

第七节 摆动转子泵

摆动转子泵是一种容积泵,对液气两相可以混合运输,自吸能力和抗汽蚀性能强,适用于油品和化工介质的装卸车及输送。成品油库中主要应用在底油扫舱等作业。

一、基本结构

摆动转子泵由外定子、内定子、固定隔板、转子、加强板、端盖、偏心轴、主轴和位于隔板两侧的液体进口和液体出口构成,转子与内定子构成的内腔高于转子与外定子构成的外腔,两者之比等于转子外径与转子内径之比,设有间隙密封阻止由于内、外腔高度不同导致的液体进口和液体出口的连通。摆动转子泵的基本结构和工作原理见图6-9。

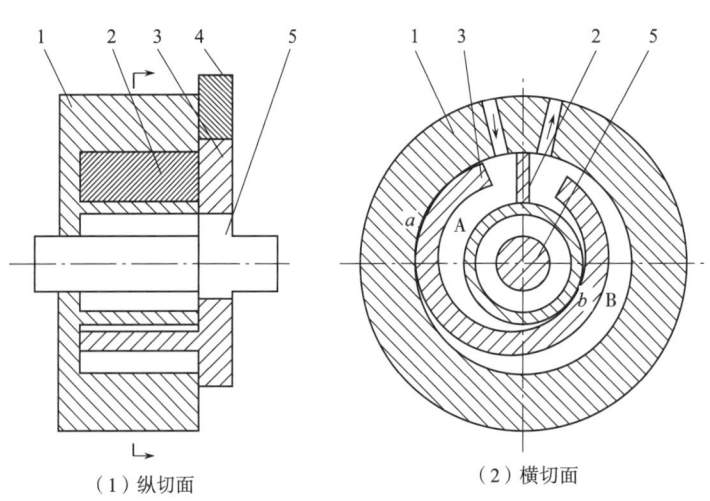

(1)纵切面　　　　(2)横切面

1—定子;2—固定隔板;3—转子;4—活块;5—曲轴。
图6-9　摆动转子泵的基本结构和工作原理

二、工作原理

摆动转子泵气液混输泵工作时,偏心曲轴旋转使转子沿缸体外定子与内定子之间的环形空间做摆转运动,转子外壁与缸体外定子、转子内孔与内定子外径分别同隔板一起形成两个吸入腔和两个排出腔,吸入腔和排出腔的容积随转子摆动不断发生周期性变化,完成介质的吸入和排出。内、外定子与转子在工作时互不接触,保持一定的间隙,泵采用专门的润滑系统、润滑轴承及机械密封。

三、性能

摆动转子泵的主要参数及技术性能见表6-8。

表6-8 摆动转子泵主要技术参数

技术项目	参数值	技术项目	参数值
额定排量	60m³/h	安全阀工作压力	出口压力+0.2MPa
出口压力	0.4MPa	配用电动机	dⅡBT4 11kW 730r/min
介质输送温度	−40～80℃	密封	采用机械密封
介质输送黏度	0～500cst	过滤	颗粒液体配过滤器 20～40目/in
吸上真空度	−730mmHg	介质气液化	0～100%
效率	72%以上	最大干运转时间	10min

四、操作使用

（1）手盘泵，以无卡滞点为好。

（2）启泵前，应检查电动机接线是否符合防爆要求，如配有减速器则应检查减速器齿轮箱内油面是否符合要求。管道上法兰连接螺栓是否紧固，止回阀流向是否正确。

（3）打开泵的进、出口管路上阀门，通过电动泵，检查泵的转动方向，确认正确后方可开泵运转。

（4）泵运行时，检查泵的进出口压力表读数是否正常，泵的振动和噪声有无异常，如发现异常情况，应立即停机分析原因。

（5）停泵后，先关闭泵的进、出口管路阀门，再关闭管路阀门，结束操作。

（6）摆动转子泵属于容积泵，因此在开泵之前必须开启进、出口管路上所有阀门，以防泵超压运行。另外，不可以采用调整阀门开度的方法改变泵的排量，因容积式泵其排量与出口压力无关，在所有压力条件下均为额定排量。

五、故障分析及其处理

摆动转子泵的常见故障原因分析及其处理方法见表6-9。

表6-9 摆动转子泵常见故障原因分析及其处理方法

故障现象	原因分析	处理方法
密封泄漏	密封元件材料老化失效	视介质情况配用适当密封件
	O形圈损坏	更换O形圈
	机械密封动环或静环密封圈损坏	更换密封圈
	机械密封动静环密封面磨损	更换机械密封
	油封失效	更换油封
泵不吸油	吸入管路堵塞或漏气	检修吸入管路
	吸入高度超过允许吸入真空高度	降低吸入高度
	电动机反转	改变电机转向
	介质黏度过大	将介质加温
	过滤器堵塞	清洗过滤器
泵振动和噪声过大	泵轴与电机轴不同心	调整同心
	吸入管路堵塞，真空太高	检修吸入管路
	出口管路堵塞、关闭或管径太小	检查出口管路
泵发热	泵长时间干运行	回油冷却

六、检查内容

（一）日常检查

（1）作业中检查泵的振动、噪声是否正常。

（2）检查泵的渗漏情况。

（3）泵压力表和真空表指示值是否正常。

（4）检查轴承温度、吸排压力输出功率、润滑、振动和噪声。

（5）检查泵与电动机的连接情况。

（6）检查泵紧固螺栓有无松动。

（二）月度检查

（1）检查轴承盒里的润滑油，如果变质应全部换掉。

（2）检查转子、轴承有无异常声音。

（3）检查滑动轴承在圆周方向的间隙。

（4）检查清理过滤器。

（三）季度检查

（1）检查转动部分的磨损情况及间隙。
（2）检查校验一次真空表及压力表。
（3）检查泵壳内部的腐蚀情况。
（4）检查进出口阀门及止回阀。
（5）进行压盖、轴套的检查，必要时进行更换。

七、检修周期与内容

（一）小修

运行周期在2000～2900h，检修内容如下。
（1）检查机械密封。
（2）检查轴承，调整轴承间隙。
（3）检查联轴器及对中。
（4）处理在运行中出现的问题。
（5）检查油封和润滑等系统。

（二）大修

运行周期在8500～12000h，检修内容如下。
（1）包括小修项目。
（2）解体检查各零部件磨损、腐蚀和冲蚀情况。
（3）检查前转子、后转子。
（4）检查并校正轴的直线度。
（5）测量并调整转子的轴向窜动量。
（6）检查泵体、基础、地脚螺栓，必要时调整垫铁和泵体水平度。

第七章

成品油储备安全管理

成品油安全管理的目的是防止油品在收发和储存过程中发生火灾、爆炸和环境污染等事故。科学高效的安全管理，可确保成品油安全可靠供应，有力保障和维护社会稳定。

第一节　成品油库安全建设

成品油库安全管理应坚持安全第一、预防为主、综合治理的原则，加强制度建设、安全检查和评价，规范事故处置，按照落实安全生产主体责任的要求，强化油库安全生产标准化建设。

一、油库安全生产总体要求

油库安全生产管理以无职业危害、无事故、无污染为目标，按照以人为本、全员参与、持续改进的要求组织实施。油库应当建立健全全员安全生产责任制。建立健全安全管理组织机构，加强安全管理基础工作，切实做好生产作业、设备设施使用维护和检修作业、油库事故处理等过程中的安全管理。油库应定期对所属员工进行安全形势、法律法规、事故案例、安全知识教育和岗位安全技能培训。

油库应设置包围整个库区的围墙，实施封闭化管理，安排人员24h值守，入口处应设置明显的警示标志，严禁将香烟、打火机、火柴和其他易燃易爆物品带入库区和罐区。进入油库、罐区的机动车辆应配备有效的防火罩和小型灭火器材，装卸油品的机动车辆应有可靠的静电接地部位，静电接地拖带应保持有效长度，符合接地要求。外来机动车辆完成装卸油作业任务后应立即驶离，不得在油库内停放和修理。

二、油库安全管理

（一）油库安全管理制度

成品油库应建立健全各项规章制度，包括油库使用管理、现场操作管理、职业危害预防、事故应急管理、职业安全教育和培训等。各项管理制度应明确管理要求和标准，具体制度和规范内容包括罐区与分散型控制系统的双重巡回检查、流程切换要求与操作程序、储罐使用及切换和新罐投用程序、罐区双人操作制度；罐区储存的毒害物质对人体危害的预防控制措施，含有毒害物质的储罐、容器操作的安全规定和进入油罐、容器等受限空间作业以及有毒有害介质泵房的通风的相关规章制度；分散型控制系统监控报警与处理方法、事故应急演练要求、事故处理程序等。储油区、作业区、油泵房（棚）、消防泵房、锅炉房、配发电间等重点部位应设置安全标志和警示牌，安全标志的使用应符合现行国家标准GB 2894—2008《安全标志及其使用导则》的要求。

（二）油库安全检查

根据《国家粮食和物资储备局垂直管理系统重大生产安全事故隐患判定标准（试行）》《化工和危险化学品生产经营单位重大生产安全事故隐患判定标准（试行）》《危险化学品企业安全风险隐患排查治理导则》《防雷安全领域重大事故隐患判定标准（试行）》《化学品仓库建设工程和场所防雷安全隐患排查要求标准（试行）》等规定，油库应进行定期和不定期安全检查，检查内容主要包括储油设施、输油管道、输油泵、电气设备、消防设施等，重点对油罐基础、罐体、呼吸阀、阻火器、防火堤、防雷防静电设施、阀门、过滤器、架空线路、防爆电气等进行安全检查。

（三）油库安全评价

成品油库储存的油品易燃、易爆、易扩散，极易引发火灾、爆炸、泄漏和环境污染等安全事故，因此要对设计和运营中的油库开展安全评价。安全评价技术一般可分为三类：定性分析技术、定量分析技术、混合分析技术。定性分析是依据审核人员经验反映出被评估对象风险大小，定量分析则可根据模拟手段和实验数据计算出被评估对象的定量风险，混合分析则是结合了定性分析与定量分析的优势。目前油库常用的评价方法有作业条件危险分析法、作业危害分析法、故障树分析法、风险矩阵分析法、危险与可操作性分析等（详见第七章第二节），可根据实际情况具体选择。

（四）油库应急处理

油库的现场应急处置对于防止事故扩大、减少损失具有重要作用。各单位应充分落实《生产安全事故应急条例》《生产安全事故应急预案管理办法》《危险化学品企业生产安全事故应急准备指南》等要求，针对火灾、爆炸、泄漏等不同事故的特点制定相应的应急预案，准备相应的应急设备，并定期进行人员培训和应急演练。

三、油库安全生产标准化建设

安全生产标准化建设，是落实油库安全生产主体责任的重要途径，是强化安全生产工作基础、建立长效机制的关键举措，也是对油库安全生产分类分级监管的重要依据，对有效防范安全事故具有重要意义。

（一）安全生产标准化建设的内涵

安全生产标准化是指通过建立安全生产责任制，制定安全管理制度和操作规程，排查治理隐患和监控重大危险源，建立预防机制，规范生产行为，标准化建设可以使各生产环节符合安全生产法律法规和标准规范的要求，确保人、机、物、环（境）处于良好生产状态。通过标准化建设，油库能够建立起一套科学、规范的安全生产管理体系并有效运行，持续改进安全生产工作。

（二）安全生产标准化建设的实施

安全生产标准化建设坚持"安全第一、预防为主、综合治理"的安全生产方针，采用计划（P）、实施（D）、检查（C）、改进（A）的PDCA动态循环和持续改进的管理模式，其运行过程包括诊断、策划、培训、实施、自评、改进提升6个阶段。

1. 诊断阶段

依据法律法规及国家标准规范相关要求，对油库进行初始评估，确定适用的要素内容，找出存在的差距。

2. 策划阶段

根据诊断结果，制定安全生产标准化实施方案，包括资源配置、进度、分工等；进行风险分析；识别和获取适用的安全生产法律法规、标准及其他要求；完善安全生产规章制度、安全操作规程、台账、档案、记录等；确定安全生产方针和目标。

3. 培训阶段

对全体员工进行安全生产标准化相关内容培训。

4. 实施阶段

根据策划内容，落实安全标准化的各项要求。

5. 自评阶段

对安全生产标准化的实施情况进行综合评估。

6. 改进提升阶段

根据自评结果，提出提升安全生产标准化运行质效的措施。

（三）安全生产标准化建设的主要内容

安全生产标准化建设主要包括目标职责、制度化管理、教育培训、现场管理、安全风险管控及隐患排查治理、应急管理、事故管理和持续改进8个要素。

1. 目标职责

（1）目标制定　油库应根据自身安全生产实际，制定可测量、可实现的安全生产目标，并将目标分解到各部门、各岗位，形成自上而下的目标体系。

（2）机构和职责　设置安全生产管理机构。明确油库主要负责人是安全生产第一责任人，全面负责安全生产工作；同时要配备相应数量的安全生产管理人员，专门从事安全管理工作，确保安全生产工作有专人抓、专人管。建立健全安全生产管理网络，明确各级组织负责安全生产的人员。

2. 制度化管理

（1）全员安全生产责任制　根据国家法律法规、标准和各单位实际情况，明确各管理部门及基层单位的安全职责。油库应建立全员安全生产责任制，根据岗位的性质、特点和具体工作内容，明确各岗位安全职责，做到"一岗一责"。建立完善安全生产责任制监督考核与奖惩机制，对安全生产责任制的履行情况进行考核。定期对安全生产责任制进行检查评估，及时修订完善安全生产责任制。

（2）安全生产信息识别和收集　安全生产信息可分为化学品危险性信息、工艺危险性信息、工艺技术信息、设备设施信息和其他信息。油库应对安全生产过程中各类信息进行识别、使用、更新、归档等分类管理，完善安全生产信息清单，确保安全生产信息准确。

（3）法律法规和标准识别获取　油库应建立识别和获取适用的安全生产法律法规、标准和其他管理制度，明确责任部门，确定获取渠道、方式和时机，及时识别和获取，适时更新。获取范围包括但不限于：

①国家有关法律法规和地方性法规；

②相关部门规章；

③国家标准、行业标准、地方标准；

④各级负有安全生产监督管理职责部门发布的规范性文件。

（4）安全生产规章制度　油库应根据有关安全生产法律法规和标准规定建立健全安全生产规章制度，细化具体内容和要求，并严格落实。规章制度包括但不限于以下内容：

①目标管理；

②安全生产责任制；

③安全生产承诺；

④安全生产投入；

⑤安全生产奖惩管理；

⑥安全制度的修订完善；

⑦安全教育培训；

⑧风险评价和隐患治理；

⑨重大危险源管理；

⑩设备设施管理，包括安全设施、特种设备等管理；

⑪施工和检维修管理；

⑫安全作业管理，包括动火作业、进入受限空间作业、临时用电作业、高处作业、起重吊装作业、破土作业、断路作业、设备检维修作业、高温作业、抽堵盲板作业管理等；

⑬危险化学品安全管理，包括危险化学品储存、出入库、运输、装卸等；

⑭变更管理；

⑮应急管理；

⑯事故管理；

⑰绩效评定管理。

（5）操作规程　油库应按照有关规定，结合生产工艺、作业任务特点以及岗位作业安全风险要求，编制齐全适用的岗位安全生产操作规程，发给相关岗位员工并严格执行。在新工艺、新技术、新装置投产或投用前，组织编制新的操作规程，确保其适用性和有效性。

3. 教育培训

（1）教育培训管理　油库要明确安全教育培训目标，确定各岗位的具体培训内容，制订全面的安全教育培训计划，包括新员工入职培训、在岗员工定期培训、特种作业人员专项培训等。培训内容应包括安全知识、操作技能、应急处置等方面。

油库应建立从业人员安全教育培训档案，详细记录全员参加安全教育培训的时间、内容、考核结果及复训情况，尤其是主要负责人、安全生产管理人员和特种作业人员、特种设备操作人员。对教育培训效果进行评价，根据评价结果调整和优化培训计划。

（2）岗位能力标准　编制岗位说明书，明确各岗位人员所需的专业、学历、技术职称、工作经历等要求，制定岗位能力标准。依据各岗位所需要的能力要求，将岗位能力标准转化为培训目标，确定各个岗位的具体培训内容。

（3）岗位人员教育培训　油库主要负责人和安全生产管理人员接受应急管理部门组织的安全教育培训，新入职人员应接受油库安全教育培训。教育培训采取师徒传帮带、实训基地培训、在职教育、现场演练等多种方式，提升人员的安全生产技能。油库特种作业人员、特种设备安全管理和作业人员应按国家有关规定取得相应资格，方可上岗作业。

（4）外来人员教育培训　油库应对承包商人员进行入库安全教育培训，经考核合格发放入库证；进入作业现场前，油库应对承包商作业人员进行入场前安全教育，并保存入库和入场安全教育培训记录。此外，油库还应对外来参观、学习、检查等人员进行有关安全管理规定及安全注意事项的教育培训。

（5）培训考核与评估提升　油库定期开展岗位人员履职能力评估，对不能胜任岗位的人员进行再培训，培训考核不合格者及时调整岗位。

4. 现场管理

（1）设备设施管理　油库对生产设备设施进行规范化管理，包括设备设施建设和设备的选型、安装、使用、维护、检修等。确保设备设施的安全防护装置齐全有效，定期对设备进行安全检查和隐患排查。

（2）作业安全　对各类作业活动，特别是高风险作业活动进行风险分析和管控，如动火作业、高处作业、受限空间作业等。严格执行作业安全操作规程，为作业人员配备必要的防护用品，并对作业过程进行严格监管。

（3）安全标志　油库应根据现行国家标准GB 2894—2008《安全标志及其使用导则》的要求，在有必要提醒人们注意安全的场所设置安全标志。

安全标志是用以表达特定安全信息的标志，由图形符号、安全色、几何形状（边框）或文字构成，分为禁止标志、警告标志、指令标志和提示标志。

①禁止标志：禁止人们不安全行为的图形标志，其基本形式是带斜杠的圆边框，一共有40个（图7-1）。

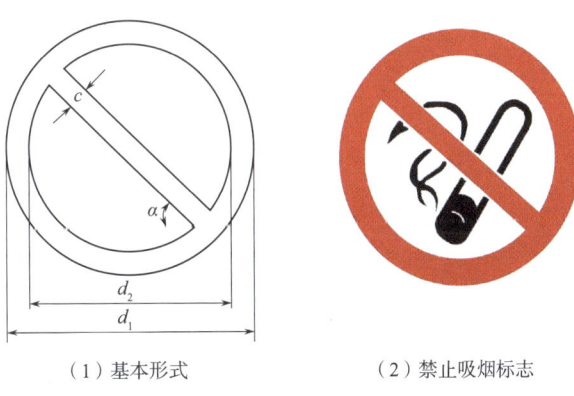

（1）基本形式　　　　　（2）禁止吸烟标志

图7-1　禁止标志的基本形式及范例

②警告标志：提醒人们对周围环境引起注意，以避免可能发生危险的图形标志，其基本形式是正三角形边框，一共有39个（图7-2）。

图7-2　警告标志的基本形式及范例

③指令标志：强制人们必须做出某种动作或采用防范措施的图形标志，其基本形式是圆形边框，一共有16个（图7-3）。

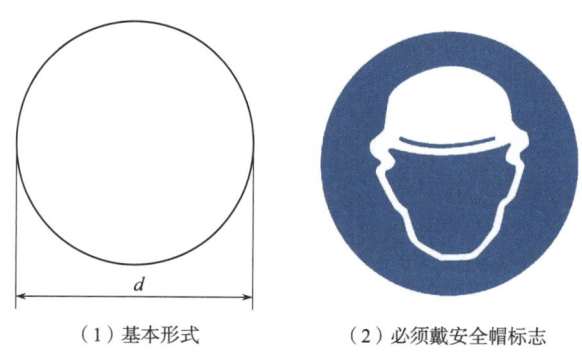

图7-3　指令标志的基本形式及范例

④提示标志：向人们提供某种信息（如标明安全设施或场所等）的图形标志，其基本形式是正方形边框，一共有8个（图7-4）。

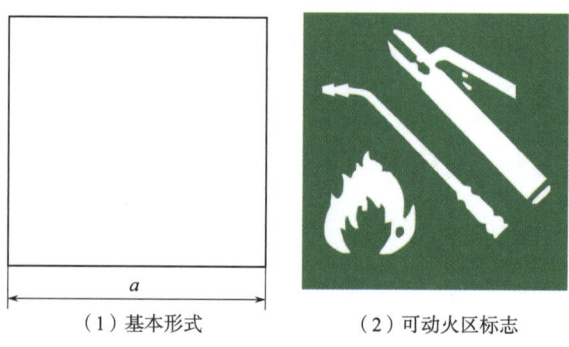

图7-4　提示标志的基本形式及范例

安全标志牌应采用坚固耐用的材料制作，一般不宜使用遇水变形、变质或易燃的材料；有触电危险的作业场所应使用绝缘材料。

标志牌表面质量应满足图形清楚，无毛刺、孔洞和影响使用的任何疵病的要求。

安全标志牌使用要求如下。

①标志牌应设在与安全有关的醒目地方，并使大家看见后，有足够的时间来注意它所表示的内容。环境信息标志宜设在有关场所的入口处和醒目处；局部信息标志应设在所涉及的相应危险地点或设备（部件）附近的醒目处。

②标志牌不应设在门、窗、架等可移动的物体上，以免标志牌随母体物体相应移动，影响认读。标志牌前不得放置妨碍认读的障碍物。

③标志牌应设置在明亮的环境中。多个标志牌在一起设置时，应按警告、禁止、指令、提示类型的顺序，先左后右、先上后下地排列。

④标志牌的固定方式有附着式、悬挂式和柱式三种。悬挂式和附着式的固定应稳固不倾斜，柱式的标志牌和支架应牢固地连接在一起。

安全标志牌的检查与维修：至少每半年检查一次，如发现破损、变形、褪色应及时修整或更换。在修整或更换激光安全标志时应有临时的标志替换，以避免发生意外伤害。

5. 安全风险管控及隐患排查治理

（1）安全风险辨识评估　参照国家和行业的安全风险控制基准要求，结合自身实际，制定可接受安全风险准则，但不能低于国家和行业标准要求。采用科学的方法对油库生产过程中的各类安全风险进行辨识与评估。

（2）风险控制与监测　根据安全风险评估结果，针对不可接受的安全风险，制定并落实安全风险管控措施，并对相关人员进行培训。

每天进行安全风险研判和公告，由油库主要负责人公布当日所有装置、罐区是否处于安全运行状态，安全风险是否得到有效管控，相关内容在油库主门岗显著位置的显示屏展示。

每年对安全风险评估结果进行评审，检查安全风险控制措施的效果，确保安全风险受控。

涉及重大危险源的油库应对安全风险进行实时监测、实时预警，及时分析预警信息，开展分级处置。监测内容主要是接入危险化学品安全风险监测预警系统的视频监控和重大危险源工艺参数、可燃气体和有毒有害气体泄漏检测报警参数等关键安全数据。

（3）双重预防机制建设　油库应依据相关法律法规、国家标准和行业规范，结合实际情况，组织建立并落实安全风险分级管控和隐患排查治理双重预防机制。按照分级管控原则，将安全风险事件对应的管控措施分解到从主要负责人到基层操作人员的所有安全生产相关岗位人员。油库应对排查出的隐患进行登记、治理、验收和销号，实现隐患排查治理的闭环管理。

6. 应急管理

（1）应急准备

①应急救援组织：油库应按照有关规定建立应急组织机构，细化应急职责，落实到岗位。建立与安全风险相适应的专兼职应急救援队伍，或配备专兼职救援人员，确保救援人员具备必要的专业知识和救援技能。应急救援队伍可为相关人员提供应急培训。

②应急救援预案：建立生产安全事故应急预案体系，在安全风险分析、资源调查和案例分析的基础上，制定相应的生产安全事故应急救援预案，包括综合应急预案、专项应急预案和现场处置方案。预案要符合油库实际，具有可操作性，并根据实际情况及时修订和完善。

③应急救援装备物资：油库根据可能发生的事故类型特点，配备应急装备设备和应急救援物资，建立管理台账，安排专人管理，严格按照要求进行检查和维护保养，确保其完好、可靠、正常运转。

④应急演练与救援：通过定期组织桌面演练、实战演练等形式的应急演练来提升员工的应急处置能力，评估应急演练效果。

（2）应急处置　发生事故后立即启动应急预案，按程序报告事故情况，同时开展先期处置，采取控制危险源、抢救遇险人员等应急救援措施。应急救援队伍接到救援命令或请求后，应立即参加应急救援。应急救援结束后，油库应组织人员对现场进行检查确认，消除现场的不安全因素。

（3）应急评估　应急救援终止后，油库应分析总结生产安全事故应急救援行动和应急处置措施中的成功经验和问题不足，为优化应急预案和处置程序提供依据。

7. 事故管理

（1）事故报告　油库应明确事故报告程序。发生生产安全事故后，事故现场有关人员应立即采取应急措施，同时按规定和程序报告本单位负责人及政府主管部门。出现新情况时，应及时补报，不得迟报、谎报和瞒报。

（2）调查处理　发生生产安全事故后，油库应积极配合各级人民政府组织的事故调查，查明事故原因，提出防范事件再次发生的技术措施和管理措施，形成事故调查报告。

(3）整改落实

①明确落实事故防范措施的整改责任人、完成时限,跟踪整改效果,防止事故再次发生。

②及时公布事故调查结果,组织人员进行认真分析、交流和培训。

③重视外部事故信息的收集,认真吸取同行业、同类单位、同类装置的事故教训,防范发生同类事故。

④定期对内部发生的事故进行统计分析,研究发生规律,制定防范措施并落实。

8. 持续改进

油库至少每年对安全生产标准化运行情况进行一次自评,验证安全生产标准化运行的适用性、合规性和有效性,对自评发现的问题进行整改。根据自评结果,提出进一步完善安全生产标准化体系的计划和措施,不断提高安全管理水平。

第二节　安全管理双重预防体系

双重预防管理体系是预防和控制生产安全事故的综合性管理方法,即安全生产风险分级管控和生产安全事故隐患排查治理双重预防机制,是《中华人民共和国安全生产法》明确的生产经营单位主要负责人的一项重要职责。

双重预防机制,包含了两部分内容。

第一重是管风险,即从源头上辨识风险、管控风险,以杜绝和减少事故隐患。风险分级管控要求油库对生产过程中可能产生的风险因素进行辨识和评估,根据事故发生的概率和后果严重程度进行分级,然后制定相应的管控措施。风险分级管控的关键在于识别风险、评估风险、制定管控措施,并确保这些措施得到有效执行。

第二重是治隐患,即及时排查风险管控过程中出现的漏洞和问题,发现隐患并把隐患消灭在事故发生之前。事故隐患排查治理就是根据国家相关法律法规及各行业的相关标准,在风险分级管控的基础上,对可能导致事故的风险点进行系统检查,发现并及时治理存在的安全隐患。油库要建立一套完善的隐患排查制度,针对人的不安全行为、物的不安全状态、环境的原因、管理的缺失四个因素,明确排查周期、方法和责任人,确保及时发现和有效治理风险隐患。

一、风险识别

风险识别就是发现和确定可能导致事故的风险源。风险识别包括设备设施、操作规程、人员行为、环境条件等方面。下面介绍几种常用的风险识别方法和实施步骤。

(一)头脑风暴法

头脑风暴法的特点是集体参与、自由发散、鼓励创新,用于识别潜在的安全风险。通常采取如下步骤。

(1)确定主题　明确需要进行安全风险辨识的领域或问题。

(2)组建团队　选择具有相关知识和经验的人员组成团队。

(3)设定规则　如不批评他人的想法、鼓励发表各种观点等。

(4)自由讨论　团队成员可以自由地提出自己的想法和观点。

(5)记录想法　将所有的想法和观点记录下来。

(6)整理归纳　对记录的想法和观点进行整理和归纳。

(7)分析评估　对辨识出的风险进行进一步分析和评估。

此方法的优点在于能够充分发挥团队成员的智慧,快速征集大量的想法和观点,有助于全面辨识潜在的安全风险。在实际运用中要注意正确引导讨论,确保不偏离主题;对提出的想法应及时进行分析和验证;可以结合其他方法共同进行,以提高辨识的准确性和完整性。

(二)安全检查表法

首先需要确定检查的项目和要点,编制检查表,然后系统地对可能存在的安全风险点进行逐一检查和识别,此方法适用于较为成熟和有明确标准的领域。编制检查表要结合相关法规、标准和经验,尽量全面地涵盖可能的风险因素,制表要简洁明了,易于操作。某些复杂或新兴领域问题需要结合其他方法进行风险辨识。安全检查表法通常采取如下步骤。

(1)确定检查表的内容　根据具体情况,确定需要检查的项目和要点。

(2)编制检查表　详细列出各项检查内容。

(3)安全检查　按照检查表的项目逐一进行检查。

(4)记录结果　将检查结果记录下来。

(5)分析判断　根据记录的结果,分析存在的安全风险。

(三)历史数据分析法

历史数据分析法主要是通过对事故记录、故障报告、安全检查记录、操作行为等历史数据的分析来识别安全风险。通常采取如下步骤。

（1）收集数据　包括事故记录、故障报告、安全检查记录、操作数据等。

（2）数据整理　对收集到的数据进行分类、筛选和整理，确保数据的准确性和可用性。

（3）确定分析指标　根据具体情况，选择相关的分析指标，如事故类型、发生频率、严重程度等。

（4）数据分析　采用合适的统计方法和工具，对数据进行分析，找出规律和趋势。

（5）识别风险因素　根据分析结果，确定与安全风险相关的因素，如人为因素、设备因素、环境因素等。

运用历史数据分析法时，需要注意以下几点。

①确保数据的准确性、完整性和可用性。

②结合实际情况进行分析，考虑不同因素之间的相互作用。

③邀请相关领域的专家参与分析，提高分析的可靠性。

④将分析结果及时传达给相关人员，以便采取相应措施。

⑤不断改进分析方法和流程，提高安全风险识别的效果。

（四）现场观察法

现场观察法是通过直接观察工作现场的环境、设备、人员操作等识别潜在安全风险的方法。

1. 特点

（1）直接性　直接获取现场的实际情况，发现直观的安全问题。

（2）全面性　涵盖工作场所的各个方面，包括设备、操作流程、人员行为等。

（3）实时性　及时发现当前存在的安全风险。

2. 实施要点

（1）制定观察计划　明确观察的区域、重点和时间安排。

（2）培训观察人员　使其了解观察目的、方法和注意事项。

（3）进行全面观察　包括环境、设备、人员操作、安全措施等。

（4）记录观察结果　详细记录发现的安全风险和信息。

（5）分析观察数据　找出潜在的安全问题和风险因素。

（6）与相关人员沟通　分享观察结果，征求意见和建议。

（7）制定改进措施　根据分析结果，制定相应的改进措施。

（8）定期复查　确保改进措施的有效实施，以及是否出现新的安全风险。

现场观察法的优点是直观、真实，但也存在一定的局限性，如观察人员的经验和专业知识水平可能影响观察的效果。因此，在实际应用中，通常需要结合其他方法，如历史数据分析法、安全检查表法等，以提高安全风险辨识的准确性和全面性。

二、安全风险分析及评价运用

安全风险分析及评价是对已识别的风险进行定性或定量分析和评估，以确定风险的可能性和严重性，为风险分级管控提供依据。本部分介绍成品油库常用的风险分析及评价方法。

（一）作业条件危险分析法

作业条件危险分析法（简称LEC法，likelihood，事故发生的可能性；exposure，人员暴露于危险环境中的频繁程度；consequence，一旦发生事故可能产生的后果），是通过对具有潜在危险性作业环境中的危险因素进行半定量评价，计算出每个因素的危险程度的方法，是一种常用的安全风险分析方法。

1. 特点

（1）简便易行　方法相对简单，易于操作。

（2）综合性　考虑多种因素对风险的影响。

（3）半定量　对风险进行一定程度的量化。

2. 实施步骤

（1）识别作业活动中的危险因素。

（2）对各因素进行风险评估，确定其发生的可能性（L）、暴露于危险环境的频繁程度（E）以及一旦发生事故可能产生的后果（C）。

（3）根据L、E、C的值，通过计算公式$D=L \times E \times C$得出风险的级别。

（4）根据风险级别，确定相应的控制措施。

该方法可帮助识别和评估作业场所的安全风险，为制定风险控制措施提供依据。但这种方法也存在一定的局限性，如评估结果可能受主观因素影响等，在实际应用中可结合其他方法进行综合分析。

3. 运用方法

（1）作业条件危险分析法的取值方法　如表7-1至表7-3所示。

表7-1 发生事故或危险事件的可能性（L值）的取值

发生事故的可能性	赋值	发生事故的可能性	赋值
完全可以预料	10	很不可能，可以设想	0.5
相当可能	6	极不可能	0.2
可能，但不经常	3	实际不可能	0.1
可能性小，完全意外	1		

表7-2 人员出现在这种危险环境的时间（E值）的取值

人员暴露于危险环境中的频繁程度	赋值	人员暴露于危险环境中的频繁程度	赋值
连续暴露	10	每月一次暴露	2
每天工作时间内暴露	6	每年几次暴露	1
每周一次或偶然暴露	3	非常罕见的暴露	0.5

表7-3 发生事故可能产生的后果（C值）的取值

事故可能造成的后果	赋值	事故可能造成的后果	赋值
10人及以上死亡	100	重伤	7
3人及以上死亡	40	轻伤	3
1~2人死亡、群伤	15	不构成失能的伤害	1

注：事故造成的后果除了人员伤亡外还包括经济损失，此表未详细列出。

（2）确定风险值（D值）

①由评价小组专家共同确定每一危险源的L、E、C各项分值，然后再以三个分值的乘积来评价作业条件危险性的大小。

②将D值与危险性等级划分标准（表7-4）中的分值相比较，进行风险等级划分，若D值大于70，则应定为重大危险源。

表7-4 风险值（D值）与风险等级对应

数值	风险等级	危险程度
>320	1	极其危险，不能继续作业（立即停止作业）
160~320	2	高度危险，需立即整改（制定控制措施及应急措施）
70~160	3	显著危险，需要整改（编制控制措施）

续表

数值	风险等级	危险程度
20~70	4	一般危险，需要注意
<20	5	稍有危险，可以接受

（二）作业危害分析法

作业危害分析法（job hazard analysis，JHA）是一种通过对作业活动的每一个步骤进行系统分析，识别潜在危害并评估风险的方法。它主要关注作业过程中的人、机、物、环境等方面，将作业活动分解为若干个连续的步骤，对每个步骤中可能存在的危害因素（如机械伤害、化学品暴露、高处坠落、触电等）进行详细的识别，然后对识别出的危害因素进行风险评估，通常考虑危害发生的可能性和后果的严重程度，进而确定风险等级，并采取相应的控制措施来降低风险。

作业危害分析法主要用于生产和施工作业场所现场作业活动的安全分析，包括新的作业、非常规性（临时）作业、承包商作业、改变现有作业和评估现有作业。

1. 特点

（1）系统性　全面识别工作过程中的各种危害。

（2）针对性　针对具体工作任务进行分析。

（3）预防性　提前发现潜在风险，采取预防措施。

2. 实施步骤

（1）分解工作步骤　将工作过程分解为具体的步骤。

（2）识别危害　分析每个步骤中可能存在的危害。

（3）评估风险　考虑危害的可能性和严重性。

（4）制定措施　根据风险评估结果，制定相应的控制措施。

该方法的优点在于能够提高员工对工作中潜在危害的认识；帮助确定控制措施的优先顺序；促进成品油库安全文化的形成。但是本方法也有一些局限性，如可能依赖于分析人员的经验和知识水平。

3. 运用方法

作业危害分析法主要用来进行设备设施、作业场所安全隐患及员工不安全行为隐患等的有效识别。

（1）划分作业步骤　作业步骤的划分应建立在对作业过程观察的基础上，作业步骤只需说明做什么，而不必描述如何做。如果作业流程长、步骤多，可以按流程将作业活动分为几大块，每一块为一个大步骤，然后再细分为几个小步骤。

（2）辨识危害　首先，对于每一步骤逐一进行危害源判定，包括危害暴露、危害程度、影响因素及危害后果等。其次，对现有安全控制措施进行风险评估，如果这些控制措施不足以控制此项风险，应提出完善控制措施的建议，为制定标准的安全操作程序提供依据。

识别各步骤潜在危害时，可以先列一个问题清单。

①作业人员身体某一部位是否可能卡在物体之间？
②工具、机器或装备是否存在危害因素？
③是否可能接触有害物质？有无毒气、辐射、焊光、酸雾等危害暴露？
④是否可能滑倒、绊倒或摔落？
⑤是否可能因推、举、拉、用力过度而扭伤？
⑥是否可能暴露于极热或极冷的环境中？
⑦作业环境是否存在过度的噪声或振动？
⑧是否存在物体坠落的危害因素？
⑨是否存在照明问题？
⑩天气状况是否可能对安全造成影响？

以上仅为举例，在实际工作中，对于不同作业场景，所遇到的问题也会有所不同。

（3）划分潜在危害因素　从能量的角度可以考虑机械能、电能、化学能、热能和辐射能等。机械能可造成物体打击、车辆伤害、机械伤害、起重伤害、高处坠落、坍塌、压力管道破裂。热能可造成灼烫、火灾。电能可造成触电。化学能可导致中毒、火灾、爆炸、腐蚀。

从物质的角度可以考虑压缩或液化气体、腐蚀性物质、可燃性物质、氧化性物质、毒性物质、放射性物质、病原体载体、粉尘和爆炸性物质等。

作业危害分析的主要目的是防止从事此项作业的人员及他人受到伤害，不能使设备和其他系统受到影响或损害。分析时不仅要分析作业人员工作不规范的危害，还要分析作业环境存在的潜在危害，即所有客观存在的危害，即我们在作业时常常强调的"三不伤害"（不伤害自己、不伤害他人、不被他人伤害）。

（4）制订控制措施　针对识别的危害制订控制与预防措施，一般从工程控制（能量隔离）、行政管理、个人防护及其他临时措施等方面考虑。经评审后，再进一步确定正确的作业步骤，制定出标准的作业操作规程。

（三）故障树分析法

故障树分析法（fault tree analysis，FTA）是一种自上而下演绎推理的图形化分析方法。以一个不希望发生的系统故障事件（顶事件）作为分析的起点，通过逻辑门（如"与门""或门"）将导致该项事件发生的各种可能的直接原因（中间事件）和基本原因（底事件）连接起来，形成一个倒立的树状图形结构，用图形化的方式展示各因素之间的逻辑关系，计算事件发生的概率来分析和评价潜在安全风险。

1. 特点

（1）系统性　全面考虑各种可能的因素及其相互关系。

（2）直观性　以树形结构清晰展示故障的传播途径。

（3）定量分析　可进行概率计算，评估系统的可靠性。

2. 实施步骤

（1）定义顶事件　明确需要分析的系统故障或不希望发生的事件。

（2）构建故障树　识别可能导致顶事件发生的各种因素；按照层次关系，将这些因素用树形结构表示。

（3）定性分析　检查故障树的完整性和逻辑性；确定基本事件的重要程度。

（4）定量分析　收集基本事件发生的概率数据；计算顶事件发生的概率。

（5）结果评估　分析得出的结果，确定关键因素；提出改进措施和建议。

该方法在安全工程、可靠性工程等领域得到广泛应用，有助于识别潜在的安全风险，并采取相应的预防措施。在实际应用中需要注意确保对系统有深入的了解，由专业人员或团队进行分析，对基本事件的概率估计要尽可能准确，定期更新和维护故障树以反映系统的变化。

（四）风险矩阵分析法

风险矩阵分析法（risk matrix analysis，LS）是通过综合考虑风险事件发生的可能性和后果的严重程度这两个关键因素，将其组合在一个矩阵中来确定风险的级别。

1. 特点

风险矩阵法的优点是简单直观，易于理解和使用，可以快速对多个风险进行评估和比较，有助于确定风险的优先级。但在实际运用中也存在一些局限性，如依赖评估者的主观判断，可能无法考虑到所有相关因素，所以风险矩阵法通常需要结合其他风险评估方法和工具一并使用，以确保评估的准确性和全面性。

2. 实施步骤

（1）确定风险因素　明确需要评估的风险因素。

（2）评估可能性　判断风险发生的可能性，通常采用定性的方式进行评估。

（3）评估后果　确定风险发生后可能产生后果的严重程度。

（4）构建矩阵　将可能性和后果的级别进行矩阵组合排列。

（5）确定风险级别　根据矩阵中对应的位置，确定风险的级别。

（6）制定应对措施　根据风险级别，制定相应的应对措施。

3. 运用方法

风险矩阵分析法给出两个变量，L是事故发生的可能性，S是事故后果严重性；R是风险值，事故发生的可能性与事件后果的乘积，$R=L \times S$，其中，R值越大，说明该系统危险性大、风险大，然后进行风险分级。根据不同级别的风险，采取相应的风险控制措施。风险矩阵分析法的计算取值分别见表7-5至表7-8。

表7-5　确认危害事件发生可能性（L值）的取值

赋值	发生频率	操作规程	控制措施
5	每次作业或每月发生	没有或从不执行	无防范、监测、保护、控制措施，或从未投入使用，无应急措施
4	每季度都有发生	不全或很少执行	有措施但不能满足控制要求，部分或有时投入使用；有应急措施但不完善或没演练
3	每年都有发生	变更后未及时修订或多数不执行	能满足控制要求，但经常停用或不及时修复，有应急措施但不及时修订或员工不清楚
2	每年有发生或曾经发生	齐全，但偶尔执行	能满足控制要求，但监测设施有误报，有应急措施但每年只演练一次
1	从未发生过	齐全且严格执行	能满足控制要求，监测设施从未误报，有应急措施每年至少演练两次

表7-6 危害事件发生的严重程度（S值）的取值

等级	法律法规符合性	人员伤害情况	财产损失/万元	停工	单位形象
5	违反法律法规和标准	死亡	>50	2套以上装置或设备	重大国际影响
4	潜在违反法律法规和标准	丧失劳动能力	>25	2套装置或设备	行业内、省内影响
3	不符合上级部门或行业的安全方针、制度、规定	截肢、骨折、听力丧失、慢性病	>10	1套装置或设备	地区影响
2	不符合企业的安全操作规程、规定	轻微受伤、间歇身体不适	<10	受影响不大，几乎不停工	公司及周边影响
1	完全符合	无伤亡	无损失	没有停工	形象没有受损

表7-7 确定风险值（R值）

可能性（L）	严重性（S）				
	1	2	3	4	5
1	1	2	3	4	5
2	2	4	6	8	10
3	3	6	9	12	15
4	4	8	12	16	20
5	5	10	15	20	25

表7-8 安全风险等级判定准则及控制措施

风险度	等级	等级	应采取相应的控制措施	实施期限
20~25	1级	关键风险	需要立即停止作业，在采取措施降低危害前不能继续作业，对改进措施进行评估	立刻
15~16	2级	重要风险	需要消减的风险，采取紧急措施降低风险，建立运行控制程序，定期检查、检测及评估	立即或近期整改
9~12	3级	中度风险	需要特别控制的风险，可考虑建立目标、操作规程，加强培训及沟通	2年内治理
4~8	4级	低度风险	需要关注的风险，可考虑建立操作规程、作业指导书，但需定期检查	有条件、有经费时治理
<4	5级	轻微风险	可接受或可容许风险，无需采用控制措施	需保存记录

(五)危险与可操作性分析法

危险与可操作性分析法(hazard and operability analysis,HAZOP)是一种系统性的安全风险分析方法。它通过一系列引导词(如"无""过量""部分"等),结合工艺参数(如流量、温度、压力等),对系统的设计意图进行偏差分析,从而找出可能导致危险或影响系统正常操作的因素。

1. 特点

(1)全面性　系统地审查工艺过程中的各种偏差。

(2)引导性　通过引导词激发思维,发现潜在风险。

(3)团队合作　依赖多专业团队的协同工作。

2. 实施步骤

(1)组建多专业团队。

(2)选择节点。

(3)应用引导词。

(4)分析偏差产生的原因和可能产生的后果。

(5)提出相应的建议措施。

该方法能够识别潜在的设计缺陷和操作问题,有助于完善工艺过程的安全管理,但也存在一些局限性,如分析过程可能较为复杂,需要专业知识和经验。在实际应用中,应结合具体情况合理运用,以提高工艺过程的安全性。

(六)安全完整性等级

安全完整性等级(safety integrity level,SIL)是在一定时间和条件下,安全相关系统执行其所规定的安全功能的可能性。简单理解,就是系统能够在需要的时候正确地发挥安全保护作用的概率大小。安全完整性等级分为SIL1~SIL4四个等级,SIL1是最低等级,SIL4是最高等级,等级越高意味着系统在防止危险事件发生或减轻后果方面的可靠性和有效性越高,是衡量安全相关系统性能的一种指标。

1. 关注内容

(1)降低风险　确定系统在特定风险场景下的可靠性。

(2)保护人员和设备　确保在危险情况下能够提供必要的保护。

(3)满足法规要求　许多行业都有相关的安全完整性等级要求。

2. 实施步骤

(1)确定风险场景　识别可能导致危险的情况。

（2）定义安全功能　明确系统需要实现的安全功能。

（3）评估系统性能　考虑系统的可靠性、可用性等因素。

（4）确定安全完整性等级　根据评估结果确定所需的安全完整性等级。

四个不同的安全完整性等级对应着不同的系统性能要求，较高的安全完整性等级通常需要更可靠的系统。在实施安全完整性等级评估时，需要做到以下几点。

（1）专业知识和经验　评估人员应具备相关的专业知识。

（2）准确的数据和信息　确保使用的数据准确可靠。

（3）综合考虑多种因素　包括系统的硬件、软件、人为因素等。

（4）定期审查和更新　随着系统的变化，需要定期审查和更新安全完整性等级评估。

三、安全风险分级管控

在实践应用中，科学选择适合的风险分析评价方法能确保安全风险评估的准确性和实效性，为安全风险分级管控提供翔实依据。根据安全风险识别结果，选择可能造成爆炸、火灾、中毒、窒息等高后果的事件作为重点管控的安全风险事件。

安全风险分级管控的重点是分级，既是将风险分级，也是将责任分级。安全风险分为"红、橙、黄、蓝"四色风险等级，分别对应"重大风险、较大风险、一般风险、低风险"。实施安全风险分级管控有利于提高安全性，能够有效降低事故发生的可能性；有利于合理分配资源，可根据风险等级确定管控资源的投入；有利于明确责任，使各级人员清楚自己在风险管控中的职责；通过不断优化风险管控措施，不断提高企业安全管理水平。

四、安全隐患排查

生产安全事故隐患是指生产经营单位违反安全生产法律法规、规章、标准、规程和安全生产管理制度的规定，或者因其他因素在生产经营活动中存在可能导致事故发生的"物的危险状态、人的不安全行为和管理上的缺陷"。

生产安全事故隐患排查是系统地检查和识别可能导致事故或危害的潜在问题及风险的过程，开展隐患排查的目的是发现并消除潜在的安全问题，有效预防事故发生。在实际工作中，要严格按照《安全生产事故隐患排查治理暂行规定》中所列条款执行。

成品油库应将安全风险管控措施作为隐患排查的任务，按有关标准文件要求明确隐患排查责任人、排查内容、频次周期等，通过日常巡检和专项隐患排查等落实管控措施，同时通过综合性、专业性、季节性、重点时段及节假日前等多种形式开展隐患排查。

（一）定期检查

定期检查是在规定的时限内，对特定区域、设备、设施、操作流程、人员行为等方面进行系统检查，以识别和评估可能存在的安全隐患，并采取相应措施加以消除或控制的过程。

（二）专项检查

专项检查是对特定领域、特定问题或特定风险，进行针对性检查。

（三）日常巡查

日常巡查是对特定区域、设备或活动进行经常性、持续性的检查，以发现并处理可能存在的安全隐患的过程。

（四）安全演练

安全演练是为了提高应对突发事件的能力，按照预定方案进行的模拟演练活动，通过安全演练可以检验应急预案的可行性，发现和暴露人的不安全行为，设备、器材等方面存在的问题。

（五）员工报告

员工报告是员工将工作场所中发现的可能导致事故或危害的问题、异常情况或潜在风险，向相关部门或负责人汇报。

（六）设备监测

设备监测是对各类设备进行系统性的检查、测试和分析，以确定是否存在可能引发安全事故的缺陷、故障或潜在风险的过程。特定设备应按照国家标准或行业标准定期聘请第三方专业机构监测。

（七）数据分析

数据分析是对安全隐患排查过程中所收集到的数据进行系统性检

查、整理、分析和评估，获取有关安全状况的信息。

（八）外部审核

外部审核是由独立的第三方机构或专业人员对组织的安全管理体系、安全措施以及安全隐患排查工作进行审查和评估。

五、重大危险源辨识

重大危险源的辨识主要依据现行国家标准GB 18218—2018《危险化学品重大危险源辨识》，对可能造成严重事故风险的设施或场所进行识别和评估。危险化学品依据其危险特性及其数量进行重大危险源辨识，通常需要考虑物质的危险性（如易燃、易爆、有毒等）、存储量或使用量（数量越大风险越高）、周边环境（人口密集度、敏感区域）等因素。具体辨识过程如下。

（一）临界量确定

按照现行国家标准GB 18218—2018《危险化学品重大危险源辨识》的有关规定确定临界量。

（二）重大危险源辨识

生产单元或储存单元内存在危险化学品的数量等于或超过规定的临界量，即被定为重大危险源。对于多品种危险化学品的情况，需要按照特定的计算公式来确定是否满足重大危险源的辨识指标。

（三）重大危险源分级

重大危险源根据其危险程度分为一级、二级、三级和四级，一级为最高级别。分级指标采用单元内各种危险化学品实际存在量与其相对应的临界量比值，经校正系数校正后的比值之和作为分级指标。

（四）监督管理

危险化学品单位是重大危险源安全管理的责任主体，其主要负责人对本单位的重大危险源安全管理工作负责，按照《危险化学品重大危险源监督管理暂行规定》进行安全评估、登记建档、备案等，并接受安全生产监督管理部门的监督检查。

六、重大生产安全事故隐患判定

重大生产安全事故隐患的判定旨在识别和评估可能导致严重事故的风险点，依据国家相关法律法规、行业标准和安全生产实际需要来执行。

（一）要点

（1）依据标准　遵循特定的判定依据和标准。
（2）隐患识别　识别出可能引发重大事故的潜在问题。
（3）判断确定　对识别出的隐患进行评估，确定是否为重大隐患。

（二）主要作用

（1）预防事故　提前发现并处理潜在的重大隐患，降低事故发生的可能性。
（2）保障安全　确保生产经营活动的安全性，保护人员生命和财产安全。
（3）明确责任　确定相关责任主体，推动整改措施落实。
（4）增强安全意识　增强单位和员工对安全问题的重视程度。

（三）考虑因素

（1）风险程度　隐患可能导致事故后果的严重程度。
（2）发生概率　隐患发生事故的可能性大小。
（3）法规符合性　是否违反相关法律法规和标准要求。
（4）行业特点　结合所属行业的特殊风险和特点进行判断。
（5）管理因素　包括安全管理制度、操作规程等方面的因素。

《国家粮食和物资储备垂直管理系统重大生产安全事故隐患判定标准（试行）》明确了垂管系统各类仓库重大安全事故隐患的判定标准，将重大事故隐患分为通用类和专项类，通用类重大事故隐患适用于所有储备仓库，专项类重大事故隐患仅适用于对应的储备仓库。相关单位在安全生产检查、隐患排查等工作中应使用这些标准，并依法采取措施消除隐患。

七、安全隐患排查整改

安全隐患排查整改旨在识别、评估、治理可能导致事故的风险点，降低事故风险,是风险管理的重要组成部分,通常包括以下几个关键步骤。

(一)隐患识别

通过日常检查、专项抽查、巡回督查等方式,对生产设备、操作程序、作业环境等进行全面审查,以识别潜在的安全隐患。

(二)隐患评估

对已识别的隐患进行评估,确定其危害程度和整改难度,区分一般事故隐患和重大事故隐患。

(三)制定整改方案

针对每个隐患,制定具体的整改方案,包括采取的方法、措施、所需经费和物资、负责的机构和人员,以及整改的时限和要求。

(四)整改实施

按照整改方案实施整改措施,对于一般事故隐患立即采取措施进行整改;对于重大事故隐患需要做到"五落实",即方案落实、资金落实、责任落实、整改时限落实、应急预案落实。如有必要,可以邀请专家或专业机构参与整改。所有整改的实施要在确保安全的前提下进行。

(五)整改验收

整改完成后,组织专家或专业技术人员进行验收评估,确保隐患得到有效治理。

(六)持续改进

建立隐患排查治理的长效机制,不断完善整改措施,提升安全生产水平。

(七)责任追究

对于隐患整改不力或未按期整改的,依法追究相关责任人的责任,确保整改工作的严肃性和有效性。

第三节 生产安全事故报告及处置

根据《中华人民共和国安全生产法》《生产安全事故报告和调查处理条例》《生产安全事故应急预案管理办法》的要求，结合单位实际情况编制安全生产应急预案，并对生产安全事故按规定进行调查处置。本部分包括启动应急预案、信息报告及事故处置、安全事故报告及分析三部分。

一、启动应急预案

发生生产安全事故时，应根据油库安全生产应急预案要求启动应急响应程序。应急预案大致包括应急工作原则、应急响应、信息发布及后期处理，其中应急响应是保障人员安全和财产安全的重要环节，需确保在紧急情况下能够迅速、准确地启动响应，有效处理紧急情况，减少灾害损失，最大限度地保护人员生命和财产安全。

(一) 应急工作原则

1. 以人为本，安全第一，主动预防

把保障职工的生命、财产安全和身体健康作为应急救援工作的出发点和根本点，将最大程度地减少安全生产事故灾难造成的人员伤亡作为首要任务。把主动预防作为一切安全工作的出发点和落脚点，采取科学有效的预防措施，千方百计地防范事故发生，将事故隐患消灭在萌芽状态。

2. 统一指挥，分级负责

单位负责统一领导、指导应急救援工作，各有关部门及协作单位人员按照职责具体负责，部门之间协同合作，协作单位按照各自职责和权限负责安全生产事故灾难的应急处置工作。

3. 及时上报，分级响应

发生生产安全事故后，需做出迅速反应，果断启动应急救援预案，采取应对措施，组织应急救援、全力控制事态发展，同时立即向单位主管领导报告，主管领导根据事故情况做出判断，决定响应行动。

(二) 应急响应

1. 信息报告

（1）信息接报 最早发现达到事故预警条件的人员应当立即通告周

围人员；立即向部门主管报告或直接向单位24h应急值守电话报告。部门主管接到报告后应立即向应急总指挥（单位主要负责人）报告并向其他部门通报。其他各应急人员通过手机、对讲机，进行24h有效的联络，已遂或未遂事故，都要按程序报告事故信息。报告流程如下。

①报告事故信息的流程：发生生产安全事故，部门在按照现场处置方案进行处置的同时向应急总指挥报告，总指挥接到事故信息后第一时间向属地应急管理局、垂直管理局领导报告。

②报告事故内容：

a. 事故发生的单位名称、地址等基本情况；

b. 事故发生的时间、地点及事故现场情况；

c. 事故的简要经过（包括事故应急救援情况）；

d. 事故已经造成或可能造成的伤亡人数（包括下落不明、涉险的人数）和初步估计的直接经济损失；

e. 已经采取的措施；

f. 其他应当报告的情况。

③使用电话快报，应当包括下列内容：

a. 事故发生的单位名称、地址、性质；

b. 事故发生的时间、地点；

c. 事故已经造成或可能造成的伤亡人数（包括下落不明、涉险的人数）。

④事故具体情况暂时不清楚的，可先报告事故概况，随后补报事故全部情况。电话报告中接报者未挂断电话，报告者不得挂断电话。

（2）报告事故信息时限　应当自事故发生之时起1h内立即向属地应急管理局、垂直管理局报告事故信息。

（3）信息报告责任人　内部上报责任人为现场发现事故人员、部门负责人。

事故单位向上级报告信息的责任人为总指挥。总指挥不在时由副总指挥或当时职务最高者代替报告。

向周边单位通报事故的责任人为应急指挥部办公室人员。

（4）信息传递

①向周边单位、村庄的通报：应急指挥办公室负责按照总指挥的指令向周边单位、村庄，通报事故信息，告知可能的危害和注意事项。

②向医疗救护求援：当有人员受伤时，后勤保障组应立即与属地合作救援医院取得联系，请求紧急救助。

（5）信息处置与研判

①启动响应的程序和方式：应急响应由总指挥负责启动，根据事故性质、严重程度、影响范围和可控性等进行综合研判，结合预案响应分级条件发布应急响应行动的指令。

如果发生人员伤亡事故或重大财产损失、对周边产生重大影响的事故，可依据事故信息是否达到响应启动的条件自动启动。

②应急响应准备：根据对上报信息的研判，未达到响应启动条件时，应急救援指挥部做出相应的预警启动指令，通知各部门做好响应准备，并由应急指挥办公室实时跟踪事态发展，随时将获得的信息上报应急救援指挥部。达到响应条件的，立即启动相应级别的响应行动，组织人员开展应急处置行动。

③应急响应级别调整：应急响应启动后，根据现场应急处置情况，对事态的发展进行研判分析，及时调整响应级别，避免响应不足或过度响应。

2. 预警

（1）预警启动

①预警发布渠道：预警信息由应急指挥办公室进行汇总研判后，经总指挥批准后发布，总指挥不在时由最高职务者批准发布。预警信息由应急指挥办公室负责向各部门传达，需要向周边单位发布内部预警信息时，由应急指挥办公室负责向周边单位传达。

②预警发布方式：采用最为快捷的方式，以呼叫、电话、应急广播等为主。

③预警条件：包括外部预报信息和内部区域预警信息。

a. 外部预报信息：

属地政府发布的区域预警信息；

属地应急管理局发布的行业预警信息；

周边单位发生事故，向本单位传达的应急预警信息。

b. 内部区域预警信息：

视频监控系统报警；

单位公用工程相关设备发生异常报警；

现场操作人员发现可能发生火灾爆炸、水灾、中毒窒息、失窃及人员受伤等险情。

④预警内容：预警内容主要为险情趋势、可能的事故类型及影响、需采取的措施和行动等。

（2）响应准备　接到预警后进行分析研判，根据研判结果进行应急响应准备。单位应急救援指挥部人员迅速回到岗位，按照应急组织机构成立应急救援指挥部，并对应急资源进行调配，后勤保障组将应急救援物资准备就绪，应急抢险组准备好各类抢险物资和应急装备保持随时待命状态。应急救援指挥部与各应急工作组保持通信畅通后勤保障组负责进行通信系统维护和调试。

（3）预警解除　外部预警信息由原预警信息的发布部门宣布预警解除后，同步解除预警。当单位内部导致发生生产安全事故的相关危险因素和隐患得到有效控制或消除，分析研判符合安全条件的，由总指挥宣布预警解除。

3. 启动响应

响应启动主要包括以下步骤。

（1）事前准备　组织机构需要提前制定并完善应急预案，明确指定响应启动的责任人和工作流程，建立健全通信网络和联络机制。

（2）灾情判定　当紧急情况发生时，负责响应启动的责任人需要迅速判断灾情的严重程度及影响范围，做出评估并及时向上报告。

（3）预警发布　负责响应启动的责任人需根据灾情的判定结果，及时发出预警信息，通知相关人员参与应急响应工作。

（4）呼叫应急队伍　根据预案中的应急队伍名单，责任人需迅速呼叫相关队伍，组织人员投入具体应急抢险救援工作。

（5）指挥调度　启动应急预案后，负责响应启动的责任人需迅速组织，并指挥调度工作，协调各个部门和队伍的行动，确保整个应急响应工作顺利进行。

（6）资源调配　依据预案中规定的资源调配方案，负责响应启动的责任人需及时调度和利用人力、物资、技术等各类资源，满足应急工作的需要。

（7）信息报告　负责响应启动的责任人需及时向上级汇报事态发展情况，提供准确的数据和信息支持以供指挥决策使用。

（8）事后总结　在紧急情况得到控制后，还需对应急预案的响应启动过程进行总结，发掘问题和改进措施，提高应对能力。

4. 应急处置

针对单位内部可能发生的火灾爆炸、水灾、中毒窒息、危险化学品泄漏、触电、高处坠落等事故类型，遵循以人为本、生命至上的原则，采取相应的应急措施。

（1）发生火灾、爆炸事故的处置措施

①处置顺序：

a. 先救人、后灭火。火场或爆炸现场如果有人员生命安全受到威胁，首要任务是把被围困的人员抢救出来，再进行灭火或抢险。

b. 先控制、后消灭。对于不能立即扑灭的火灾，要首先控制火势的蔓延扩大趋势，在具备扑灭条件时，再展开攻势扑灭火灾。

c. 先重点、后一般。在全面了解并分析整个事故现场后，分清轻、重、缓、急，科学合理地组织抢险。有爆炸、毒害、倒塌等危险情况和一般情况相比，处置危险情况优先。有易燃、可燃物集中的危险区域和一般区域相比，处置危险区域优先。贵重物资和一般物资相比，保护和抢救贵重物资优先。火场上的下风向与上风向、侧方向相比，控制下风向是重点。生产、办公或居住场所要害部位与一般部位相比，控制要害部位是重点。

②处置方法：

a. 根据事故现场实际情况，合理采用堵截包围、上下合击、重点攻破、逐片消灭等灭火战术措施。

b. 根据火灾、爆炸对象和现场可用灭火剂情况，正确选择灭火器材和灭火方法，灭火方法包括冷却法、隔离法、窒息法、抑制法。

c. 配有自动灭火设施的部位发生火灾，应优先使用自动灭火设施，同时配合使用其他灭火器材灭火。

③处置行动：

a. 当局部轻微着火，不危及人员安全时，可以马上扑灭的，应立即使用合适的灭火器灭火。当局部着火，可以扑救但有蔓延扩大趋势时，在不危及人员安全的情况下，立即通知周围人员参与灭火，并向上级报告。

b. 火势开始蔓延扩大，不可能马上扑灭的，现场负责人应立即组织人员疏散至安全地带，并指定专人清点疏散人数。发现缺少人员时，立即上报。

c. 将可能引起再次爆炸或扩大燃烧的危险物品转移至安全区域，派专人看管。不能移动时，应采取防护措施，避免造成更大伤亡和损失。

d. 如火灾或爆炸事故严重，现场指挥人员应立即拨打"119"报警，请求消防部门支援。报警后立即派人到单位门口、街道交叉路口迎候消防车，并带领消防车迅速赶到火场。现场指挥人员应及时、准确地向消防人员说明被困人员、电气线路、电器设施、易燃易爆物品等情况。

e. 火灾、爆炸现场应及时划定警戒范围，维护秩序，加强对重点部位、重要设备和重要物资的监护，防止有人"趁火打劫"。事故抢险时应保护好事发现场，必要时可请求当地公安机关给予支持。遇带有破坏性的火灾或爆炸，应加强对重点人员的监控，注意收集、保存现场证据，需要移动现场物件的，应做好标识。

f. 充分利用安全器具做好抢险人员的人身安全防护，防止发生抢险人员中毒或窒息等次生伤害。火灾、爆炸事故抢险后，要保护现场，设专人巡视，以防死灰复燃。

④烧伤急救措施：

a. 烧伤急救应先灭火，使伤员尽快脱离热源，尽量缩短烧伤时间。伤员脱离热源后，应立即冷却烧伤部位，用冷水冲洗烧伤部位10~30min或冷水浸泡直到无痛感为止。

b. 冷却后，必须仔细检查身体情况，保持伤口清洁。伤员的衣服鞋袜用剪刀剪开后脱去，伤口全部用清洁布片覆盖，防止污染。四肢烧伤时，先用清洁冷水冲洗，然后用清洁布片、消毒纱布覆盖。

c. 妥善保护创伤面，不可挑破伤处的水泡，不可在伤处乱涂药水或药膏等，及时将伤员送往医院。

d. 对爆炸冲击波引起烧伤的要注意有无颅脑损伤、腹腔损伤和呼吸道损伤，并尽快送往医院。

e. 搬运伤员时，应采取仰卧位，动作应轻缓，行走要稳，并观察伤员情况，对途中发生呼吸、心跳停止者，应就地抢救。

⑤火灾类别与适用的灭火器材：

a. 物质火灾。物质火灾是指固体物质燃烧时产生的火灾。常见的物质火灾有木材、纸张、布料、塑料等。适用的灭火器材有泡沫灭火器、干粉灭火器和水灭火器等。其中，泡沫灭火器最常用。

b. 电气火灾。电气火灾是指电器或电气设备引起的火灾。适用的灭火器材有二氧化碳灭火器、干粉灭火器和特殊填充剂灭火器等。其中，二氧化碳灭火器是最适用于电气火灾的灭火器，因为它不会导致电器和电气设备短路，也不会产生任何残留物。

c. 油类火灾。油类火灾是指液体燃烧引起的火灾，如汽油、柴油、机油等。适用的灭火器材有泡沫灭火器、二氧化碳灭火器和干粉灭火器等。其中，干粉灭火器是最适用于油类火灾的灭火器，因为它可以扑灭各种液体的燃烧，且具有很好的覆盖性，可以防止火源扩散。

不同类型的火灾要采用适合的灭火器材来扑灭火源，使用时需要遵守相关使用规范，确保使用安全。

（2）发生水灾的处置措施

①迅速发出紧急警报信号，主要领导全面组织各项防汛工作，坚持24h值班。

②各应急小组按分工迅速到位，开展各项紧急抢险工作。

③迅速组织将人员撤离到安全区域，防止造成人员伤害，特别是仍

滞留在建筑物内、处在较低地势的人员和车辆。

④停止生产，并迅速关闭、切断供电、供气系统和各种明火，防止发生其他次生灾害。

⑤用防洪编织袋堵住地下室出入口和仓库重要部位出口，防止洪水侵入。

⑥封堵泄漏点，必要时紧急救护遇险人员，转运重要物资、贵重物品等，减少灾害损失。

⑦排查处理积水情况，疏通排水设施，根据实际情况启动应急水泵排水。

⑧对受损设施、房屋进行维修重建，对过水后的设施进行防疫消毒，防止发生疫情。

（3）发生中毒、窒息事故的处置措施　发生中毒、窒息事故，不得盲目施救，救援人员做好个人防护，实施现场隔离。

①现场人员发现有人员中毒、窒息后，应立即向主管领导上报。

②应急救援人员要做好个人防护，穿戴防护服和正压式空气呼吸器，携带有毒有害气体检测仪，避免造成事故，扩大伤亡。

③因有毒物质发生泄漏造成的人员中毒、窒息事故，应同时按照危险化学品泄漏事故处置措施进行处置，设立隔离区。

④发生受限空间人员窒息事故时，迅速架设防爆轴流风机对现场进行强制通风，救援人员配备防护装备后迅速救人。

⑤将中毒窒息的人员迅速转移至空气清新处实施人工呼吸、专用解毒药品、吸氧等紧急救护（按照有毒物质的化学技术说明书进行救治），同时拨打"120"急救电话。

⑥迅速将有毒物质泄漏源进行封堵，防止有毒气体扩散。

⑦以上救护过程在"120"医疗急救人员到达现场后结束，工作人员应配合"120"医疗急救人员进行救治。

（4）发生危险化学品泄漏事故的处置措施　一旦危险化学品泄漏，要迅速采取有效措施消除或减少泄漏的危险、危害。处理泄漏根据具体情况应从以下方面采取措施。

①疏散人员，隔离泄漏污染区，设置警戒线，禁止人员和车辆进入，防止泄漏物扩散和污染环境。

②切断火源：泄漏易燃易爆、有毒物料时，立即停止泄漏区周围一切可以产生明火的作业，严禁火种。

③救援人员的个体防护：根据泄漏物料的理化性质，选择适当的呼吸器、防护服、橡胶长靴、胶皮手套等防护用品。

④对中毒人员进行急救，并尽快送往医院接受治疗。

⑤堵漏：在确保安全的前提下，尽可能切断泄漏源，如使用坚固包装容器桶盖封堵漏点，包装桶底部渗漏时倒置等。

⑥用惰性材料吸附：小量泄漏用沙土或不燃性材料吸附。

⑦大量泄漏时，构筑围堤或挖坑收容，收集回收并运至废物处理场所处置。

⑧冲洗：对能溶于水或能与水混合的物质，用水大量冲洗，并收集废水，使之流入污水处理系统或集中处理。

⑨立即报告相关部门和人员，以便及时采取进一步处理措施。

（5）发生触电事故的处置措施　触电急救的要点是动作迅速，救护得法，切不可惊慌失措，束手无策，要贯彻"迅速、就地、正确、坚持"的触电急救八字方针。发现有人触电，首先要尽快使触电者脱离电源，然后根据触电者的具体症状进行对症施救，脱离电源的基本方法有以下内容。

①关闭附近电源开关或拔掉电源插头。

②用干燥的绝缘木棒、竹竿、布带等将电源线从触电者身上拨离或者将触电者拨离电源，必要时可用绝缘工具（如带有绝缘柄的电工钳、木柄斧头以及锄头）切断电源线。

③救护人员可戴上手套或在手上包缠干燥的衣服、围巾、帽子等绝缘物品拖拽触电者，使之脱离电源。

④如果触电者由于痉挛手指紧握导线或导线缠绕在身上，救护人员可先用干燥的木板塞进触电者身下使其与地面绝缘来隔断入地电流，然后再采取其他办法把电源切断。

⑤如果触电者触及断落在地上的带电高压导线，且尚未确认线路无电之前，救护人员不可进入断线落地点8~10m的范围内，防止跨步电压触电。进入该范围的救护人员应穿上绝缘靴或临时双脚并拢跳跃地接近触电者。触电者脱离带电导线后应迅速将其带至高压导线落地点8~10m以外，立即开始触电急救。在确认线路已经无电，可以在触电者离开触电导线后就地急救。

使触电者脱离电源时的注意事项如下。

①在未采取绝缘措施前，救护人员不得直接接触触电者的皮肤和潮湿的衣服。

②严禁救护人员直接用手推、拉和触摸触电者。

③救护人员不得采用金属或其他绝缘性能差的物体（如潮湿木棒、潮湿布带等）作为救护工具。

④在拉拽触电者脱离电源的过程中，救护人员宜用单手操作。

⑤当触电者位于高位时，应采取措施防止触电者在脱离电源后从高处坠落。

⑥夜间发生触电事故时，应考虑切断电源后的临时照明问题。

⑦触电者未失去知觉的救护措施：应让触电者在比较干燥、通风暖和的地方静卧休息，并派人严密观察，同时拨打"120"急救电话。

（6）发生高处坠落事故的处置措施

①若坠落人员为轻伤，现场人员采取紧急救护措施防止受伤人员大量失血、休克、昏迷，并将受伤人员脱离危险地段；拨打"120"急救电话，并详细说明事故地点、受伤部位、严重程度、联系电话，并派人到路口接应。救援人员到达现场后，协助医务人员实施各项救护措施。

②若坠落人员处于昏迷状态但呼吸心跳未停止，应立即进行口对口人工呼吸，同时进行胸外心脏按压。急救者位于伤员一侧，托起受害者下颌，捏住受害者鼻孔，深吸一口气后，往伤员嘴里缓缓吹气，待其胸廓稍有抬起时，放松其鼻孔，并用手压其胸部以助呼气，反复并有节律地（每分钟吹16~20次）进行直至恢复呼吸为止。

③如受伤者心跳已停止，应先进行胸外心脏按压。让伤员仰卧，头低稍后仰，急救者位于伤员一侧，面对伤员，右手掌平放在其胸骨下段，左手放在右手背上，借急救者身体重量缓缓用力，不能用力太猛，以防止骨折，然后松手腕（手不离开胸骨）使胸骨复原，反复有节律地（每分钟60~80次）进行，直到心跳恢复为止。

④以上施救过程在救援人员到达现场后结束，工作人员应配合救援人员进行救治。

注意事项如下。

a.重伤人员运送应使用担架，腹部创伤及脊柱创伤者应卧位运送，颅脑损伤一般采取半卧位，胸部受伤者一般采取仰卧偏头或侧卧位，以免呕吐误吸。

b.抢救脊柱受伤的伤员，不要随便翻动或移动伤员。

c.注意保护现场，便于调查分析事故原因。

d.救援人员要做好自身防护措施，高处救援正确使用防坠落用具。

5.应急支援

当事态无法控制时，应立即寻求外部力量支持，由总指挥向政府相关部门提出支援请求。

政府应急救援力量到达现场后，由总指挥向政府现场指挥部汇报事故现场应急处置情况，并移交指挥权。单位指挥部及各应急工作小组在政府现场指挥部的统一指挥下开展应急处置工作。

6. 应急终止

各相关部门经确认满足以下条件时，可由总指挥宣布现场应急响应结束：

(1) 事故已消除，不存在二次发生的可能；
(2) 可能导致次生、衍生事故隐患已消除；
(3) 事故对人、环境造成的影响已经消除；
(4) 受伤人员已经得到妥善安置；
(5) 失踪人员情况已经确认；
(6) 事故现场已根据有关要求进行保护；
(7) 对应急救援工作应组织进行总结。

指挥部应及时告知各周边单位现场应急响应已结束。

(三) 信息发布

(1) 向新闻媒体发布事故信息的部门　在垂直管理局主管领导的指挥下，单位负责人负责对外通报事故信息。

(2) 事故信息发布的原则　客观、真实、准确。

(四) 后期处理

应急预案实施终止后，应按应急救援领导小组的部署，妥善安置和慰问受害及受影响人员，保证社会安定，及早消除事故影响，尽快恢复正常生产秩序，努力消除事故带来的各方面影响。

事故单位对应急救援行动进行详细总结分析，对本单位的救援力量进行评估，对应急预案进行评审、修订，并书面报告垂直管理局相关部门。

二、信息报告及事故处置

(一) 工作原则

事故报告、调查和处理工作必须坚持实事求是、尊重科学的原则。

(二) 事故分级

根据事故造成的人员伤亡或者直接经济损失，事故等级可分为未遂事故、较小事故、一般事故、较大事故、重大事故和特别重大事故（在人员伤亡及经济损失描述中，"以上"包括本数，"以下"不包括本数）。

未遂事故是指未发生健康损害、人身伤亡、重大财产损失与环境破坏的事故，包括异常事件或险些酿成事故的事件。

较小事故是指一次事故仅造成轻伤伤害，或造成直接经济损失10万元以下的事故。

一般事故是指造成3人以下死亡，或者10人以下重伤（包括急性工业中毒，下同），或者10万元以上1000万元以下直接经济损失的事故。

较大事故是指造成3人以上10人以下死亡，或者10人以上50人以下重伤，或者1000万元以上5000万元以下直接经济损失的事故。

重大事故是指造成10人以上30人以下死亡，或者50人以上100人以下重伤，或者5000万元以上1亿元以下直接经济损失的事故。

特别重大事故是指造成30人以上死亡，或者100人以上重伤，或者1亿元以上直接经济损失的事故。

（三）事故类别、等级认定

（1）事故类别、等级由事故调查处理权限单位组织认定；人身伤害事故中的死亡、重伤、轻伤认定，以地方劳动保障部门认定意见为准。

轻伤：损失工作日低于105d的暂时性全部丧失劳动能力伤害。

重伤：是指造成职工肢体残缺或视觉、听觉等器官受到严重损伤，一般能引起人体长期存在功能障碍，或劳动能力有重大损失的伤害。具体是指损失工作日等于和超过105d的永久性全部丧失劳动能力伤害。在30d内转为重伤的（因医疗事故而转为重伤的除外，但必须得到医疗事故鉴定部门的确认。道路交通、火灾事故自发生之日起7d内），均按重伤事故报告统计。

死亡：在30d内死亡的（因医疗事故死亡的除外，但必须得到医疗事故鉴定部门的确认。道路交通、火灾事故自发生之日起7d内），均按死亡事故报告统计。失踪30d后（道路交通、火灾事故自发生之日起7d内），按死亡进行统计。

（2）发生导致财产损失的事故，由事故单位组织财产损失计算，由事故单位的上级单位审核和认定。

（四）事故、事件报告及应急处置

（1）事故、事件报告流程　事件发生后各单位按照事故、事件报告与应急处置流程落实事故、事件的报告及现场应急处置工作。

（2）事故、事件上报包括口头通知和书面通知，口头通知包括当面叙述、电话等通信方式通知，书面通知包括《安全生产事件报告单》和《生产安全事故快报表》等。

（3）所有员工都有权利和义务报告事故、事件（包括未遂事件），并在事故、事件发生第一时间直接上报本部门领导、安全管理部门或直接上报单位负责人。

（4）安全管理部门接到事故、事件报告后应立即上报单位负责人，单位负责人接到报告后第一时间报告垂直管理局，并于1h内上报当地政府有关部门。其中重伤及以上人员伤亡事故，还需填写《生产安全事故快报表》，1h内上报垂直管理局。

（5）事故报告内容应包括事故发生的时间、地点、单位、简要经过、伤亡人数和采取的应急措施、事故发生原因的初步判定、事故发生后采取的措施和控制情况等。

（6）事故如需要救援，根据事故类型和相应的响应级别，启动相应的应急预案开展应急救援工作。

（7）当事人应当严格保护现场，因抢救伤员和疏导交通等原因必须移动现场物件时，应当做出标识，绘制现场简图并做出书面记录，妥善保存现场重痕迹、物证，有条件的可以拍照或录像。

（8）事故报告后出现新情况，以及事故发生之日起30d内（道路交通事故、火灾事故自发生事故之日起7d内）伤亡人数发生变化的，事故单位应当及时在规定的时限内向垂直管理局和政府有关部门补报。

（五）事故、事件调查与处理

1. 事故、事件调查

（1）应急救援结束后，根据事故等级，事故单位成立内部事故调查组或配合外部事故调查组展开事故调查工作。

（2）事故调查组有权向发生事故单位的有关人员了解情况和索取有关资料，任何单位和个人不得拒绝或以任何理由干涉事故调查组正常工作。

（3）单位内部成立的事故调查应在事故发生后20d内形成事故调查报告并报送垂直管理局，特殊情况可适当顺延，但不超过30d。

（4）上级单位或外部机构组织事故调查的，事故调查组出具事故调查报告和事故处理决定后的15d内，事故单位将情况报送垂直管理局。

2. 事故、事件处理

（1）事故的处理必须本着"四不放过"的原则进行。

（2）较小事故由内部事故调查组调查，调查结论应对相应责任单位和责任人员提出处理意见，经单位负责人批准后实施，于事故发生之日起25d内处理完毕，事故处理决定在基层处范围内进行通报。

（3）一般事故中3人以下重伤或者10万元以上300万元以下直接经济

损失的事故，由垂直管理局或政府有关部门负责处理，并于事故发生之日起40d内处理完毕。

（4）发生死亡、3人以上重伤或者300万元以上直接经济损失的，由垂直管理局按照相关生产安全事故责任追究制度，对事故责任者进行问责。事故调查组依据地方政府部门下达的处理决定或上级事故调查组的调查结论意见，对相应责任单位和责任人员提出处理意见。

（5）对隐瞒不报、谎报、故意拖延事故报告期限的，故意破坏现场的，阻碍调查工作正常进行的，事故调查组在责任认定时有权从严追究责任。

（6）对未认真落实纠正措施，导致重复发生同类事故的责任者，经事故调查组核查记录认定属实后，在责任认定时有权从严追究责任、从重处罚；主动报告并纠正者从轻处理。

（7）在重要节假日发生安全责任事故，造成较大社会影响，性质严重的，要从严追究责任、从重处罚。

（8）内部对事故、事件责任者的处理包括停发奖金或罚款、行政处分，直至解聘，构成犯罪的由公安、司法机关依法追究法律责任。

三、安全事故报告及分析

安全事故调查报告内容：
（1）发生事故的单位名称；
（2）发生事故的时间；
（3）发生事故的地点；
（4）事故类别；
（5）事故级别；
（6）事故经过；
（7）事故伤亡情况（包括伤亡人数、伤亡者姓名、性别、年龄、工种、级别、文化程度、直接致害原因、伤害部位和程度、用工性质）；
（8）事故直接经济损失和间接经济损失；
（9）事故原因（直接原因、间接原因）和事故性质；
（10）事故教训及防范措施；
（11）事故责任分析及处理情况（包括直接责任、主要责任、领导责任、管理者责任的分析及对事故责任者的处理意见）；
（12）附件（包括相关图片、资料、记录、口录、证明资料及调查组人员签名等）。

附录　成品油库安全管理资料选编名录

一、法律

《中华人民共和国宪法》
《中华人民共和国安全生产法》
《中华人民共和国特种设备安全法》
《中华人民共和国石油天然气管道保护法》
《中华人民共和国消防法》
《中华人民共和国突发事件应对法》
《中华人民共和国国防动员法》
《中华人民共和国计量法》
《中华人民共和国职业病防治法》
《中华人民共和国能源法》
《中华人民共和国环境保护法》

二、司法解释

《最高人民法院、最高人民检察院关于办理危害生产安全刑事案件适用法律若干问题的解释》
《最高人民法院、最高人民检察院关于办理危害生产安全刑事案件适用法律若干问题的解释（二）》

三、行政法规

《生产安全事故应急条例》
《安全生产许可证条例》
《生产安全事故报告和调查处理条例》
《国务院关于特大安全事故行政责任追究的规定》
《危险化学品安全管理条例》
《特种设备安全监察条例》
《中华人民共和国法定计量单位》

四、部门规章

《国家物资储备管理规定》
《安全生产监督罚款管理暂行办法》
《安全生产领域违法违纪行为政纪处分暂行规定》
《生产经营单位安全培训规定》
《生产安全事故罚款处罚规定》
《安全生产违法行为行政处罚办法》
《安全生产事故隐患排查治理暂行规定》
《生产安全事故信息报告和处置办法》
《特种作业人员安全技术培训考核管理规定》
《建设项目安全设施"三同时"监督管理办法》
《危险化学品重大危险源监督管理暂行规定》
《危险化学品输送管道安全管理规定》
《安全生产培训管理办法》
《危险化学品建设项目安全监督管理办法》
《危险化学品经营许可证管理办法》
《生产安全事故应急预案管理办法》
《特种设备使用单位落实使用安全主体责任监督管理规定》
《特种设备安全监督检查办法》
《特种设备事故报告和调查处理规定》

五、规范性文件

《国家粮食和物资储备局垂直管理系统重大生产安全事故隐患判定标准（试行）》
《危险货物港口作业重大事故隐患判定标准》（交办水〔2024〕34号）
《危险化学品目录（2015版）实施指南（试行）》（安监总厅管三〔2015〕80号）
《化工和危险化学品生产经营单位重大生产安全事故隐患判定标准（试行）》（安监总管三〔2017〕121号）
《危险化学品企业安全风险隐患排查治理导则》（应急〔2019〕78号）
《危险化学品企业生产安全事故应急准备指南》（应急厅〔2019〕62号）
《危险化学品企业重大危险源安全包保责任制办法（试行）》（应急

厅〔2021〕12号）

《企业安全生产标准化建设定级办法》（应急〔2021〕83号）

《油气储存企业紧急切断系统基本要求（试行）》

《关于修改〈危险化学品目录（2015版）实施指南（试行）〉涉及柴油部分内容的通知》（应急厅函〔2022〕300号）

《企业安全生产费用提取和使用管理办法》（财资〔2022〕136号）

《防雷安全领域重大事故隐患判定标准（试行）》

《化学品仓库建设工程和场所防雷安全隐患排查要求标准（试行）》（中气安委办发〔2024〕3号）

六、现行标准

建标168—2014　《国家储备成品油库建设标准》

GB/T 514—2005　《石油产品试验用玻璃液体温度计技术条件》

GB/T 1452—2018　《夹层结构平拉强度试验方法》

GB/T 1884—2000　《原油和液体石油产品密度实验室测定法（密度计法）》

GB/T 1885—1998　《石油计量表》

GB 2894—2008　《安全标志及其使用导则》

GB/T 3215—2019　《石油、石化和天然气工业用离心泵》

GB 3836　　　　《爆炸性环境》

GB/T 4016—2019　《石油产品术语》

GB 4066—2017　《干粉灭火剂》

GB/T 4208—2017　《外壳防护等级（IP代码）》

GB 4351—2023　《手提式灭火器》

GB/T 4756—2015　《石油液体手工取样法》

GB 6537—2018　《3号喷气燃料》

GB/T 7021—2019　《离心泵名词术语》

GB/T 7785—2013　《往复泵分类和名词术语》

GB 8109—2023　《推车式灭火器》

GB/T 8163—2018　《输送流体用无缝钢管》

GB/T 8927—2008　《石油和液体石油产品温度测量　手工法》

GB/T 9109.5—2017　《石油和液体石油产品动态计量　第5部分：油量计算》

GB/T 9110—1988　《原油立式金属罐计量　油量计量方法》

GB/T 9711—2023 《石油天然气工业 管线输送系统用钢管》

GB/T 10886—2019 《三螺杆泵》

GB/T 11085—1989 《散装液态石油产品损耗》

GB/T 12777—2019 《金属波纹管膨胀节通用技术条件》

GB/T 13236—2011 《石油和液体石油产品 储罐液位手工测量设备》

GB/T 13894—2023 《石油和液体石油产品 液位测量 手工法》

GB 15308—2006 《泡沫灭火剂》

GB 50164—2011 《混凝土质量控制标准》

GB 16808—2008 《可燃气体报警控制器》

GB 17835—2024 《水系灭火剂》

GB 17930—2016 《车用汽油》

GB 18218—2018 《危险化学品重大危险源辨识》

GB 19147—2016 《车用柴油》

GB/T 19779—2005 《石油和液体石油产品油量计算 静态计量》

GB 20950—2020 《储油库大气污染物排放标准》

GB/T 21246—2020 《埋地钢质管道阴极保护参数测量方法》

GB/T 21358—2008 《喷气燃料过滤分离器通用技术规范》

GB/T 21450—2008 《原油和石油产品 密度在638kg/m^{3}到1074kg/m^{3}范围内的烃压缩系数》

GB/T 21451.1—2015 《石油和液体石油产品 储罐中液位和温度自动测量法 第1部分：常压罐中的液位测量》

GB/T 24820—2024 《实验室家具通用技术条件》

GB/T 25921—2010 《电气和仪表回路检验规范》

GB/T 27867—2011 《石油液体管线自动取样法》

GB/T 29639—2020 《生产经营单位生产安全事故应急预案编制导则》

GB 30077—2023 《危险化学品单位应急救援物资配备要求》

GB/T 30578—2014 《常压储罐基于风险的检验及评价》

GB 30871—2022 《危险化学品企业特殊作业安全规范》

GB/T 32581—2016 《入侵和报警紧急系统技术要求》

GB/T 35508—2017 《场站内区域性阴极保护》

GB/T 37327—2019 《常压储罐完整性管理》

GB 39800.2—2020 《个体防护装备配备规范 第2部分：石油、化工、天然气》

GB 45067—2024 《特种设备重大事故隐患判定准则》

GB 50074—2014 《石油库设计规范》

GB 50128—2014 《立式圆筒形钢制焊接储罐施工规范》

GB 50140—2005 《建筑灭火器配置设计规范》

GB 50156—2021 《汽车加油加气加氢站技术标准》

GB 50160—2008（2018年版）《石油化工企业设计防火标准》

GB 50341—2014 《立式圆筒形钢制焊接油罐设计规范》

GB 50348—2018 《安全防范工程技术标准》

GB 50351—2014 《储罐区防火堤设计规范》

GB/T 50493—2019 《石油化工可燃气体和有毒气体检测报警设计标准》

GB 50737—2011 《石油储备库设计规范》

GB/T 50759—2022 《油气回收处理设施技术标准》

GB/T 50934—2013 《石油化工工程防渗技术规范》

GB 50974—2014 《消防给水及消火栓系统技术规范》

GB/T 51246—2017 《石油化工液体物料铁路装卸车设施设计规范》

GB 55029—2022 《安全防范工程通用规范》

GA 1801.3—2022 《国家战略储备库反恐怖防范要求 第3部分：成品油库》

GC/T 1201—2022 《国家物资储备通用术语》

GC/T 1402—2022 《国家物资储备通用安全标志及使用规范》

JTS 165—2013 《海港总体设计规范》

JTS 165—2013 《海港总体设计规范》局部修订（20万吨级及以上集装箱般设计船型尺度部分）

JTS 158—2019 《油气化工码头设计防火规范》

NB/SH/T 0164—2019 《石油及相关产品包装、储运及交货验收规则》

SH/T 0316—1998 《石油密度计技术条件》

SH/T 3005—2016 《石油化工自动化仪表选型设计规范》

SH/T 3006—2024 《石油化工控制室设计规范》

SH/T 3007—2014 《石油化工储运系统罐区设计规范》

SH/T 3014—2012 《石油化工储运系统泵区设计规范》

SH/T 3046—2024 《石油化工立式圆筒形钢制焊接储罐设计规范》

SH/T 3153—2021 《石油化工电信设计规范》

SH/T 3177—2015 《加油站用埋地玻璃纤维增强塑料双层油罐工程技术规范》

SH/T 3178—2015　《加油站用埋地钢-玻璃纤维增强塑料双层油罐工程技术规范》

SH/T 3218—2022　《石油化工消防设施维护保养技术标准》

SH/T 3411—2017　《石油化工泵用过滤器选用、检验及验收规范》

SY/T 5921—2017　《立式圆筒形钢制焊接油罐操作维护修理规范》

SY/T 6470—2011　《油气管道通用阀门操作维护检修规程》

SY/T 7031—2016　《油气储运术语》

TSG D7005—2018　《压力管道定期检验规则　工业管道》

Q/SH 0519—2023　《油罐清洗安全技术规范》

Q/SH 0632—2015　《成品油交接计量管理规范》

QSY 1697—2014　《销售企业成品油库设计管理规范》

JJF 1014—2024　《罐内石油和液体石油产品油量计量技术规范》

JJG 14—2016　《非自行指示秤》

JJG 42—2023　《工作玻璃浮计》

JJG 130—2011　《工作用玻璃液体温度计》

JJG 133—2016　《汽车油罐车容量》

JJG 140—2018　《铁路罐车容积》

JJG 168—2018　《立式金属罐容量》

JJG 209—2010　《体积管》

JJG 234—2012　《自动轨道衡》

JJG 259—2005　《标准金属量器》

JJG 266—2018　《卧式金属罐容量》

JJG 443—2023　《燃油加油机检定规程（试行）》

JJG 539—2016　《数字指示秤》

JJG 667—2010　《液体容积式流量计》

JJG 687—2008　《液态物料定量灌装机》

JJG 702—2005　《船舶液货计量舱容量》

JJG 781—2019　《数字指示轨道衡》

JJG 1029—2007　《涡街流量计》

JJG 1030—2007　《超声流量计》

JJG 1033—2007　《电磁流量计》

JJG 1037—2008　《涡轮流量计》

JJG 1038—2008　《科里奥利质量流量计》

参考文献

[1] 中国石油化工集团公司人事部，中国石油天然气集团公司人事服务中心.油品储运调和操作工［M］.北京：中国石化出版社，2009.

[2] 肖素琴.油品计量员读本［M］.3版.北京：中国石化出版社，2011.

[3] 刘德俊，杨帆，于洋.油库技术与管理［M］.2版.北京：中国石化出版社，2024.

[4] 王卫东.成品油管道输油工［M］.北京：中国石化出版社，2014.

[5] 马秀让，谢军.油品装卸技术与管理［M］.北京：石油工业出版社，2017.

[6] 马秀让.油库安全技术与安全管理［M］.北京：石油工业出版社，2017.

[7] 范继义.油库用泵［M］.北京：中国石化出版社，2007.

[8] 吴艳波，李彦生.油品化学及应用［M］.北京：中国石化出版社，2011.

[9] 熊云，许世海，刘晓，等.储运油品学［M］.北京：中国石化出版社2010.

[10] 朱焕勤，朱成章.油料化验员读本［M］.北京：中国石化出版社，2007.

[11] 肖素琴.油品计量员［M］.北京：中国石化出版社，2011.

[12] 施巨岭.安全技术防范［M］.西安：西北工业大学出版社，2018.

[13]《石油库设计规范》编制组.《石油库设计规范》GB 50074—2014宣贯辅导教材［M］.北京：中国计划出版社，2017.

[14] 郭光臣，董文兰，张志廉.油库设计与管理［M］.东营：石油大学出版社，1991.

[15] 马秀让，彭青松.油罐及管路技术与管理［M］.北京：石油工业出版社，2016.

[16] 中国石油化工总公司销售公司.石油库管理手册［M］.北京：中国石化出版社，1990.

[17] 中国法治出版社.中华人民共和国安全生产法律法规全书：含规章及法律解释：2023年版［M］.北京：中国法治出版社，2023.

[18] 张海峰.危险化学品安全技术大典：第Ⅲ卷［M］.北京：中国石化出版社，2011.

后　记

《物资储备管理与技术　成品油篇》由中国粮食研究培训中心组织编写，国家粮食和物资储备系统相关垂直管理局和直属单位业务骨干参与编写，由国家粮食和物资储备局设计院杨涛统稿。

本书编写得到了国家粮食和物资储备局系统内各单位的大力支持，广东局（袁成）、山东局（孟宪峰、史修臻）、山西局（张泽群）、内蒙古局（郭学军）、河北局（李爱国），设计院（杨涛）、科学研究院（张涛）等单位参与了编写工作，四川局、河北局、安徽局对本书编写提出了宝贵意见。国家粮食和物资储备局能源储备司杨若愚，国家粮食和物资储备局设计院陈冰、何琨，中国石化工程建设有限公司技术副总监、教授级高级工程师韩钧，高级工程师冯卫，湖北省应急管理厅原总工程师徐克，中国人民解放军原兰州军区某部高级工程师郭守香，中国石化出版社有限公司田曦等多位专家参与指导、负责审核稿件，为本书的编写工作提供了鼎力支持，保证了本书的专业性和权威性。

在此，谨向在本书编写过程中给予大力支持的专家表示衷心的感谢！

中国粮食研究培训中心
2025年7月

[19] 孙万付. 危险化学品安全技术全书通用卷［M］. 3版. 北京：化学工业出版社，2017.

[20] 孙万付. 危险化学品安全技术全书增补卷［M］. 3版. 北京：化学工业出版社，2018.

[21] 马秀让，王宏德. 油库管理基本知识［M］. 北京：石油工业出版社，2016.

[22] 王庆，何倩，赵宁. 美国战略石油储备的特点及运行机制[OL].2022-04-21. https://www.cfpci.org.cn/P/497.html.

[23] 辛尚吉. 美国计划用200亿满格恢复战略石油储备[OL]. 2025-04-25. http://www.sinopecnews.com.cn/xnews/content/2025-04/25/content_7124122.html.